収益事業としての合法ギャンブルの誕生

――競馬、福祉、そしてIR――

萩野 寛雄 著

敬文堂

はじめに

本書は、2004年に早稲田大学大学院政治学研究科に提出した課程博士学位請求論文「『日本型収益事業』の形成過程～日本競馬事業史を通じて～」をベースにしている。論文提出から15年が経過し、テーマを巡る状況も大きく変わっているため、そこに大幅に加筆、削除、修正を施してあり、ほぼ別内容となっている。分量を大幅に減らしているため、不明箇所がある場合にはそちらを参照頂きたい。

現行制度では、公営くじや公営競技（公営ギャンブル）などの「合法ギャンブル」は公営事業の中の（狭義の）「収益事業」として位置付けられている。「公営くじ」を除けば、日本のいわゆる「公営ギャンブル」は世界的にかなり特殊な形で営まれている。最も目立つのは、「政府」がその施行者となり公営事業の一種としてギャンブルを直接に営んでいることである。本書は、その「公営事業」という形態に着目し、その供給者である「政府」の観点から収益事業分析を試みた。

筆者の専門は政治学、特に地方行政であるが、本書は「収益事業」をその核とするものの、地方自治体の財政問題を中心に扱うわけではない。収益事業と自治体財政との関係は、本書の一部にすぎない。また、副題にあるようにＩＲ（integrated resort）や公営カジノにも関連するものの、「賭け」「ギャンブル」自体を扱うものでもない。更には、公営ギャンブルの是非を論じるものでもない。本書の目指すところは、「収益事業」とは何なのか、なぜ日本では政府が自らギャンブルを営んでいるのか、なぜ日本のギャンブルの控除率はかくも高いのか、などの総合的理解である。それを通じて、昨今の地方自治にとっても課題となっている地域振興策、地方創生に向けた新たな収益事業としても着目されているＩＲや公営カジノなどを構想する上での立ち位置を明確にしていきたい。

現行の「収益事業」は戦後に設立されたものだが、その前提として二つの前身があった。一つは収益事業の制度面での前身である「市営事業」とその「収益主義的経営」、もう一つは収益事業のコンテンツの前身としての「競馬事業」である。そしてこの二つをつなげる上では、「社会福祉」が重要な役割を果たした。本書では「市営事業」「収益主義的経営」と「競馬事業」の二つについて、別々に時系列的に整理していく。特に、戦後の収益事業のコンテンツとして、収益事業成立の重要な前提となった競馬事業については、その制度、成立過程、競馬の歴史、近代競馬の受容、競馬法制定などを含めて総合的に言及する。そこには、社会福祉の視点も交えていく。

本書では現在の「収益事業」(主に公営ギャンブル)の成立過程を取り扱うが、あくまでもその「前提」の成立過程を中心とする。分量的制約もあって、戦後の収益事業の成立過程自体については簡単にとどめる。

地方自治の文脈からは、住民自治と団体自治の双方が重要であるが、本書では市営事業でも競馬事業でも団体自治の財源確保からの視点が中心となる。もちろんこれだけでは不十分で、社会的側面に立った検証も行わねばならない。市営事業は我々の日常生活を営む上で不可欠なサービスであり、市民の生活に直接に関わっている。競馬事業も、その歴史は社会風俗と深く関わっており、また競馬に勤しんできた市民との関係を看過することはできない。自治体の収益事業が公共施設、福祉、教育など、どのような行政サービスの財源として役だっているのか、その内容には公営ギャンブルの非施行自治体とどのような違いがあるのか。公営ギャンブル事業に向ける市民の目には冷たい批判も絶えないが、その状況で公営ギャンブルが成立する住民自治の基盤はなにか、そういった住民自治の側面にも着目すべきである。ギャンブルの現場で、実際に負担者となる市民の目線、ギャンブル依存症などに苦しむ人びとやその家族への福祉的視点も絶対に欠かせない。更には、こうした事業の第一線で実際に働く職員目線からの分析も必要であろう。こうした不足は痛感しているが、これらは今後の研究の課題として残していることをあらかじめ断っておく。

本書は、競馬研究、ギャンブル研究という、政治学の博士論文に相応しいか見解の分かれる研究だが、そのテーマを温かく御認め頂き、貴重なご指導をくださった故 寄本勝美先生に心から感謝申し上げたい。ご自身も学生時代から川崎市政に長く深くかかわられた寄本先生だけに、川崎の競馬場や競輪場に関する貴重な御助言を頂けた。理論や制度論はもちろん大切だが、それのみの机上の空論ではなく、そこで実際に生きている方々の目線を大事にせねばならないという現場第一主義の先生の教えは、今でも肝に銘じている。そうした先生の教えを実践し、寒い中、暑い中、雨の中、雪の中、いつでも熱心に投票券を購入してくれるファンの立場を実体験すべく、フィールドワークに勤むべく心がけた。それを口実に、大学院の学生時代には平日昼間は各種の公営競技場、週末は中央競馬の競馬場に入り浸ったのも良い想い出である。おかげで国内の各種公営競技場、場外発売施設、海外十八国以上の競馬場、競輪場などでのフィールドワークは150を超えた。国内のものは殆どが学生時代だったので、青春18切符やフェリーでの雑魚寝、カプセルホテル、サウナを利用しての現場巡りであったが、2004年の競馬法改正前で大学院生の投票券購入が禁じられていたため、調査資金が枯渇しなかったのは幸いだった。そのおかげで多くの仲間とも出会え、派生的に当時のクイズ番組「カルトＱ」の競馬編に優勝させてもらえたのも懐かしい。

研究者としてのスタートを切るに当たっては、大阪商業大学及びアミューズメント産業研究所にて谷岡一郎先生に貴重な機会やご助言を賜った。本書の副題にあるような、研究分野をＩＲやカジノに拡大する上で大いに役立たせて頂いた。この場を借りて御礼申し上げたい。

本書を刊行するに当たって、御礼申し上げなければならない方は他にも多数いらっしゃるが、終わらなくなるのでご無礼をお許しいただきたい。

2019年３月

萩野　寛雄

収益事業としての合法ギャンブルの誕生
——競馬、福祉、そしてＩＲ——

目　次

序　章　本書の枠組み

第一節　収益事業研究の今日的課題

21世紀は「地方の時代」と言われて久しい。地方自治拡充には財源確保が重要であるが、その模索の一つに全国の複数自治体が調査した「公営カジノ」がある。厳しい財政状況の下、自治体が独自財源を求める懸命な試みの一つである。小泉内閣の「開発特区」でも、公営カジノ構想が多数見られた。[1]

収益を本来の目的としない組織が、収益を求めて行う事業を収益事業と呼ぶ（表１）。本書では、その「狭義」の定義を括弧付の「収益事業」と表記して、一般的な収益事業と区別する。国全体の税収が長期的減少傾向にある中、地方自治体の収益事業は自治拡充に向けて重要である。収益事業の一種である従来型の「公営ギャンブル」[2]に加え、失敗が続いた第三セクター事業の反省を踏まえた地域活性化、観光促進のためのＩＲ（Integrated Resort）

表１　広義と狭義の収益事業

広義 本来営利目的を有していない団体がその事業に要する経費の一部を賄うため、収益を伴う事業を行う場合 （例）地方自治法第２条３項11号 「森林牧野、土地、市場、漁場、共同作業所の経営やその他公共の福祉を増進するために適当と認められ得る収益事業を行う事」 社会福祉事業法第25条１項 「社会福祉法人は、その経営する社会福祉事業に支障が無い限り、その収益を社会福祉事業に充てるため、収益を目的とする事業を行う事ができる」
狭義 公営競技及び宝くじ、（toto） （例）競馬、競輪、競艇、オートレース、宝くじ、（toto）

出所：自治大学校編『自治用語辞典』（ぎょうせい、1988）より加筆作成

におけるツールとして、スパイス的にギャンブルを利用する研究も盛んになってきた。[3]

従来、公営ギャンブルは地方自治体に多額の収益をもたらす一方、恥部ともみなされて堂々とは研究されずにいた。積極的に議論されたのも、ギャンブルを巡る神学論争や財源偏在性による収益の均てん化などの問題に限られていた。公営ギャンブルを巡っては、戦後に何回か問題とされた時期がある。競輪騒乱事件を契機に公営ギャンブルの社会禍が叫ばれ、時限法期限切れを以て存廃論議も起きた。高度経済成長期には、革新自治体による撤廃論議も沸き上がる。しかし安定成長期になると貴重な既得財源を手放せず、なし崩し的に事業が存続されてきた。その結果、この分野での根本的な研究はなされず、その目的や正当性を巡る議論や合意形成もなされていない。

昭和末期には、戦後一貫した経済成長の結果、日本人の可処分所得は増加し、同時に余暇時間増大も達成された。バブル期の中央競馬やパチンコの興隆から見て、ギャンブルを一種のレジャーとして楽しむ欧米式の生活様式が社会的に受け入れられつつある感もあった。競馬場はデートスポットになり、ナイター競馬には競馬をギャンブルではなく仲間との社交の場として楽しむ人も増えた。国民のギャンブル感も、大きく転換したかに見えた。しかし、20世紀末にはそうでないと再認識させられる。それは、競艇以来実に約50年ぶりに新設された「収益事業」の一種である「スポーツ振興投票くじ」(toto)の政策過程で顕著となった。[4] そこでのギャンブルを巡る論議は、40年前から少しも進んでいなかった。明治期に形成された「ギャンブル＝悪」という固定観念に基づく神学論争が、再び繰り返された。地方政府の自治拡充に必要な自主財源や地域振興策のツールとして、ギャンブルを活用するための合意はまだ形成されずにいた。totoは当初、余暇時代における国民のスポーツ需要やコミュニティー問題への対策として導入が図られた。しかしこの制度も結局、期待された新たな双方向性を持つ公共選択のツールとしての可能性[5]を断念し、政府納付金を伴った旧来型の収益事業としてしか成立し得なかった。戦後50年以上が経過し、21世紀が目前に迫っていた時期でも、従来の「収益事業」の枠組みからは逃れ得なかった。

本書は、こうした21世紀にも不変の「収益事業」の枠組みが成立した「前提」の成立過程を歴史的に求める。新たな財源、地域振興策、観光施策としてＩＲや公営カジノを構想し、弊害を極小化できる新時代のギャンブル、ゲーミング活用を模索するには、従来は疎かにされていたこのテーマの検証、研究が不可欠である。これを超克せねば、地域振興のように高度で多様な発想、幅広い協力が必要な分野での成功は難しい。

また21世紀には、「収益事業」にもう一つ課題が加わった。平成不況下における可処分所得の減少とレジャーの多様化により、「収益事業」の多くが経営難に陥って一般会計から赤字を補塡している時期があった[(6)]。21世紀になって、地方競馬事業や競輪事業で事業を廃止する自治体が続出した[(7)]。「収益事業」を単なる財源としてのみ捉える場合、もはやそのレゾンデートルは失われている。「収益事業」の意義を再検討し、もし存続させるならば、新たなレゾンデートルを模索せねばならない。

以上の見地から、本書は「収益事業」の歴史を振り返り、その成立を可能とした前提条件の形成過程を明らかにする。但し「公営くじ」は成立が財政学的問題であり、制度や現在の経営状況も他の「収益事業」と大きく異なるため、本書では考察から除外する。また、賭博か否か、その合法性もグレーな「パチンコ」も、検討の枠組みから外すこととする。

第二節　先行研究

既述のように、従来の「収益事業」研究は「賭け」の善悪を巡る神学論争を除けば、専ら財政学的見地からが主だった。戦後復興や社会資本整備、社会福祉拡充等の財源として、「収益事業」が果たした役割は大きい。しかし、労働に直結しない分野を否定的に捉えるプロテスタント的価値観が強く残存する中では、ギャンブルは忌むべき存在でもあった。詳しくは二、三章で触れるが、帝国主義国家建設過程で形成された「ギャンブル＝悪」の固定観念が支配的な社会では、「収益事業」は必要悪に過ぎなかった。代替財源があれば速やかに廃止されるべき存在とされ、学問的研究も少なかった。そのため、本書が扱うテーマの直接の先行研究は存在しない。そこで、関連諸分野の先行研究を組み合わせることでこのテーマに迫ることとし、本節でも関連諸分野の先行研究をとりまとめて列挙する。そのため、部分的にしか関連しない先行研究であることを断っておく。なお、家畜学や馬学など、馬種に関する研究については膨大にあるが、本書では含まないでおく。

1 「広義の収益事業」に関する先行研究

冒頭で示したように、「収益事業」には広義と狭義の定義が存在する。まずは「広義の収益事業」の先行研究の代表的なものだけをあげる[(8)]。現行制度では「収益事業」≒「公営ギャンブル」の意味で用いられ、施行者は殆どが地方公共団体である。終戦直後にこそ「国営競馬」や「(中央) 政府くじ」が存在したがもはや現存せず、地方公共団体以外のものは「中央競馬」と「toto」だけである。公営ギャンブルは地方自治体の事業経営として地方公営企業に類して営まれており、地方公営企業、市営事業には様々な先行研究が存在する[(9)]。但し本書との関連は公営企業自体にはなく、政府による事業経営の展開とその収益主義的経営にある。ここでは、持田信樹の都市財政の形成過程に関する研究がある。持田は、明治初期の大都市間競争から市営事業が発生し、大正末期から昭和初期にかけての都市財政膨張でその収益主義的経営が派生する過程を明らかにしている[(10)]。大坂健は、市営事業の「経営主義」[(11)]に着目し、その変遷や市営事業での独立採算制成立に関する研究をまとめている[(12)]。

2 「狭義の収益事業」に関する先行研究

「狭義の収益事業」の先行研究は、財政学的見地によるものが殆どである。戦後、「狭義の収益事業」は財政に多大の貢献を為し、殊に地方財政では重要だった。そのため (旧) 自治官僚を中心に多くの研究がある。担当の自治省財政局地方債課官僚が中心で、ここからも「狭義の収益事業」の位置付けが理解されよう。彼らの論文は、時々の公営ギャンブルの実施状況[13]や関連法規解説[14]などが多い。『地方自治白書』では、毎年の収益事業の事業別売上げや実施自治体数、収益率等のデータが供給され、4年毎に刊行される（旧）自治省財政局編纂の『地方財政のしくみとその運営の実態』では収益事業の意義やあらまし、問題点等や地方財政への貢献の様子についての情報が公開されている。また政策担当官僚の論文が掲載されている雑誌『地方自治セミナー』上でも、地方財政的見地より大凡五年毎に事業の実施状況等について発表されている[15]。他に、オイルショック後の地方財政危機に際して全国の市長・知事の意識を実態調査した共同通信社の『地方財政危機の実態[16]』では、公営ギャンブルの実施状況に加えて、公営ギャンブルについての首長意識調査の結果が公開されている。地方財政面からの論点で同様に多いのが、財源の偏在性による収益金の均てん化[17]問題である。公営ギャンブルでは長沼答申に基づく規制により新規参入がほぼ不可能な状態だったので、施行団体と非施行団体との間で財政力水準の格差が大きく、その是正がしきりに問題とされていた。しかし近年では収益事業一般の経営不振を受けて、収益の均てん化よりもむしろ、その経営改善が最大の問題となっている[18]。しかし、これらはいずれも現行制度を所与のものとしていて、その形成過程については問題としていない。その中で篠田伸夫は、公営ギャンブルの創設理由を「わが国が敗戦により国土が疲弊し財政困難に陥っていたとき、浮動購買力の吸収を図ることにより産業を振興させ地方財政の健全化を図ろうとした[19]」ことを指摘している。

個別自治体の地方財政的見地からの研究としては、尼崎市における競艇事業による収益事業と都市財政問題を取り扱った中島克巳の諸研究[20]がある。事業別では、昭和30年代の宝くじの発売状況や助成事業等についてまとめた杉本繁次郎の論文[21]、オートレース施行者へのアンケート調査の分析を通じて、オートレースが単なる賭け事を脱してギャンブル型レジャー産業のポジションを獲得出来るための施策を提起している山浦瑛子の研究[22]、低成長経済での地方財政と桐生市の競艇事業について取り扱った岩城成幸の研究[23]がある。また、文化経済学的見地から各種競技の沿革や社会貢献、周辺産業への影響等をまとめた佐々木晃彦の研究もある[24]。経済学的な変わった研究としては、中央競馬と地方競馬との価格競争力やコーポレートガバナンスの関係で、両者の関係が中央競馬による搾取になっている様を経済学的に論証している関口尚の論文を見つけることもできる[25]。

大阪商業大学アミューズメント産業研究所では広くゲーミングの研究を行い、公営ギャンブル関係の叢書もある[26]。古林英一は農業経済に基づいて競馬に関する論文を多く残しているが、加えて競輪制度の歴史や制度についての総合的な研究もまとめている[27]。

3 「ギャンブル」に関連する先行研究

三節で詳しく定義するが、「狭義の収益事業」とは、「ギャンブル」をコンテンツとして運営する「事業」を指す。従って「ギャンブル」「賭博」「射幸心」の分野も本書には関連する。先ず、ギャンブル一般に関する博物学的な先行研究がある。倉茂貞助の著作はデータ的には古いものの、世界中の様々なギャンブルを紹介し、それぞれの競技を歴史的に掘り下げている点で大きな価値がある[28]。増川宏一は、太古から現代までを包摂する遊戯史研究の中で、ギャンブルの対象となる様々な競技や遊びを取り扱っている[29]。増川の研究を通じて、各時代、各地域におけるギャンブルの時代的、風土的、風俗的な背景を知ることができる[30]。池上俊一は、中世ヨーロッパではギャンブルが貴族には教養とされてステータスシンボルとなる一方で、庶民にとっては情欲とされて弾圧されたように、ギャンブルが極めて階級性の強いものであったことを指摘している[31]。

諸外国と我国のギャンブル制度を比較するのは、極めて難しい。ギャンブルはその国々の政治、文化、経済、宗教、社会事情と強く関連するからである。殊に西欧では、「ギャンブル＝悪」と考える思想自体が一部ピューリタンや社会主義者を除けば現在はそれ程強くない。そのため、我国のような富国強兵の過程で形成されたギャンブル観が存続する文化、土壌とは相容れないものが多い。「収益事業」を考える際、日本ではギャンブルを運営するのは官営が当然[32]と思われているが、先進諸国では民営が前提であり、政府が直接の事業施行者としてギャンブルを供給する例は、宝くじやカジノ以外では少ない。Rubnerの著作からは、個人の自己責任を前提とする社会でのギャンブルの有り様が摑める[33]。美原融はアメリカのカジノを巡る行政システムの諸例を参考に、公営カジノを設ける際の望ましい形態を提言している[34]。

ギャンブル自体の是非を問う、神学論争的なものもある[35]。競輪事業に頻発した騒乱事件で認識された、ギャンブルに起因するとされる社会禍をとりあげ、公営ギャンブルの存在自体の正当性を問うものである[36]。これに関連し、ギャンブルを公営で行うことの是非を問う財源適格性に関する研究もある。高寄昇三は、ギャンブルを官が執り行うこと自体が「哲学」の欠如とする[37]。この様な文脈から、高度経済成長期の革新自治体において多く見られた公営ギャンブル廃止問題を取り扱う研究がある。高度経済成長とそれに付随する安定した歳入増加の下では、「いかがわしさ」を持つ公営ギャンブルに頼らずとも潤沢な独自財源を得ることができた。それ故、美濃部亮吉東京都知事の後楽園競輪、大井オートレース廃止[38]に代表される、革新自治体による公営ギャンブル廃止の動きが見られたのである。早瀬利雄は横浜市の競輪問題を中心に公営ギャンブルの弊害を抽出し、廃止の方向性の諸例を論じている[39]。

ギャンブルが支配権力に禁止される理由についての研究もある。前記の増川宏一は、太古以来の権力のギャンブル弾圧の歴史や「ギャンブル＝悪」の観念を国家がつくる歴史に着目する。増川によれば、近代日本の賭博取締まりは自由民権運動鎮圧の為の博徒弾圧の一環であり、博打＝博徒＝悪という構造が明治期に政府によって意図的に形成されていった。博徒と自由民権に関しては、長谷川昇の名古屋事件と博徒との関係に関する著作もある[40]。また、我国では競馬に必然的に付随する「いかがわしさ」の源流に関する立川健治の研究では、その形成も日露戦争後の民意弛緩対策としての戊辰詔書体制において意図的になされたとする[41]。

法学、犯罪学では、賭博が犯罪とされる理由を扱った研究が多数ある。現在の解釈では、ギャンブルは公序良俗と秩序維持の名目、或いは財産犯予防的見地から禁止される。大塚仁は昭和25年の最高裁判決を引き、これをドイツ的な自己または他人の財産を危険ならしめる犯罪と定義した[42]。小暮得雄は賭博罪が猥褻罪と並ぶ風俗罪であることを強調し[43]、青柳文男は日本人の民度の低さを禁止要因としている[44]。

その一方で、先進国では賭博を犯罪としない「非犯罪化（decriminalization)」の潮流も起きている。多様な文化、価値観を前提とする社会では、「被害者の無き犯罪（victimless crime)」等で法益を特定しにくいものはこれを罰するのではなく、制御を通じて善導していく方向に流れが向いている。平野龍一は、Morris・Hawkins[45]、Packer[46]を引いてこうした見解を紹介している[47]。平川宗信は、刑法の目的及び公営ギャンブルと単純賭博罪の矛盾、賭け麻雀等の社会の一般習俗における暗数などの点から非犯罪化を後押しする[48]。谷岡一郎は、世界のカジノ合法化の流れに言及しつつ「ギャンブルに付随する現象はさておき、ギャンブルそのものが非難されるべき道徳的に悪しき行為（原罪）とみなすべきではない」とする[49]。その一方で小谷文夫は、我国のギャンブル禁止の歴史、諸外国との比較、ギャンブル犯罪の現状をまとめ、非犯罪化の潮流に触れつつも非犯罪化に疑問を呈する[50]。

他に本書の副題部分に関連するが、公営カジノ等の誘致に関し「まちおこし」「地域振興」「ＩＲ」の研究も多く存在する[51]。アミューズメント産業の一環として、或いは国際観光等を念頭に、ギャンブルをスパイス的に利用してこれらの施策をより有効にする為の研究である。到来が言われて久しい余暇時代、レジャー時代のリゾート施設などにおいて、より濃密な時間を消費する為のコンテンツとしてこの分野は着目されている。この種のポスト・ナショナルミニマム的な行政に当たっては、従来型の「官」の発想では上手く行かないことは第三セクターによるリゾート施設やテーマパーク等の失敗が物語っている。そのためにも民間のノウハウをも組み込んだ研究が待望されている。これに関しては、ギャンブルを利用して健全娯楽都市作りに成功したアメリカのラスヴェガスを題材とした谷岡一郎の研究[52]を筆頭に、近年多くの業績が出版されている。

更に、学問的研究の埒外に置かれがちだったギャンブルの社会的コストの研究も出てきた。従来は、ギャンブルに耽溺して破産するのを個人の資質問題に還元する見方が殆どであった。しかしカジノ合法化論が巻き起こるに連れ、政策的にもこの研究が必要となっている。近年の依存症研究の発展により、ギャンブル依存症がＷＨＯにアルコール依存症等と同様の正式な病気（依存症）と認定され、その治療方法の研究も進んでいる。我国でもバブル期に急成長したパチンコ産業によって、パチンコ依存症が問題となった。炎天下の車中に乳幼児を放置する事件が多発する程に依存症患者が増加して社会問題化したことで、依存症に対する研究が行なわれるようになった[(53)]。また谷岡の研究では、宝くじ購入者層の社会的属性を調査して、宝くじが競馬等の公営競技に比してより社会的弱者に対する課税であることを実証している[(54)]。精神科医である田辺等は、グループカウンセリングを始めとする相談援助の経験を基に、苦しむ本人、家族目線から広くギャンブル依存症について世に問う[(55)]。

広義にとるならばギャンブルに含まれる可能性のある「投資」や「投機」に関しては、上林正矩がその賭博との共通点、相違点を主に取引学、投資学のアメリカ諸文献からまとめている[(56)]。上林はEmery[(57)]など多くの文献を紹介した上で、投機とは経済事象のゲームに自らが参加することであり、そのゲームの結果に対して自らの行為も影響を及ぼすのに対し、賭博とはそのゲームに外野から賭け合うに過ぎないもので、その行為は経済事象のゲームの結果には影響しないとするのが正しいとする。

数値的な統計データとしては、先の総務省による『地方財政白書』が公営競技の売上等の数値を扱うのに対して、経済産業省の外郭団体である「余暇開発センター」（2001年から「自由時間デザイン協会」）発行の『レジャー白書』は、中央競馬・パチンコといった一般的なギャンブルから行楽・カラオケ・外食といった広義のレジャーに及ぶ範囲の支出統計や経済規模に関する数値を毎年発表している[(58)]。

4 「競馬」に関する先行研究

日本の競馬事業史の変遷過程を通じて「収益事業」の形成過程を明らかにする本書では、競馬自体の研究も関連する。但し、専ら制度面に限り、運動生理学的研究や文学的なものに関しては、資料的価値のあるもの以外は除外する。馬券必勝法等に関するものは、無論含まない。

この分野では、軍事色が極めて強かったために終戦時に焼却処分になって発見できない資料もあるが、歴史的諸資料も多く残っている。様々な資料を博物学的にまとめた帝国競馬協会による『日本馬政史』[59]、『続日本馬政史』[60]、大友源九朗の編による『馬事年史』[61]、中央競馬ピーアール・センターによる『近代競馬の軌跡』[62]、日本競馬史編纂委員会の『日本競馬史』[63]、地方競馬の歴史に関しては『地方競馬史』[64]等々が出版されている。これらは日本競馬の歴史を物語るものであり、本書ではその中から「事業」としての競馬の側面を抽出し、それを関連諸分野の研究と絡めて「収益事業」の形成過程を明らかにするつもりである。特に立川健治は研究者として競馬を正面から研究対象としている数少ない学者であり、競馬を通じて日本の近代を物語る彼の業績[65]は本書においても大いに負う所である。

また経済的見地からの研究としては、先に紹介した中央競馬と地方競馬の価格競争力の違いによる搾取を分析した関口尚の著作がある。また、北海道の馬産地経済をレポートした読み物風の河村清明の著作[66]や軽種馬生産の実態を様々な統計をもとに分析し、国際化問題や北海道の地域経済との連関について扱う岩崎徹の研究[67]などもあげることができる。

他には、現行の制度面を紹介する書物も多い。大蔵省印刷局の『知っておきたい競馬と法』[68]は、競馬から国庫納付を受ける財務省がまとめた競馬制度紹介の書籍で、簡単に分かりやすく現行制度や競馬の文化的側面に触れる。競馬制度研究会による『よくわかる競馬の仕組み—改正法施行後の新しい競馬制度—』[69]は、現行制度について項目毎に法令や統計を加えつつ解説を行っている。宇井延壽は、競馬誕生から現在に至る競馬関連法規を中心に、日本競馬発展の歴史を取りまとめている[70]

第三節　「収益事業」の枠組み

1　我国の収益事業の特徴

サブタイトルの通り、本書は競馬事業、社会福祉を通じて「収益事業」の形成過程を明らかにする。従って競馬の歴史に関連する記述も多くなるが、競馬史自体を対象とするのではなく、その目的は現行「収益事業」の基底部分の形成過程を明らかにすることにある。著者は、現行の「収益事業」を**“法律に根拠を持つ『租税』としてではなく、ギャンブルをコンテンツとして用いる事業経営で間接税的に税源外に財源を求める枠組み”**と捉えている。その特徴としては、以下の4点があげられる。

① 人間の本能ともいえる「ギャンブル」を刑法により全面的に禁止し、私人間の一般賭博に及んでも権力で厳しく取り締まる。社会でも、「ギャンブル＝悪」の規範意識が内部から国民を拘束する。
② 一方で、特別法制定の法理によって合法ギャンブルを創出する。「政府及び準ずるもの」が独占的立場を付与されて、合法ギャンブルを自ら経営する。
③ 合法ギャンブル独占供給の地位を与えられたものから政府納付金を徴収し、その権益を侵すものを国家権力が代わりに取り締まる。
④ 独占供給によって、商品を極めて高価格で発売する。独占価格の利益分の負担者に末端購買者（一般国民）が組み込まれる。

この中には諸外国と類似するものと、我国に特有のものとがある。しかし、これら諸要素を全て包摂する点で我国の「収益事業」は特異である。

①では、諸外国でもギャンブル一般が原則禁止な事例は多く、近年は非犯罪化の流れがあるとはいえギャンブル全面解禁の国は少ない。しかし私人間の一般賭博には比較的寛容で、他者に迷惑をかけない限りは自己責任に委ねる自由主義的な国も多い。我国のように、国民保護を家父長的に達成しよう

とする法秩序が強く、個人責任に属する範囲までを厳しく取り締る例は少ない。更に我国で特徴的なのは、国民一般に「ギャンブル＝悪」として嫌悪する意識が極めて強く、内的規範にまでなっていることで、これが「収益事業」を側面から支えている。

②の前段部分は国際的にも通例である。アメリカでも、特別法設置で先住民にギャンブルの胴元になる権利を認めている。但し我国の場合、①の後段部分との関連で特別な価値を付与される。即ち“政府公認の合法ギャンブル”という品質保証がなされ、射幸心の合法的な唯一の捌け口になるのみならず、それが規範意識に基づく内的制裁も緩和して売上げ増加にも貢献するのである。後段は、諸外国でも国営くじは見られるが、それ以外のギャンブルを政府（或いはそれに類する組織）が事業として直接施行するケースは稀である。(71) 我国では、政府やそれに準ずる組織が事業を直接施行している。

③の前段も、諸外国では一般的である。社会的弊害が予測されるギャンブルの許可には、特許料的性格のギャランティーを支払うシステムは各国にもある。外部不経済の内部化が、政府によって権力的に行われているのである。後段は、ブックメーカーのある国では合法だが、日本では政府の利益を略取する扱いとなり、通常の刑法以上の罰が下されることが多い。

④の前段では、我国の控除率（所謂「テラ銭」）は国際的にも極めて高い部類に入る。諸外国の中で、平均的に我国より高い負担を強いられているのはフランスのみである。(72) 後段は、諸外国では最終的にある程度が間接税的に市民に負担を強いるものの、基本的には国庫納付類の負担は事業者が負担する。ところが我国の制度では、政府納付が重いので事業者だけで賄われず、末端購買者である国民も負担を負うこととなる。

この特殊な枠組みは「toto」導入の際にも立ちはだかったように現存している。現行制度の歴史を紐解けば各種事業が戦後に創設されたことがわかるが、その中で唯一の例外は競馬事業で、戦前から存在していた。そして全ての収益事業（「宝くじ」と「toto」といった「くじ」を除く他の公営ギャンブル）は、競馬を直接の雛形として形成されている。そして「ギャンブルの専売」を通じた独占価格による富の収奪という観点からするならば、競馬事業はtotoや宝くじを含めた全ての「収益事業」の雛形でもある。

本書は、競馬事業の変遷過程に着目することで、時系列的にこれらの諸点が形成されていく様子を通じて「収益事業」にアプローチすることとする。

2　税外負担

分析の第一歩として、我々が収益事業で間接税的に負担を強いられるこの負担は、どんな種類の負担なのかを考察する。その種類がわかれば、歴史的な形成過程を探る上での大きな方向性を見出せよう。

現在の収益事業の根拠法となる各種特別法を調べても、我々の供出した売上総額から一定金額を控除する根拠に法律の裏付けを持った「租税」の形をとるものは見出せない。収益事業では、公営企業の価格設定のように曖昧ではなく、明らかに「間接税」的に一定割合が控除されている。しかし、これらは徴税権の根拠となる法律を持たないため、租税ではない。日本国憲法第84条は、「あらたに租税を課し、又は現行の租税を変更するには、法律又は法律の定める条件によることを必要とする」と規定して、租税法律主義（地方税に関しては租税条例主義）を定めているからである。税金以外でも、権力的に一般的に徴収される金銭的諸公課を全て租税とする見方もある(73)。しかし一般的には、「手数料・使用料等」は、租税と区別して考える説が有力である(74)。「収益事業」では根拠法となる特別法で控除可能な率を定めているが、個別の各種税法を持たないことから、これは租税でない。

では「税外負担(75)」と考えられるであろうか。「税外負担」の概念は、現在では非常に狭く捉えられる。本邦では明治維新による近代的税制成立時に、「租税」＝官費、地方的な経費等の「民費」＝人民協議費と設定された。その後、府県税創設により「官費」は「租税」と「府県税」、「民費」は財産収入と人民による税外の「賦課課出」で賄われることになった。戦前は国税確保の目的から地方税は制限され、その影響から戦後も地方（特に市町村）では租税以外の「税外負担」に歳入を頼る時期があった。税外負担の定義は、

「本来公費で賄われるべきもので、租税外に賦課徴収される住民負担」とされるが、様々な問題がある。例えば、戦前は祭礼も神社行政と関連していたように、「本来公費で賄う」の範囲が不明瞭であった。また、労役的負担や物件的負担、貸与負担、更には無償或いは無償に近い役場通知の配布や寄付集めなどは、本来官費で賄うべきものであろう。どこまでが強制に該当するかも問題で、住民にとっては町会・自治会費や自治的事業の経費、共同募金、神社祭礼費等も全て、税外負担と認識される。

自治省は税外負担に関する調査「住民の税外負担及び市町村の府県に対する法令外負担の状況」を1957、59、60年に行い、“税外負担を極力禁じて租税を確保したい大蔵省の姿勢”を反映して、1961年からは税外負担の設定を狭義に限定した。その結果、税外負担は「法令の定めるところにより地方公共団体又はその機関が処理しなければならない事務及び地方公共団体又はその機関が処理している事務に要する費用のうち、地方公共団体が本来自分の財源を以って負担すべき経費について、次に掲げるものを除き直接間接を問わず強制的な割当て又はこれに相当する行政により、地方公共団体が住民等に金銭の負担をさせたもの」とされた。除外されたのは、「法令の規定により徴収されるもの」「学校追徴金」「法令通達で定めた単価、規模等の基準を超えて実施した部分にかかる負担」等に加えて、「篤志家による寄付金、任意自発的な負担」「特定の住民等の利益増進のための事業費及び事務の財源に充てたもの」等である。税外負担の問題には、それが中央・地方の行政資金をカバーする役割を果たしていることと、その根源に国と地方公共団体の財源措置問題、特に市町村財政の困難と公共行政の貧困がある。その意味で、収益事業と背景は同じである。

しかし、「税外負担」の場合、賦課徴収過程で集落・組などの地縁的包括的な隣保関係が重要な役割を演じているし、全体を通じて負担の任意性・強制性の区別と徴収過程における負担の目的性や割当方式があいまいであるばかりでなく、労役的物件的負担など負担形態の複雑さが問題とされる。このように、税外負担を狭義に見る場合、それは明らかに収益事業とは異なることがわかる。更に決定的に異なるのが、収益事業収入は「強制的」に徴収されるものではなく、「自発性」に基づくものである。収益事業の場合、顧客は強制されて負担を強いられる訳ではない。負担者の自発性によるものである以上、「税外負担」とは明らかに異なる。更に「税外負担」を広義に採った場合でも、不都合が生じる。「toto」導入時の論議では、文部省側から宝くじ類は寄付である旨が盛んに主張された。しかし公営ギャンブルの顧客は自己の金銭を支出するに当たって、寄付を第一義に考えているのでないのは明らかである。更に、収益事業が特別法に謳う公益の増進を目的とする事業ならば、その団体は「特定公益増進法人」の指定を受けられるはずである。「特定公益増進法人」とは、公共法人、公益法人等その他特別の法律により設定された法人のうち、教育や科学の振興、文化向上、社会福祉への貢献その他「公益の増進に著しく寄与する法人」として、所得税法施行令第217条と法人税法施行令第77条とに規定されているものである。しかし現実には、ギャンブルの施行者たる法人はその様に指定されていない。また公営ギャンブルの主催者の多くは、地方公共団体が当たっている。現在、国、地方公共団体への寄付や特定公益増進法人に対する寄付は、所得税の控除対象となる。しかし公営ギャンブルへの支出は、控除対象とはならない。その点からも、これを「寄付」扱いで広義の税外負担として考えるのも不可能である。

3　受益者負担

では次に、広義の「税外負担」の一種ともいえる「受益者負担」に相当する「使用料・手数料」として収益事業を捉えられるだろうか。公営ギャンブルの供給を一種のサービスとして捉え、その便益を被る受益者がそのコストを負担する考えである。例えば競馬場等の所有者が自治体の場合、その公の施設の使用料として、或いは“競馬開催という競馬に興味のある者のみに便益が特定されるサービスへの対価としての手数料”という意味での「受益者負担」である。収益事業の顧客が、主催者の興行から反対給付を受けていることは明らかである。例えば競馬という興行の開催には、広大な敷地や施設、それに関与する多大な人間の人件費等が費やされる。顧客はそこで繰り広げられるスペクタクルを消費するのだから、その費用を負担するのは当然である。このように、及ぼされる便益の範囲や量が明白な場合、受益者に対して相応の負担を強いないことには、逆に不平等が生じる。

受益者負担の概念は古く、ローマ時代から続く公的負担制度である。中世以降も、各国においてその歴史を見ることが出来る[(76)]。しかしながら我国においては、住民自治の伝統の乏しさもあってこの制度が内発的には発展して来なかった[(77)]。大正時代に入ると、地方財政の困窮と共に特別課徴の制度が導入される。都市計画法および道路法制定に伴い、それによって利益を被る者達への受益者負担制度が導入されたのである。これに関して汐見三郎は、「道路関係の利益は臨時的には土地に関する財産の騰貴となり、経常的には土地に関する所得の増加となる。故に受益の全部或いは一部を徴収するに当たりても臨時的と経常的の二つの方法がある。受益者負担金又は土地増価税は寧ろ臨時的の方法である[(78)]」としている。戦前の受益者負担は、このように現在の定義で言う「狭義の受益者負担」に限定されていた。その後、戦後の財政困窮の中で安易な負担転嫁策として受益者負担が注目される。その流れには大きく2つがあった。一つは、昭和30年代前半の地方財政再建期にさかのぼる地方自治体での動きである。その中の下水道事業受益者負担金制度は、都市計画法の受益者負担金制度によるものである。これは受益者を特定しやすく、また中央政府もこれを導入した自治体の下水道整備を優先的に起債許可する等の後押しをしたため、急速に広がった。もう一つは、中央政府で昭和42年秋からはじまった財政硬直化キャンペーンの中で、主として大蔵官僚によって推進されたものである。食糧管理や社会保険にかかわる赤字解消手段として、受益者負担を根拠とする国庫負担の節約が主張され、これらに対する国庫負担の節約がむしろ負担の公平を生み出すとの主張によるものだった[(79)]。このように戦後は受益者負担の概念は恣意的に拡大され、田中啓一によれば現在は次の4通りに解釈できる[(80)]。政府が所謂生産の協力者としての役割を強めるに従い、受益者が特定されるサービスが増加してこの問題も意味を増した。第一は「伝統的概念」で、公共部門による開発投資に伴う土地増価の回収という意味合いであり、第二が広義の意味での公共サービスへの対価としての「公共料金」という意味で用いられる。第三は最広義で「応益原則」と同義に用いられ、「公共サービス」の費用負担をその「受益」に応じて負担する概念である。そして第四が、「宅地開発指導要綱」に基づく負担金のように、形式的には開発者、事業者負担であるものの実質は消費者に価格転嫁され、実質的な受益者負担となっているものである。このように、現在は租税以外の負担として、受益者負担の範囲は拡大している。

しかし受益者負担では、負担の大きさと支払者の受け取る便益の大きさの間に直接的対応関係があるかを確定できるかが問題となる。開発利益に関する狭義の受益者負担においてですら、その便益を正確に測定するのは困難である。定義を拡大して、使用料・手数料等までを含める場合は更に難しい。その結果として多くの場合、当該公共施設やサービスに必要な経費の一部を賄うのみで、それ以外は租税その他で賄われるのが実状である。その点から考えると、収益事業では明らかに負担と受益とに大きな乖離が見受けられる。収益事業で徴収されている割合は、高率過ぎる。興行に対するフリーライダー、イージーライダーを防ぎ、適切な費用を分担するのに適切な水準以上のものが控除されている。これでは「受益者負担」とは言えないであろう。実際には計測不可能であるが、ギャンブルによる外部不経済を考慮に入れたとしても、その負担の高さからすると受益者負担に該当するものではない。

更に公営ギャンブルの場合、法律に公共の福祉への貢献を謳いながらも、その事業自体に直接の公共性は認められていないのが現実である。その施設は、「公営ギャンブルも大衆娯楽化し、レクリエーションとしても容認しようとする考え方もあるが、少なくとも現行の法体系を前提とする以上、住民の福祉の増進を目的とする公共の施設に当たらないことはもちろん、直接特定の行政目的に供されている財産として位置づけることもできない[(81)]」のである。こうなると、ギャンブル収入を受益者負担と位置づけるのにも問題がある。外部不経済を考える場合、Rubnerの主張では民間業者に任せたのでは

「人の弱み」に付け込みかねない為、これを公営で行いその収益を公益に充てるべきであるとしている[(82)]。これを環境問題で言う所の「ピグー税[(83)]」に相当するものと捉えることが出来るであろうか。ギャンブルの官営による専売化によって、外部不経済を内部化することが可能になるとの観点から、その官営による専売を正当化する議論もある。しかしながら現実には、ギャンブルの専売によって収益を得ている主催者が、その外部不経済の充当にその収益を充てている例は皆無である[(84)]。従ってギャンブルからの控除を外部不経済に対する「ピグー税」負担のためとするのにも無理があるであろう。

4 専 売

そう考えると、「収益事業」の負担項目としては「専売」が最も近い。刑法典で一切の賭博行為を禁止する一方、特別法を用いる法理で合法ギャンブルを創出し、その供給を「官」が独占する。そして、官の独占を犯すものには各種特別法で刑事罰を定め、警察権力を利用して厳しく取締まる。こうして、市民への合法ギャンブルの供給先を限定させ、それに高率の負担を課す。収益事業はまさに、専売に類する。

日本の専売の歴史は古い。江戸時代の各藩は、財政悪化から特産品の専売化を進めて財源としていた[(85)]。近代国家成立後、国内での製造専売制度の誕生は明治36年（1903）の樟脳専売制度である。しかし、これは台湾の特産物である樟脳製造産業保護目的だった。財源目的での製造専売制度は、明治37年（1904）の煙草専売法案である。煙草産業では、財源目的から明治29年（1896）に葉煙草専売法が制定されていた。煙草生産農家から強制的に葉煙草を買い上げ、煙草製造業者に上乗せ価格で販売して、政府は利鞘を得ていた。だが税率の相次ぐ引き上げから、煙草製造業者が専売局を経ない直接買い付けによる闇煙草を用い始めた。その取り締まりは困難で、税収は頭打ちとなった。だが日露戦争の戦費調達のためには、より大きな財源が必要だった。その結果、製造、販売に至る全般的専売制度が成立する。同年には酒造税法が同様の目的で制定される。財源目的の専売は、翌38年（1905）にも塩専売法が公布、施行されている。

財政学的にも、ギャンブル収入は「専売」に類する[86]。パリ・ミチュエルによる現行公営ギャンブルは、性質上「富籤」「宝くじ」と同じ性質を持つ。イギリスでは当初、私的宝くじが人気を博し、不正も多く見られた。17世紀末には、公債引き受けのインセンティヴとして宝くじの有効性が注目され、「富くじは、まもなくイギリスの長期借入れ措置においてお気に入りの方法に成長し、国家は私的な富くじを抑圧する法律を通過させることによって、この事業の独占を自己のために確保しようとした[87]」。その後、第一次世界大戦を機に各国で宝くじの専売が進み、汐見三郎もそれを指して「専売収入を見るに、従来は部分的に行なわれていたのであるが、世界大戦以後の財政難に直面するや専売制度の確立は一般趨勢となったのである[88]」とし、ギャンブル収入を専売に類するものと考えている。神戸正雄も財政学上の歳入分類で「富籤」に触れ、「此には其中でも租税の變體たらざる特殊のものたる富籤発行歳入を述べる。此は租税の變體たる専売とは多少異なるけれども、此も租税の一變體と見れば見られるがしかるときは此は消費税の變體ではなく、交通税の變體であり、射幸利得税の變體として良い」とする。

しかし、専売は通常は中央政府による。村上了太は煙草専売における江戸期の専売と明治以降の専売の違いを述べるに当たって、「明治以降の専売が中央政府による政策の一つとして行われ、タバコからの利益が日本資本主義の燃料として注入されたという経緯がある[89]」としているように、近代日本での専売は帝国主義的財政膨張を続けた時代背景下での、中央政府の財源獲得策であった。従って、地方自治体が多くの主催者となっている現行制度と直接に結びつけようとすると、矛盾が生じる。しかも歴史を紐解くならば、ギャンブルの官による独占供給が始まったのは戦後になってからである。戦前から存在した競馬事業は当初、民間の手で行われていた。この点からしても、専売を収益事業の直接の始点とするには困難がある。

5　市営事業

こうして中央政府、地方政府双方に及ぶ「収益事業」の現在の供給方法に着目して考えてみると、一つの前身を見出すことができる。それが、大正期から昭和初期に見られた「市営事業」の「収益主義的経営」である。「富籤」「宝くじ」といった事業を除けば、現在、公営ギャンブルとして営まれている諸事業は多数の従事者や関連施設を要し、またその運営に当たっても専門知識や経験が必要とされる。専門的な事業を経営し、そこから収益をあげるという枠組みは、「市営事業」がその始まりである。戦後になって市街電車や上水道といった既存の市営事業からの収益が期待できなくなった際に、代替のコンテンツとしてギャンブルを代置したのが、現行の「収益事業」である[(90)]。市営事業の内の幾つかは、大正末期から昭和初期にかけて地域的独占を背景としていわば「専売」に類する形で料金政策を行い、収益を一般会計や他部門に回していた。しかし、この租税外に収益を求める枠組みのコンテンツ交換も、戦後に突如成し遂げられたものではない。戦後にその位置にギャンブルがスムーズに納まったのは、戦時期の競馬事業の性格転換が大前提である。

第四節　「収益事業」の定義と現況

1　狭義の収益事業の分類

「賭博」とは「賭事」と「博戯」を組み合わせた言葉で、一般的に「金銭・品物を賭けて勝負を争う遊戯」（広辞苑）の意で用いられる。だが経済活動には必ず偶然性が介在し、リスクがあり、多くの場合は競争もあり、その結果として配当が期待される。経済活動においてリスクを引き受ける「投資」、賭博性の高い先物取引やＦＸなどの「投機」、それらと「ギャンブル」との峻別は容易でない[(91)]。ギャンブルが違法であれば、それを公営で堂々とは行えないはずである。刑法は23章で「賭博及び富くじに関する罪」を定め、185条「賭博」で偶然が介在する事象での私人間の賭を禁止する。囲碁、麻雀、将棋などの勝敗決定に技術が影響するものでも、偶然性が部分的にでも存在するために金銭を賭した場合は取締り対象となる。三店方式で摘発を免れているパチンコも、刑法に抵触する可能性が高い[92]。刑法はまた、187条で「富くじ発売等」を定める。これはパリ・ミチュエル[93]賭博で胴元となる場合、例えば富くじ等の胴元がこれに該当する。競馬の場合では、馬主同士が拠出金を争うステークス競走は185条の「賭博」が、馬券発売は主催者側にリスクが存在しないので187条「富くじ発売等」が適用される。「宝くじ」も、刑法に反する立派なギャンブルである。

現在、合法的に公営で運営されている「狭義の収益事業」の更に細かな分類を**表 2** に整理した。最狭義が、普通及特別地方公共団体による所謂「公営ギャンブル」（公営競技）で、「競馬」「競輪」「競艇」「オートレース」事業が該当する。次に、種目は「競技」だが、地方公共団体による施行ではない「中央競馬」は、「広義の公営ギャンブル」に分類できよう。こうした「競技」での投票券発売はパリ・ミチュエル方式で行われ、刑法的には「富くじ」に相当する。「競技」ではないが、同じように賭博性を有し、地方公共団体によって営まれている「公営くじ」としては「宝くじ」がある。更には、「公営」ではないが「広義の公営くじ」として、「toto」が1998年に創設され

表 2　合法的に営まれる「狭義の収益事業」

競技名（通称）	根拠法	成立年	監督官庁	控除率	分類
地方競馬	競馬法	1948年	農林水産省	約25%＊	公営ギャンブル（公営競技）地方公共団体施行
競艇	モーターボート競走法	1951年	国土交通省	25%	
競輪	自転車競技法	1948年	経済産業省	25%	
オートレース	小型自動車競走法	1950年	経済産業省	25%	
中央競馬	競馬法	1954年	農林水産省	約25%＊	広義の公営ギャンブル（特殊法人施行）
宝くじ	当せん金付証票法	1948年	総務省	約55%	公営くじ（地方公共団体施行）
toto	スポーツ振興投票法	1998年	文部科学省	50%	広義の公営くじ（特殊法人施行）

＊競馬は二段階控除のため、競走結果、主催者、投票方式、競走によっても控除率が異なる。

出所：筆者作成

ている。

本書では以上の観点から、「収益事業」の成立過程を解明するために現行「公営ギャンブル」の雛形となった競馬事業を「競馬事業」としての側面と「収益事業」としての側面から分析する（表３）。

他種公営ギャンブルは、戦後になって最初から「収益事業」として誕生した。それ故に「狭義の収益事業」の性格のみが際立ち、それが「収益事業」の理解を混乱させる要因ともなっている。対して競馬事業は現行の「狭義の収益事業」となる以前から存在し、歴史的にいくつかのレゾンデートルを持ってきた。競馬が「事業」として運営されたのはそのためであり、「収益事業」の歴史とは異なった独自の歴史を持っている。

従って、「競馬事業」と「租税外に財源を求める事業」との二つの側面に分け、各々からその歴史を紐解くことによって初めて、両者が融合され現在の合法ギャンブル（収益事業）が形成された過程が明らかとなるのである。

その際、戦前・戦後体制間の連続・非連続に関する野口悠紀雄の「1940年体制」モデルを用いる。現行収益事業制度は、通説のように戦後に唐突と新設されたものではない。本書では、「競馬事業」「市営事業」という二つの流れにおける戦前・戦後での連続と断絶に着目することで、「収益事業」の形

表３「収益事業」における戦前・戦後の連続と非連続

	項目	戦前		戦後
制度	租税外に財源を求める枠組み	**収益事業** 専売に類する価格設定の事業経営で、租税外に収益を得るシステム	⇒連続	**収益事業** 専売に類する価格設定の事業経営で、租税外に収益を得るシステム
事業	収益事業の対象となる事業コンテンツ	**市営事業** 明治期の都市間競争で発展	×断絶 （敗戦を契機）	**公営ギャンブル** 競馬事業を雛形に新設、新設公営くじ
	競馬事業の目的	**活兵器・活機械の改良** 富国強兵、近代化のツール	×断絶 （軍備解体を契機）	**公営ギャンブル** 収益事業のコンテンツへ
	公営企業の経営主義	**収益主義** 都市財政悪化、福祉需要増大を背景に拡大	×断絶 （敗戦を契機）	**独立採算主義、実費主義** 社会福祉の拡充、戦後大衆社会に伴う変容

出所：筆者作成

成を可能とする前提が、戦時期の競馬事業の変容過程において成立したことを明らかにする。制度としての「専売に類する価格での事業経営により、租税外に財源を求める枠組み」＝「広義の収益事業」は、戦前〜戦後において連続している。しかし一方、その制度のコンテンツたる事業は、戦争を挟んで断絶している。戦前期にそのコンテンツだった「市営事業」は、戦後には経営主義を「実費主義」に転換したために、税源を得る事業という意味では断絶を余儀なくされた。代わって、競馬事業に範を採ってギャンブルをコンテンツとする新設の「公営ギャンブル」「狭義の収益事業」が代置されたのである。この断絶の契機となったのは、確かに第二次世界大戦の敗戦である。しかし、代置可能となった条件として、戦前期には「軍事」「産業」ツールとして振興されていた競馬事業の、戦時体制での「財源」ツールへの変容が必要であった。即ち、この点での断絶の契機は敗戦ではなく、それ以前の戦時体制に求めることが出来るのである。本書は以上のような観点から、収益事業の形成過程に迫る。

2　狭義の収益事業の合法性の仕組み

既述のように刑法でギャンブルは禁止されているため、投票券類発売は違法行為である。それを避けるために「収益事業」では、競馬法など根拠法と呼ばれる特別法が制定される。犯罪を構成するには「構成用件該当性」「違法性」「有責性」の三要件が必要だが、収益事業の場合は刑法185条（賭博）、187条（富くじ発売等）に抵触するために「構成用件該当性」は満たす。年齢や精神状態等の判断能力が問題とされる「有責性」においても、明らかに責任能力は認められる。しかし特別法があるが故に、同法に基づく行為が刑法35条の「正当行為」に該当し、「違法性」阻却事由が形成されて犯罪構成用件を満たさなくなる。この法理によって、「収益事業」は合法的に施行されている。但し犯罪を構成しないのは特別法で主催者と定められたものだけで、それ以外の場合は犯罪が構成される。現在、私的投票券を発売する所謂「呑み」行為には、各特別法で刑法より更に厳しい罰則が定められ、それを適用する。これは富くじ発売の罪に加え、政府の利益を不当に窃取した罪も考慮されている。

しかし法理上の問題が無いだけでは、公的機関がギャンブルの胴元になる大義は十分でない。弊害を伴うギャンブルを政府が主催するには、更に高邁な目的のツールとなって公共性を得る必要があった(94)。戦後の法律は、第1条に法の理念を謳う。例えば、競輪の根拠法は主要輸出品目だった自転車の改良増産、機械産業等の発展への寄与を目的とし、競艇はモーターボートその他の船舶関連機器の改良やその輸出、海難防止事業の振興、海事思想の普及及び観光事業、体育事業その他の公益増進とともに地方財政の改善を目的とする。宝くじは、浮動購買力を吸収し、地方財政資金の調達に資することが目的である。合法ギャンブルで法の趣旨規定にわざわざ目的を謳うのは、特定産業の保護育成による公共の福祉への貢献がその弊害を上回ることで公共性を獲得し、公営ギャンブルが正当化されるとの思想に基づく。

3　狭義の収益事業の現況

公営競技の全国分布を見るため、2012年度の都道府県別の競技場を示す。(**図1**)

競技場は全国に点在し、2012年度は地方競馬15、競輪43、競艇24、オート6の計81場であった。最多の6場は東京と福岡、存在しない県も10ある。現在、全種類が存在するのは埼玉県のみである。この他に、特殊法人日本中央競馬会（JRA）の競馬場が全国に10場存在する。

平成以降、経営悪化(95)により地方競馬と競輪の廃止が続き、昭和末の110場（地方競馬30（JRA競馬場での開催含む)、競輪50、競艇24、オート6）と比して25%以上も減少した。その後も船橋オートが2016年に廃止されている。

公営競技の2012年度決算状況が**表4**である。2012年度は全国で延べ290自治体（一部事務組合は全自治体をカウント）が公営ギャンブルを施行した(96)。これは2000年の564と比べて約半減になる。収益性で劣るものの、周辺産業も大きくて撤退が容易でない地方競馬事業（2000年度69場→2012年度51場）

図１　2012年度都道府県別公営競技場一覧

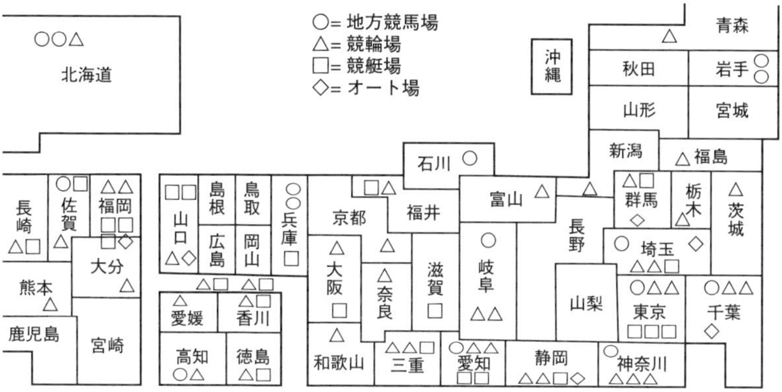

出所：筆者作成

表４　2012年度　収益事業決算の状況

（単位百万円・％）

区　　分	競馬事業	自転車競走事業	小型自動車競走事業	モーターボート競走事業	宝くじ事業	合計
歳入合計	411,386	654,291	85,968	1,489,397	392,322	3,033,365
歳出合計	432,300	653,213	83,503	1,456,934	392,090	3,018,041
歳入歳出差引	△20,914	1,078	2,465	32,463	232	15,324
翌年度に繰り越すべき財源	23	214	—	4,241	—	4,478
繰入金	3,362	7,668	866	9,166	—	21,062
繰出金	581	3,630	603	10,369	389,972	405,154
未収金	1,925	9	—	2,700	180	4,814
未払金	3,501	142	—	8,003	—	11,647
再差引	△25,294	△3,309	2,201	24,122	390,384	388,104
車馬券等売上額	334,068	609,334	75,817	915,129	898,235	2,832,583
収益率	△7.6	△0.5	2.9	2.6	43.5	13.7
前年度収益率	△7.2	△0.1	3.8	2.8	45.0	14.7
施行団体数	51	60	7	105	67	290
都道府県	11	7	1	1	47	67
市町村	40	53	6	104	20	223

出所：『地方財政白書』

（注）１　施行団体数は、平成24年４月１日現在の団体数である。
　　　２　施行団体数は、１団体が２以上の事業を実施している場合はそれぞれの事業ごとに１団体としている。
　　　３　宝くじ事業の車馬券等売上額は、消化額を計上している。

に比べ、競技場存在自治体以外に一部事務組合を通じて参加した自治体の多い競輪（255→60）や競艇（174→105）では、施行団体数の減少が著しい。収益率を見ると、地方競馬は赤字、競輪で僅かに赤字である。近年ではインターネット投票による販路拡大により、地方競馬の売上は回復しつつある。

次に、全国の公営競技施行団体の黒字団体数、赤字団体数、その収支が**表5**である。これだけを見ると、現在収益事業実施団体の8割が黒字経営である。赤字分も、黒字分で十分に相殺され、4000億円以上の収益が毎年地方財政に繰り入れられているので、状況は危機的ではなく見える。しかし**図2**のように、その売上げは大きな後退基調にある。近20年の各競技の売上推移からわかるように、各競技のピークだった1991年度と比して2012年度売上は地方競馬で34%、競輪31%、競艇41%、オートレース22%と大幅減となっている。好況だった際の高コスト構造が温存され、売上減少とともに収益悪化の要因となった。

近五年の競技別収益率推移（**表6**）を見ても、地方競馬で改善がみられるものの赤字は続いている。黒字のオートと競艇でも、民間であれば当然担うべき税負担等のコストを勘案すればとても収益事業とは言えない状況である。

これを端的に示すのが、公営競技に限定してその競技別再差引額をまとめた**表7**である。**表4**の統計は、「公営競技」ではない「宝くじ」の収支が混入したものである。宝くじは安定して40%以上の収益率を収め、ここ20年は毎年4000億円以上の収益を繰り入れている。それを除外して、公営競技のみの決算を合計したのがこの数字である。かつて「打ち出の小槌」と呼ばれた

表5 （団体別）収益事業決算の状況

（億円）

	黒字団体数	赤字団体数	黒字再差引	赤字再差引	合計
1991年度	191	6	8,270	−46	8,224
1996年度	174	22	5,423	−195	5,228
2001年度	165	42	5,130	−542	4,588
2006年度	123	38	5,103	−792	4,311
2011年度	127	31	4,899	−631	4,268

出所：『地方財政白書』

図２　公営競技近20年の売上推移

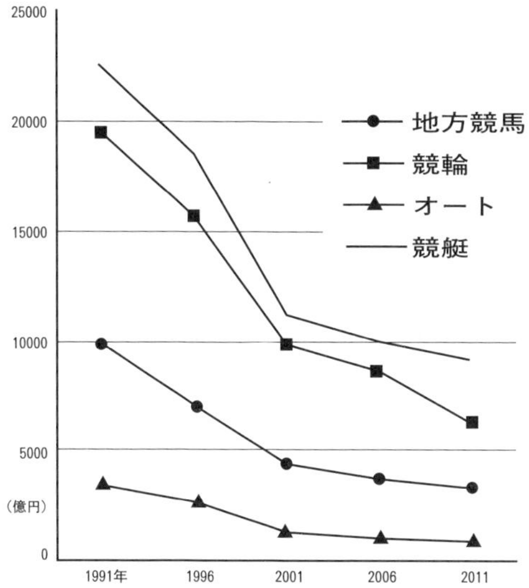

出所：『地方財政白書』

表６　公営競技の近五年の収益率

（％）

年度／競技	競馬	競輪	オート	競艇
20年度	−12	0.9	2.4	3.7
21年度	−12	0.4	3	3.1
22年度	−13	−0.7	3.3	2.5
23年度	−7.2	−0.1	3.8	2.8
24年度	−7.6	−0.5	2.9	2.6

出所：『地方財政白書』

表７　公営競技　競技別再差引額推移

（億円）

年度／競技	地方競馬	競輪	オート	競艇	公営競技合計
1991年	452	2124	427	2166	5169
1996	−84	859	167	925	1867
2001	−408	−20	73	244	−111
2006	−546	−20	−13	270	−309
2011	−241	−46	32	258	3

出所：『地方財政白書』

公営競技が置かれている厳しい現状が伺われよう。

第五節　本書の構成

本書の構成は、以下の次第である。一章では、「租税外に財源を求める枠組み」として、市営事業の収益主義的経営の歴史に言及する。日本の競馬事業は、「競馬事業」の側面と「収益事業」の側面に分けられる。二章以降では「競馬事業」の側面を扱うので、一章で「収益事業」の側面を明らかにする。「収益事業」の側面とは、現在行なわれている“「官」の事業経営による「租税外に財源を求める枠組み」”の制度の歴史である。その出発点が大正末期～昭和初期に見られた市営事業の収益主義的経営であることは先に触れた。当時は「官」による「事業経営」すら問題とされた時代であり、そのままでは「官」がギャンブルの胴元になって利益を求めるという現在の構図は想像もつかない。一章では、この制度の歴史に接近していく。この枠組み誕生の歴史的背景や有り様、当時のこの枠組みを巡る論争等を整理する。

二章は話を大幅に転換し、「競馬の歴史」について簡単に触れる。この章は、競馬が「租税外に財源を求める枠組み」のコンテンツ、即ち「財源」としてのツールとなる以前の姿を扱う。現在では「競馬」＝「馬券」であり、「競馬」は財源のための必要悪との認識が一般的である。しかし日本の競馬が、当初からその性格ではなかったことは歴史を紐解けば明らかである。「競馬＝財源」という概念では、特に収益性の劣る「地方競馬事業」の存続は正当性を持ち得ない。本章では「古式競馬」の時代まで遡って簡単に海外、日本の競馬の歴史を整理する。「古式競馬」をも含めるならば、日本は世界有数の古い競馬の歴史、伝統を持つ国である。ここでは、「古式競馬」に対する「近代競馬」の概念定義を行う。スポーツにおける「近代スポーツ」と「伝統競技」の概念を競馬にも用いて、競馬でもスポーツの場合と同様に「近代」の持つ意味合いが大きいことを明らかにする。更には、「近代競馬」が日本人に受容、振興されていく過程を概観する。我国では他の分野での「近代」と同様に、「近代競馬」も外国人の手でもたらされた。本邦の「近代競馬」は当初、条約改正のための「社交」ツールとして受容、振興された。後に条約改正の達成でレゾンデートルを失った競馬は廃れるが、再び馬匹改良の「軍事」ツールとして利用されることとなった。その後、馬券熱の加熱による社会混乱や風紀引き締めを一因として馬券発売は禁止される。

そして大正12年（1923）、軍事的、財政的要請によって、特別法たる「（旧）競馬法」を制定して競馬は再開される。三章では、現在も日本人を内部から拘泥する賭博感が形成される過程、競馬が現行制度の枠組みの“特別法に基づく合法的な馬券の独占供給”という体裁を整えるに至る過程、更には前回の弊害を踏まえた結果として競馬に課せられた制限に触れる。

四章では、「競馬事業」の戦時体制にむけた最初の変容に注目する。再開された競馬は、大きな制約にも関わらず大きな成功を収めた。だがその成功故に、別なツールとしての役割も期待される。当初は馬匹改良目的の能力検定機会の供給や馬匹の需要喚起策としての直接効用を期待された競馬事業が、「財源」としての間接効用をも求められていく過程を扱う。この転換は救護法実施財源との関連で成し遂げられた。救護法は収益事業の側面とも関連しており、更にギャンブル収入と社会福祉との本邦における結合の契機となっている。

五章では、野口悠紀雄に代表される戦前・戦後の連続・非連続モデルを紹介し、そのモデルを競馬事業に当てはめて検証する。軍事目的と密接に関連するが故に、総力戦体制と競馬事業は無縁ではない。むしろ他の分野以上にその影響を受けた。ここでは、競馬事業の直接効用を狙っての総力戦体制として、日本競馬会の誕生や馬政関係三法を例にあげ、また間接効用を狙っての政策として馬券税法の制定を指摘する。この時期に形成されたシステムこそ「収益事業としての合法ギャンブル」の基底部分に他ならない。終戦後に公営ギャンブルが誕生する為の直接の前提条件は、ここに完成する。「財源」とするために競馬事業を「官」が独占し、そこから高率の控除率を収奪する枠組みは、総力戦体制のこの時期に完成されたのである。

六章では、終戦を挟んでの競馬事業の変遷、公営ギャンブル誕生の背景について簡単に整理し、終章では、ＩＲ時代の今後に向けての新たな競馬事業、合法ギャンブル像を提示して本書を終わらせる予定である。

（１）石原元東京都知事の「お台場カジノ構想」を皮切りに、沖縄県、熱海市、鳥羽市、堺市などが続き、結果北海道から沖縄まで多くの自治体が公営カジノを構想した。2003年には「地方自治体カジノ研究会」が発足、後に「地方自治体カジノ協議会」「全国カジノ誘致団体協議会」へと発展している。詳しくは、伊丹治生『日本のカジノはこの街にできる』（毎日コミュニケーションズ、2010）や市井吉興「カジノ・ポリティクス試論　―カジノ合法化をめぐる「政治」の把握に向けて―」『立命館産業社会論集』50（４）、立命館大学産業社会学会、2015を参照。

（２）「ギャンブル」「公営ギャンブル」「広義の収益事業」「狭義の収益事業」などの用語については、四節で詳しく分類する。

（３）例えば、木曽崇『日本版カジノのすべて　しくみ、経済効果からビジネス、統合型リゾートまで』（日本実業出版社、2014）、佐々木一彰，岡部　智『カジノミクス：2020年、日本が変わる！　日本を変える！』（小学館、2014）、岩屋　毅『「カジノ法」の真意「IR」が観光立国と地方創生を推進する』（KADOKAWA、2016）。学会でも、「日本ギャンブリング＆ゲーミング学会」が「IR＊ゲーミング学会」へとその研究領域を拡大している。

（４）「toto」の政策過程でなされた議論等については、拙稿「スポーツ振興投票法の形成過程」（谷岡一郎、菊池光造、萩野寛雄編集『スポーツ振興くじ（toto）の研究』（大阪商業大学アミューズメント産業研究所、2002）所集を参照。

（５）例えば、金武創「日本のサッカーくじの課題と展望：財政専売か Charitable Gamblingか」『財政学研究』第27号（財政学研究会、2000）。

（６）詳細は、四節にて扱う。

（７）21世紀以降に廃止された事業には、競馬事業で中津競馬（大分県）、新潟競馬、三条競馬（新潟県）、益田競馬（島根県）、上山競馬（山形県）、競輪事業で西宮競輪、甲子園競輪（兵庫県）、門司競輪（福岡県）等がある。括弧内は所在都道府県で、主催者ではない。

（８）ここでは紹介しきれない先行研究については、拙稿「日本型収益事業の形成過程～日本競馬史を通じて～」（2004年早稲田大学提出博士学位論文早稲田大学レポジトリ）の序章を参照。

（９）地方公営企業の研究は多数存在するが、法制度に関するものや会計制度、経営等に関するもの、統計資料的なもの等は本書とは余り関係しない。公営企業の企業制度について言及している先行研究としては、後に触れる持田のもの以外に竹中龍雄『地方公営企業論』（東京経済新報社、1965）や蔵園進『地方公営企業の研究』（法政大学出版局、1970）等を参照した。竹中龍雄のこれ以外の関連研究をあげれば「市営事業の限界に就いて」『都市問題』第18巻１号（東京市政調査會、1934)、「我國に於ける市営瓦斯企業の成立と其背景」『都市問題』第24巻4号（東京市政調査會、1936)、「我國に於ける市営市街電車企業の成立と其背景（上）（下）」『都市問題』第25巻1、2号（東京市政調査會、1937)、「都市公益事業研究の動向」『都市問題』第45巻1号（東京市政調査會、1954)、「地方公営企業の展開過程」『都市問題』第62巻10号（東京市政調査会、1971）等がある。

(10) 持田伸樹『都市財政の研究』（東京大学出版会、1994)。

(11) 市営事業の経営主義の変遷は、大坂健「地方公営企業の経営思想」『都市問題』第73巻11号（東京市政調査会、1982）によく整理されている。他にもイギリスにおける市営事業の歴史的な経営方式について触れ、そこでも公共的任務と独立採算制の矛盾の解決という経営原則の問題が存在したことをあげる寺尾晃洋「地方公営企業の経営原則」『都市問題研究』第499号（都市問題研究会、1992）や、本邦での収益事業の経営主義を巡る諸論争を詳しくまとめた藤谷謙二『地方財政論』（龍吟社、1944)、諸外国の経営主義を引きつつ日本の公益事業の現状に触れ、あるべき指導原理を手数料主義とした汐見三郎の「公益事業の現状と指導原理」『都市問題』第19巻4号（東京市政調査會、1935）などがあげられる。

(12) 独立採算制は事業の近代化や本格的展開の為に不可欠であり、その意味でも合法ギャンブル（収益事業）の大前提でもある。この分野では、大坂健「地方公営企業における独立採算制の成立（上）（中）（下）」『都市問題』第75巻6、7、8号（東京市政調査会、1984年）がよくまとまっている。大坂論文は現行制度の独立採算制の成立過程を明らかにするが、本書とは戦前期の地方公営企業の経営部分が関連する。他には、独立採算制と公益性との相克の中で、コストのみでなく需要の価値、弾力性、支払能力等を考慮したアドホックな料金制を採るべきとする竹中龍雄の「地方公営企業における独立採算制と料金問題」『都市問題』第66巻5号（東京市政調査会、1975）や寺尾晃洋『独立採算制批判』（法律文化社、1965）等がある。

(13) 官僚による公営ギャンブル実施状況等についての論文には、志村哲也「公営競技の現状」『地方財政』第14巻7号（地方財務協会、1975)、松浦正敬「地方公共団体におけるギャンブル収益の現状と問題点」『地方財務』昭和50年8月号（ぎょうせい、1975)、石井隆一「公営競技の現状と当面の課題」『地方財政』第23巻3号（地方財務協会、1984）等がある。

(14) 法改正等についての官僚による解説や状況説明等の論文としては、昭和36年の公営競技調査会答申「公営競技に関する現行制度と今後の基本的方策について」を受けての公営競技関係四法改正について扱う、茨木広「競馬法、自転車競技法等公営競技に関する法律の改正について」『地方財政』第1巻7号（地方財務協会、1962）や、その改正後の動きをまとめた、貝原俊民「公営競技に関する法律改正に伴う、その後の動きについて」『地方財政』第1巻1号（地方財務協会、1962年)、また、競馬法改正に力点を置いた山崎宏一郎「公営競技の現状と問題点（競馬法改正のあらまし）」『地方財政』第7巻6号（地方財務協会、

1968）や、土方義雄「競馬廃止市町村に財源補塡」『時の法令』昭和43年８月号（法令普及会、1968）、岩崎宣克「競馬法の改正について」『地方財政』第４巻（地方財務協会、1965）等をあげられる。

(15)『自治実務セミナー』（良書普及会）誌上での論文としては、（無記名）「公営競技と市町村財政」『自治実務セミナー（７－７）』（1968）、（無記名）「地方自治シンポジウム　公営ギャンブル」『自治実務セミナー（11-６）』（1972）、（無記名）「公営競技収入―財政運営のとってのプラスとマイナス―」『自治実務セミナー（18-２）』（1979）、（無記名）「ギャンブル税」『自治実務セミナー（21-１）』（1982）、（無記名）「公営競技（一）（二）（三）」『自治実務セミナー（24-10）、（24-11）、（25-１）』（1985-６）、山野謙「公営競技と地方財政」『自治実務セミナー（31-12）』（1992）などがある。

(16) 共同通信社内政部編『地方財政危機の実態―再建への道を求めて―』（第一法規、1976）。

(17) 均てん化についての研究は、山崎宏一郎「公営競技収益金の配分の合理化について」『地方財務』昭和43年７月号（ぎょうせい、1968）、苫米地行三「公営競技収益金の地方公営企業金融公庫への納付について」『地方財務』昭和45年６月号（ぎょうせい、1970年）、古川安弘「公営競技納付金制度の現状―実施二か年をみて―」『地方財務』昭和47年８月号（ぎょうせい、1972）、小林悦夫「公営競技収益金の均てん化に想う」『地方財政』第14巻９号（地方財務協会、1975）、石見隆三「公営競技収益金の均てん化に思う」『地方財政』第15巻９号（地方財務協会、1976）、松本英昭「公営競技納付金制度の改正について」『地方財政』第15巻第６号（地方財務協会、1976）、小池節郎「公営競技収益金の均てん化について」『地方財務』昭和51年11月号（ぎょうせい、1976）、Ｏ市Ｋ生「収益事業の施行者から見る均てん化問題」『地方財務』昭和51年11月号（ぎょうせい、1976）、千葉県地方課財政係「一部事務組合による収益事業の現状と問題点」『地方財務』昭和51年11月号（ぎょうせい、1976）、松浦正敬「公営競技収益金の均てん化をめぐる問題点」『地方財務』昭和51年12月号（ぎょうせい、1976）、榊原潤「公営競技収益金均てん化に新しい流れ」『地方財務』昭和52年８月号（ぎょうせい、1977）、猪原正芳「納付金制度と均てん化について」『地方財務』昭和60年８月号（ぎょうせい、1985）、無記名「公営企業金融公庫納付金」『自治実務セミナー（32-10）』（良書普及会、1993）等がある。また著作としては、公営企業金融公庫編『公営企業金融公庫20年史』（公営企業金融公庫、1977）、『公営企業金融公庫三十年史』（公営企業金融公庫、1986）を参照。

(18) 収益事業の経営改善については、藤井雅文「地方公営競技の経営改善」『自治実務セミナー（33-２）』（良書普及会、1994）、菊地善信「公営競技と地方財政」『自治実務セミナー（33-12）』（良書普及会、1994）等がある。

(19) 篠田伸夫「地方公共団体における収益事業の実施状況」『地方財務』昭和45年６月号（ぎょうせい、1970）。

(20) 中島克巳「収益事業収入と都市財政―尼崎市の財政問題をめぐって―」『八代学院大学紀要』第8巻（八代学院大学、1975）、中島克巳「都市財政の実態と財源拡充―尼崎市の財政問題をめぐって―」『八代学院大学紀要』第9巻（八代学院大学、1975）、中島克巳「都市財政と収益事業収入―尼崎市の場合―」『経済学論究』第29巻3号（関西学院大学経済学研究会、1975）等。

(21) 杉本繁次郎「宝くじの公益事業への助成等について」『地方財政』第3巻10号（地方財務協会、1964）。

(22) 山村瑛子「ギャンブル型レジャー産業の会計学的研究―特にオートレースを中心として―」『高崎経済大学附属産業研究所紀要』（第33巻1・2号合併号高崎経済大学附属産業研究所、1997）。

(23) 岩城成幸「低成長経済下における地方財政と公営ギャンブル」『レファレンス』No323（国立国会図書館調査立法考査局、1977）。

(24) 佐々木晃彦『公営競技の文化人類学　文化経済学ライブラリー①』（芙蓉書房、1999）。

(25) 関口尚『地方競馬の一般理論』（自費出版、1997）。

(26) 谷岡一郎・宮塚利雄（編著）『日本のギャンブル［公営・合法編］～歴史・経済・法律・そして行く末～』（大阪商業大学アミューズメント産業研究所、2002）その他。

(27) 古林英一「公営競技の誕生と発展：競輪事業を中心に」『北海学園大学学園論集（168)』（北海学園大学、2016）。

(28) 倉茂貞助『賭：サイコロからトトカルチョまで』（荒地出版社、1959）、倉茂貞助『世界の賭けごと』（東洋経済新報社、1957）等。

(29) 増川は遊戯の特性として「伝播性」や「階級性」等と並んで「賭博性」をあげ、遊戯と賭博が密接な関係にある点を指摘している。（増川宏一、2002年遊戯史学会発表レジュメ）。

(30) 増川の賭博と歴史に関する著作としては、増川宏一『賭博Ⅰ』（法政大学出版局、1980）、増川宏一『賭博Ⅱ』（法政大学出版局、1982）、増川宏一『賭博Ⅲ』（法政大学出版局、1983）、増川宏一『賭博の日本史』（平凡社、1989）がある。

(31) 池上俊一『賭博・暴力・社交：遊びから見るヨーロッパ』（講談社、1994）P42～。

(32)「公営ギャンブル」の「公営」がまさにこれに相当し、IRを構想するにはこの従来の壁を打破せねばならない。寄本勝美は、日本で従来は「公」を「官」が独占してきた歴史を問題視し、「民」の担う「公」の重要性を説く。寄本勝美他『公共を支える民』（コモンズ、2001）。

(33) Rubnerは、ギャンブルが現に経済、財政に及ぼしている影響の大きさと、ギャンブルと売春や麻薬等との性質の違いを念頭に、国家によるギャンブルへの課税を承認して国営ロッタリーの導入を説いている。Alex Rubner, *The Economic of Gambling*, Macmillan, 1966。（邦題『ギャンブルと財政・経済』

（全国競輪施行者協議会、1969）。

(34) 美原融「法律と制度」谷岡一郎・菊池光造編著『カジノ導入を巡る諸問題〈1〉―アメリカにおけるカジノ合法化の社会的影響（事例研究）を中心として―』（大阪商業大学アミューズメント産業研究所、2003）収集。

(35) この分野に関し、谷岡一郎「ギャンブルと法」（谷岡一郎、仲村祥一編『ギャンブルの社会学』（世界思想社、1997）収集）では、世界主要宗教のギャンブル観をまとめている。

(36) 例えば東京都による競輪事業廃止を巡っての『東京都競走事業廃止対策報告書―ギャンブル廃止のあゆみ―』（東京都財務局、1974）や、社会党によってまとめられた『公営競技の現状と問題点』（公営競技問題研究会、1977）の中にこれらの見解がまとめられている。一方、これらの社会過の原因が本当に競輪に起因するのかを実際の統計から分析し、実際はそうでないことを実証的に反論する研究として、大阪府自転車振興会『競輪は果して社会禍の根源か』（大阪府自転車振興会、1958）がある。

(37) 高寄は、公営ギャンブルと地方財政について、「市民生活に及ぼす害悪を不問にしても、地方財政の秩序化という視点から見て、問題点が多い。ギャンブル開催自治体の財政運営が極めて安易に流れる点である」としてギャンブル論の甘えを指摘した後に更に、「ギャンブル問題は、財源の問題、道徳の問題でなく行政『哲学』の問題である」「この問題を廃止は理想論、存続は現実論とみなすのは、財政技術論からみた“甘え”であり、本当の現実論者は、より高度な行政政策論を展開し、より厳しく現実の歪みにぶつかる廃止論者なのである」とギャンブルを官が執り行うこと自体が、「哲学」の欠如であるとしている。高寄昇三『地方自治の財政学』（頸草書房、1975）P311～312。

(38) 日比野登『財政戦争の検証：美濃部都政崩壊期の研究』（第一書林、1987）。日比野は美濃部都政の当事者として、競輪廃止問題等にも関与した。

(39) 早瀬利雄「大都市の公営ギャンブル廃止の動向―横浜市競輪問題調査会の答申をめぐって―」『経済と貿易』No105（横浜市立大学経済研究所、1972）。

(40) 長谷川昇『博徒と自由民権―名古屋事件始末記』（平凡社、1995）。

(41) 立川健治「日本の競馬観（一）～（三）」『富山大学教養学部紀要』第24巻１～２号、第25巻１号（富山大学教養部、1991～２）。

(42) 大塚は、当時の通説であった「偶然の事象によって財物の獲得を僥倖しようと争う行為を容認する時は、国民の射幸心を助長し、怠惰浪費の弊風を生じさせ、健康で文化的な社会の基礎を成す勤労の美風を損なう」が故に、ギャンブルは経済的風俗に反する罪なのであるという立場につけ加えて、ギャンブルは「暴行、脅迫、殺人（中略）その他の副次的な犯罪をも誘発し、ひいては国民経済の機能に重大な支障をきたさせる恐れがある」点を問題と指摘する。大塚仁『刑法各論（下）』（青林書院新社、1968）P1039～1064。

(43) 木暮は、旧刑法では賭博罪が猥褻罪と並ぶ風俗罪に分類されていることを指摘し、更に賭博行為の個人的耽溺による頽廃が「ひいて公衆を同様の頽廃へと導き、そこに無頼の遊民集団を形成する危険をふくむ。賭博行為はその性質上、伝播性と徒党性をともなう」危険性を帯び、これもギャンブルを禁止すべき理由にあげている。木暮得雄「現代における賭博罪の意味をめぐって」『ジュリスト』No453（有斐閣、1970）。

(44) 青柳は、ヨーロッパ諸国が個人間の一般的賭博までは取締まらないのに、我国では賭博そのものを厳禁している理由として「日本人の情緒性は賭博を娯楽の範囲に止めておくことが難しい。賭博に耽ることにより、どのような害があるかは、日々の裁判にその実例を欠かない。このような点から賭博についても刑罰の干渉は度を越してはいないと思われる」と指摘する。青柳文雄『（続）犯罪とわが国民性』（一粒社、1973）P13～27。

(45) MorrisとHawkinsは、「現在の多元的社会では、法は倫理を強行する手段であってはならない」「現在、アメリカは高度にモラリスティックな刑法をもっており、この余分な、不完全にしか遂行できない任務のため、刑事司法の本来の使命がおろそかになり、それが犯罪の原因にさへなっている、従って酩酊や堕胎等と同様、賭博も禁止すべきではない」「その意味では、『他人に害又はその危険のある行為』だけを処罰すべきだ、というMillの見解は妥当である」とする。Norval Morris and Gordon Hawkins, *The honest politician's guide to crime control,* University of Chicago Press, 1970.（長島敦訳『犯罪と現代社会～アメリカのディレンマ～』（東京大学出版会、1971）P21～23、P49～53。

(46) Packerは麻薬や賭博の場合、法律で禁止することで逆にマフィア等を遇する「保護関税」的な機能が生じることを指摘するHerbert L. Packer, *The limit of the criminal sanction*, Stanford University Press, 1968, P265～。

(47) 平野龍一「刑事制裁の限界（上）（下）」『ジュリスト』NO475、8（有斐閣、1971）。

(48) 平川は、刑法の機能・役割は個人の生活利益の保護にあり、国民に健全な生活習慣・風俗を強制することには無いとする。その場合、「勤労の美風」保護のために賭博を処罰することは問題となり、特に本人が危険を承知の上で自己の財産を賭ける単純賭博は「被害者のない犯罪」であるため、この見地から単純賭博罪の非犯罪化、賭博罪の再検討が有力に主張されているとする。平川は更に、政府が公営ギャンブルを主催する一方で単純賭博を倫理的に悪として罰するのは均衡を欠き、また「賭け麻雀」程度のものは国民の大部分が行っているために暗数が大きく、取り締まりが恣意的になり易い等の問題もあげている。平川宗信『刑法各論』（有斐閣、1995）P301～307。

(49) 谷岡はまた、ラスヴェガスがカジノ合法化による自由競争の導入で健全化したことを引き、我が国でも自由競争の確保のためにギャンブルの合法化と規制緩和を進める必要があるとする。谷岡一郎、前掲論文（1997）。

(50) 小谷は更に、ギャンブル規制のあり方としてアメリカにおけるギャンブル非犯罪化の諸説を紹介するものの、その上で「(非犯罪化は) 傾聴に値する見解ではあるが、そもそも歴史的、社会的、文化的、宗教的風土及び法制の違う我が国にそのまま適用できるかどうかは吟味を要する」としている。小谷文夫「ギャンブルと刑法」(石原一彦他編『現代刑罰法大系第4巻社会生活と刑罰』(日本評論社、1982) 収集) P229〜255。

(51) 先にあげたIR関係の著作以外でも、カジノに関する研究としては、谷岡一郎『カジノが日本にできるとき「大人社会」の経済学』(PHP新書、2002)、谷岡一郎「地域社会における新産業デザイン—地方自治体が公営カジノを誘致するための問題点とその対策—」『大阪商業大学論集』第102号 (大阪商業大学商経学会、1995)、室伏哲郎『カジノ新ビジネスが日本を救う30万人新規雇用、30兆円売上を実現!?』(史輝出版、2002)、安藤福郎『カジノ合法化の時代—地方分権と福祉財源に』(データハウス、1997) 等があげられる。

(52) 谷岡一郎『ラスヴェガス物語:「マフィアの街」から「究極のリゾート」へ』(PHP新書、1999)。

(53) パチンコ依存症に関しては、岩崎正人『今の私は仮の姿平成パチンコ症候群』(集英社、1998)、伊藤耕源『「パチンコ依存症」からの脱却—パチンコへの誤解と恐ろしい病にあなたは蝕まれている！』(すばる舎、1999) などがある。

(54) 谷岡一郎「宝くじは社会的弱者への税金か？—JGSS-2000データによるナンバーズ・ミニロトとの比較研究:『Friedman＝Savageモデル』の日本における検証を兼ねて—」大阪商業大学比較地域研究所・東京大学社会科学研究所編『日本版General Social Surveys研究論文集JGSS-2000で見た日本人の意識と行動』(東京大学社会学研究所、2001)。

(55) 田辺等『ギャンブル依存症』(日本放送協会出版、2002)。

(56) 上林は、「『価格変動差益の危険引受行動』を投機とし、『人工的創造危険の引受行動』を賭博とする概念規定をもって、最も妥当としなければならない」と結論づける。上林正矩「投機および賭博に関する所説」『駒大経営研究』昭和52年3月号 (駒沢大学経営研究所、1977)。

(57) Emeryは、「(投機と賭博は) 両者とも不確実性に依存している。しかし、賭博は人工的に創出された偶然の出来事の危険に金を賭けるにあるけれども、投機は価格変動不可避な経済的危険の引き受けにある、とする。Henry Crosby Emery, *Speculatin on the stock and produce exchange of the United States,* Columbia University, 1896, P98〜。

(58) 余暇開発センター (1991より自由時間デザイン協会)『レジャー白書』(余暇開発センター→自由時間デザイン協会、1985〜)。

(59) 帝國競馬協會編『日本馬政史 (一) 〜 (五)』(帝國競馬協會、1928)。

(60) 神翁顕彰会編集『続日本馬政史 (一) 〜 (三)』(神翁顕彰会、1963)。

(61) 大友源九郎編『明治百年史叢書　馬事年史 (一) 〜 (三)』(原書房、1985) (日本競馬会1948年刊の複製)。

(62) 中央競馬ピーアール・センター編『近代競馬の軌跡：昭和史の歩みとともに』(日本中央競馬会、1988)。

(63) 日本競馬史編纂委員会編『日本競馬史（一）～（七）』(日本中央競馬会、1966～1975)。

(64) 地方競馬全国協会編纂『地方競馬史（一）～（三）』(地方競馬全国協会, 1972～４)。

(65) 立川健治は、江戸末期から明治初期の英字新聞等の資料から、当時の競馬の模様を克明に再現している。立川の主な業績には、先に触れた日本の競馬に付随する「いかがわしさ」の形成過程を扱った「日本の競馬観（一）～（三）」の他にも、「幕末～文明開化期の競馬―横浜・根岸競馬をめぐって」『富山大学人文学部紀要』第20号（富山大学人文学部、1994)、「鹿鳴館時代の競馬明治12～25年資料編」『富山大学人文学部紀要』第22号（富山大学人文学部、1995)、「横浜の競馬1862～1878年資料編」『富山大学人文学部紀要』第23号（富山大学人文学部、1995)、神戸における江戸末期の競馬を扱った「神戸居留地における競馬（一）～（二）『富山大学人文学部紀要』第24～25巻（富山大学人文学部、1996)、等がある。

(66) 河村清明『馬産地ビジネス知られざる「競馬業界」の裏側』(イーストプレス、2002)。

(67) 岩崎徹『競馬社会をみると、日本経済が見えてくる　国際化と馬産地の課題』(源草社、2002)。

(68) 大蔵省印刷局編集『改訂版知っておきたい競馬と法』(大蔵省印刷局、1993)。

(69) 競馬制度研究会編、編集協力農林水産省畜産局競馬監督課『よくわかる競馬の仕組み―改正法施行後の新しい競馬制度―』(地球社、1992)。

(70) 宇井延壽『日本の競馬Ⅰ　法令等の変遷及び主要事項』(近代文芸社、1999)。

(71) 発展途上国では、外貨獲得策として国営カジノを運営するケースが多い。韓国は例外で、日本統治時代の影響から日本に類した形で競馬事業が開始され、それを雛形に競輪事業（1994年より)、競艇事業（2002年より）が行なわれている。

(72) 農林水産省「我が国の競馬のあり方に係る有識者懇談会　第一回配布資料」より。

(73) 芦部信喜『憲法〔新版補訂版〕』(岩波書店、1999）P331～。

(74) 佐藤進、伊東弘文『入門租税論〔改訂版〕』(三嶺書房、1994）Ｐ６～。

(75) 税外負担の部分については、阿利莫二「税外負担と地方行政」『都市問題』63巻10号（東京市政調査会、1973）を参考とした。

(76) 田中啓一「受益や負担論の系譜―その概念の混沌―」『都市問題』第71巻６号（東京市政調査会、1981)。

(77) 戦前の我が国での受益者負担に関する展開は、佐藤進「『受益者負担』と地方財政」『都市問題』第72巻11号（東京市政調査会、1982）にまとめられている。

(78) 汐見三郎「受益者負担金と他の公課との関係」(「受益者負担性に関する論策

—第二回全国都市問題会議に於ける討議一般—」)『都市問題』第11巻5号（東京市政調査会、1930）収集)。

(79) 佐藤進「『受益者負担』と応益原則」『都市問題』第60巻4号（東京市政調査会、1970)。

(80) 田中啓一「受益や負担論の系譜—その概念の混沌—」『都市問題』第71巻6号（東京市政調査会、1981)。

(81)（無記名）「市営競輪場の中の売店設置者から使用料を取れるか？　競輪場は行政財産か普通財産か」『自治実務セミナー』19巻3号（良書普及会、1980）において、政策担当官僚の法解釈としてそのような内容が述べられている。

(82) Rubner、前掲書P88〜。

(83)「ピグー税」(Pigouvian tax）とはフランスの経済学者ピグー（Pigouvian）によって提唱された概念で、環境問題を外部不経済に起因するものと考える。社会的限界排出削減費用曲線と社会的限界損害費用曲線から最適税率を決定し、課税或いは補助金によってパレート最適達成のための水準に導く。こうすることで外部不経済を生じさせる対象に対して、本来追うべき負担を内部化せしめ、負担させることができる。但し、実際にはその最適水準を正確に測定することは不可能である。ギャンブルの場合、それが引き起こすであろうとされる勤労の美徳の破壊といった公序良俗に対する費用やギャンブル依存症患者の増加等の社会的コストを負担させるため、或いはそれを価格に転嫁することで総需要を抑制するために公営で行うとの考えが、関口前掲書P56〜に見られる。

(84) 日遊協遊技産業の在り方特別委員会編集『パチンコ遊戯と依存に関する調査最終報告書2002年3月』((社）日本遊戯関連事業協会、2002）の調査によれば、公営競技団体でギャンブル依存症に対する活動を行っているものは皆無で、宝くじ事業やサッカーくじ事業においては「宝くじ（サッカーくじ）はギャンブルでない」との冷酷な回答であった。また、収益事業の施行者となる自治体がこうした施策を行っている例も皆無である。

(85) 日本の専売政策については、藤本保太『日本の専売政策』(多賀出版、1990)、村上了太『日本公企業史』(ミネルヴァ書房、2001)、汐見三郎『専売及官公業論』(日本評論社、1935）を参照した。

(86) 例えば金武創は、欧州におけるサッカーくじ等の宝くじ類を財政専売事業と定義している。金武、前掲論文。

(87) E. L. Hargreaves, *The National debt*, E. Arnold & Co., 1930（邦訳一ノ瀬篤、斎藤忠雄、西野宗雄訳『イギリス国債史』(新評論、1987)）P14。

(88) 汐見前掲書P24〜27において汐見は、1917年時点での各国の専売種目を列挙しているが、その中で「富籤」を行っている国はオーストリア、チェコ・スロバキア、ハンガリー、ポーランド、イタリアであった。

(89) 村上、前掲書P5〜。

(90) この発想は、大坂健『地方公営企業の独立採算制』(昭和堂、1992）P25〜6

における、「地方財政の困窮から事業経営で財源を獲得しようとする地方自治体の要請は、戦後においては宝くじ、地方競馬、地方競輪などの収益事業に向けられたのである」の部分から導いた。

(91) 上林、前掲論文。

(92) 国際的分類でパチンコ類はタイプⅢの賭博場（カジノ）に該当するが、議論が煩雑になるために本稿ではパチンコ類を賭博から除外する。

(93) 賭けの配当決定方式で、賭金合計から主催者が一定割合を控除した後、的中票数に応じて配当を案分する方式。主催者と顧客が直接対峙せず、結果によるリスクが主催者には生じないので、賭けの公正性が担保され易い。一方、ブックメイカー方式は結果により主催者リスクが生じる為、主催者の不正への猜疑が生じ易い。

(94) 近藤隆之は、公営ギャンブルが地方公営企業に含まれない理由として、事業自体に直接的な公共性がないことをあげている。近藤隆之『地方公営企業』（学陽書房、1983）Ｐ２。

(95) 経産省の産業構造審議会車両競技分科会　競輪事業のあり方検討小委員会（第４回）に経産省からだされた試算によれば、このままいけば2016年度で全ての競輪場が赤字経営に転じるとされている。経産省製造産業局「今後の赤字競輪場数（赤字施行自治体数）について（試算結果）」（委員会提出資料）

(96) 競技場の存在しない自治体も一部事務組合を通じて試行する場合があり、開催によって施行者も異なるので、競技場数と施行自治体数は一致しない。

第一章　「広義の収益事業」の成立とその断絶

第一節　公営事業としての収益事業

序章三節で明らかにしたように、現行の収益事業は戦前の市営事業の収益主義的経営に代置されたものである[1]。これは適当なる負担を免れていた都市ブルジョアジーによる一般労働者階級への負担転嫁[2]に他ならない。そのため現行収益事業制度は、公営事業、市営事業と多くの共通点を有している。現在、地方自治体の事務の中で収益事業は「事業経営の形をとる事務事業」と位置付けられ、特別会計で処理されている。ここでの収益事業は広義のものも含み、地方自治体が営利目的で営む事業一般を指す。図１の分類では、「その他の地方公営事業」に含まれるものである。

図１　自治体の事業経営の諸形態

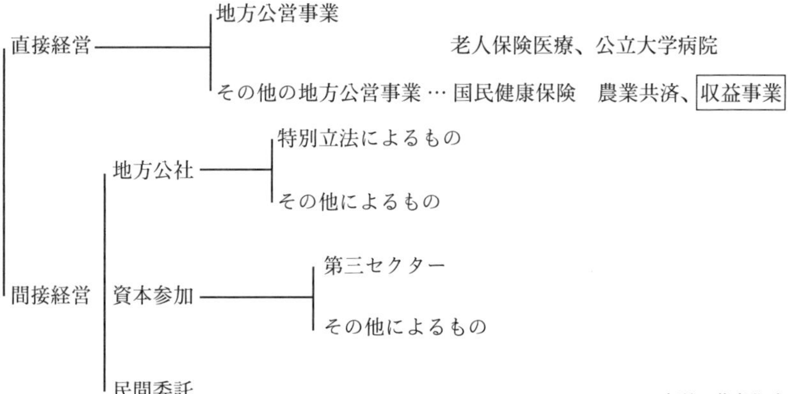

出所：著者作成

公営事業に確たる制限は無いが、直接的な公益性がきわめて強くその経営にあたって自治体の財政上の負担もやむをえないもの、公益性は持つがその経済的性格によって企業としての経営活動を必要とするもの、公益性は強くないが地方自治体がその事業を経営することによって公益性を保持し財政上にも若干の寄与のできるもの、の三つが公営事業として営まれる[(3)]。収益事業は、この三番目に該当する。収益事業会計は一般会計から外され、事業経営形態を取る。通常、自治体の事務は租税を財源とし、一般会計内での処理が第一義である。そうでなければ受益と負担の乖離が生じてしまう。かつて美濃部元東京都知事が後楽園競輪を廃止する際、「福祉を受けるのは権利であってその財源は堂々と租税に求められるべきである」と主張したように、行政を通じて供給されるべきサービスは課税権を持ち、一般会計で処理されるべきである。

それに対して特別会計を設けて処理される事業とは、一般会計の負担を軽くする乃至一般会計の財源補強に寄与させる目的を有するもの、課税権を持たないため収益的、独立採算的に経営すべきもの等である[(4)]。この点から見ても、現行の収益事業が名目上は畜産振興や浮動購買力の吸収を目的としながら、実際はそれを本旨とする事務ではないことは明らかである。財源としての貢献を前提とした、極めて経済的な事務なのである。畜産振興等の広い公共の福祉が本来の目的ならば、税金から予算を組み、一般会計の枠内で処理されるのが本来である。しかるに特別会計処理されるということは、その目的が別の点、即ち収益の捻出を念頭においていることを端的に示している[(5)]。

次に着目すべき点は、収益事業が地方公営企業と並んで分類されていることである。戦前に市電や瓦斯等に事業形態が採られ、事業経営のための諸制度が整備された理由の一つは、事業経営によって収益を効率的に収める為であった。この形態を現在の収益事業が受け継いでいるのは、戦前における収益事業の中心であった地方公営事業が果たしていた性格、即ち一般会計への財政的貢献を現在の収益事業も受け継いでいることを示している。

以上から判るように、現在は収益事業に含まれる諸事業は、専ら一般会計の負担を軽減し、財源的に貢献することを義務付けられている。そのために特別会計による独立採算制が設けられ、一般会計からの繰り入れを制限して、効率的な経営を行なう様に定められているのである[(6)]。その理由は、現在の収益事業に含まれる諸事業は直接的に広く公共の福祉に供しないものが多いため、住民に対する課税権をもちえず、ただ収益をあげて一般会計に繰り入れて住民の負担を軽減することによってはじめて間接的に公共の福祉に供し得るとされているからである。黒沼稔の定義によれば、「事業それ自体は、地方公共団体の本来の任務に基づく公共的な事業とはいいがたいが、そのあげた収益を、住民の福祉のためのサービスにあてる、という点にその意義がみとめられている」のである(7)。このように、収益事業のゴーイングコンサーンは唯一財政的貢献である、とするのが現在の一般的な収益事業観である。その点から見れば、広義でも狭義でも収益事業の共通点が浮かび上がってくる。それは即ち、「租税外に財源を求める枠組み」という性格である。本書ではこの性格に注目し、収益事業の二元性を明らかにする。

収益事業の意味を「租税外に財源を求める枠組み」とするならば、現在の収益事業のルーツは大正期に本格化した「市営事業の収益主義的経営」に見ることができる。現行制度における「事業経営の諸形態」分類中で、収益事業と地方公営企業が同じ「地方公営事業」に分類されるのも、現在の収益事業の前身が地方公営企業の収益主義的経営にあるからである。即ち、収益事業という枠組みの中で動くコンテンツが戦前と戦後で変化、断絶する一方、「租税外に収入を求める枠組み」という制度自体は戦後においても存続、連続しているのである。この遠因には昭和15年（1940）に成立し、シャウプ勧告を経ても現存している地方分与税に始まる財政調整制度の存在がある。戦前の都市は、中央政府に政治的に危険視され、また富国強兵政策遂行のための中央集権化もあって十分な財源を与えられることは無かった。その成立以来、政治的にも財政的にも不利な立場を押しつけられてきた都市は、戦後になってある程度の自治権を獲得したものの、未だ「都市部を負担者とし農村を受益者とする財政調整制度(8)」から逃れられていない。これは、美濃部都政における財政戦争での主張を見るまでもなく明らかである(9)。戦前～戦後に亘って負担者としての地位を強制され、十分な財源を与えられなかった都市の状況は変わっていない。その意味で、収益事業の必要性も戦前～戦後と共通している。特に都市問題の激化にともなう財政需要の膨張は、戦前の都市の財政状況を窮乏させることとなった。付加税を強く制限され、直接税にも限界のあった都市[(10)]にとって、逼迫する財政需要を賄うためには市営事業を収益主義的に経営し、その収益を一般会計に充当するほか無かった。この状況は、現行収益事業を生んだ終戦直後の大都市における財政状況とも酷似している。戦前と戦後における各々の収益事業成立の背景には、共通点も多い。そこで先ず、現在の収益事業の前身である市営事業の収益主義的経営について、市営事業の成立とその発展過程から検証することとする。

第二節　市営事業の成立・発展過程

竹中龍雄の言うように「日本における資本主義経済の発達は、日本経済の内生的発達の結果もたらされたものではない[(11)]」。江戸時代に発生した商品経済による商業資本の蓄積は、それ自体で産業資本へと自然転化できる規模には発達していなかった。従って、西欧列強のアジア侵略に対抗するために資本主義経済を発達させる必要が生じた際、日本には何ら十分な土台は存在しなかった。そのために日本経済の資本主義化は、明治維新によって成立した近代的統一国家による、上からの産業革命政策によって達成される。その結果、日本の資本主義経済の特色として、「公企業ならびに国家資本の占める重要性」が極めて大きいという特徴が現れた[(12)]。西欧先進文明の導入によって資本主義を発達・定着させる為に官営模範工場が建設され、廉価で民間に売却されたのも国家の政策によるものであった。これは競馬でも同じである。

本邦の市営事業成立は明治23年（1890）の市制町村制成立を待たねばならないが、その前身である横浜の近代上水道もやはり国家資本によるものだった。私的信用が未成熟な当時では、「国家の信用による公企業の建設」という現象形態を採らざるをえなかった[(13)]。本邦の上水道は江戸時代に既にいくつか建設されていたが、何れも前近代的なもので、明治まで存続していたものは少なかった[(14)]。しかし、開国による横浜・函館といった都市への人口集中及び外国人の往来の頻繁化は、伝染病（特にコレラ、赤痢、腸チフス）の流行につながり、近代水道を必要せしめた。更に防火上の用途がこれに加わったことで、明治20年（1887）に横浜で初の近代水道の完成を見た。100%国庫負担によるこの事業は、明治23年（1890）には水道条令に基づき横浜市に引き継がれた。初期水道事業には民間のものも存在したが、技術力や財政上の問題からその経営が困難であった為、遂に水道条令の第2条において「水道は市町村其公費を以てするにあらざれば之を施設するを得ず」という水道公営の原則が成立することとなった(15)。この水道条令で明白とされたのは、「水道が行政の一環であり、市町村の『公営造物』であるという点」である(16)。その結果、企業的側面は全く無視された。同時に、都市社会政策（社会福祉）の側面も薄くなり、主に政治的軍事的動機で主導されていく。後には市営事業として発達するようになる事業も、成立当時は別の目的で興されたものだった。

市制施行以降は各市が水道事業を営めるようになり、水道条令に基づく水道が議会の議決を経て建設されていく。しかし建設には莫大な費用が掛かり、実質上は国家補助がないと到底不可能であった。水道の普及は三府五港など国家政策指定地区に限られ、明治36年（1903）の総人口に対する水道普及率は僅か3.15%だった(17)。当時の水道事業は、名目上は市営事業でも実質は国主導で、市が事業主体となった積極的自治活動とは言えない。水道事業に続いて、瓦斯事業、港湾事業、電気供給事業などが市営事業して成立するが、市営事業が積極的自治活動として見られるのは市街電車の誕生以降だった。当時の都市は、政治的意図により自然村の区分を無視して上から授けられた制度として成立した。同じ意図から十分な財源も与えられず、そのため市制の成立と同時に直ちに積極的自治活動をなすことは甚だ困難だった(18)。

しかし明治30年（1897）あたりから、都市でも次第に積極的自治活動の萌芽が現れる。「日清・日露戦争後の産業資本主義の飛躍的発達の中で、資本・人口の都市集中が進行し、都市の公共的諸事業はもはや放置できなくなったのである。こうして、これらの時期に顕著な公営企業の発達が見られた(19)」。日露戦争以降、都市の積極的自治活動が始まるが、その背景・条件としては江戸時代の封建都市の近代都市への脱皮、「公共事業団体化」が不可欠だった。

第三節 都市の「公共事業団体化」

持田信樹が言う日露戦争以降の都市の「公共事業団体化」[(20)]の進展は、第一次世界大戦後に本格化する市営事業の収益主義的経営の前提となる。公共事業団体化要因の一つに、都市の近代化をめぐる横並び競争があげられる。明治維新に伴う幕藩体制の崩壊によって、城下町を母体として発展した日本の都市が衰退し始め、それへの危機意識が競争を生んだのである。維新直後の大都市では、江戸を筆頭に旧武家地跡地処理に悩むほど土地が余り、人口減少に悩まされていた。

ところが、産業革命で状況は一変する。1890年代に都市は活気を取り戻し、人口も最盛期の水準に回復した。そこで、「上下水道、防火、交通機関などを整備し、徳川時代から継承した封建都市を近代国家にふさわしいものに整備することが緊急の課題となり、諸整備計画が歴史の舞台に登場」[(21)]したのである。この時期には「あたかも都市間競争とでもいうべきモティベーション」が働き、「近代港湾、水道、電気軌道、電気供給といった市営事業の導入をめぐる競争」がおきた。都市の横並び競争の中、近代諸設備を整備して産業を誘致し、成長部門への公共投資とその収益で元利を償還し、余力で財政収入を補塡しなければ文明開化に乗り遅れる、という意識が各都市にみられた。

中央政府の国際収支政策にも合致したことは、都市のこの風潮を進めた。当時の国際収支の状態は、「外債利払いと輸入超過の累積が国際収支を逆調に導き、兌換制度の基礎をなす日銀所有の正貨準備が枯渇しかねない状態にあった」[(22)]。そこで都市の外貨立て市債発行による正貨補塡がおこなわれた。都市側もこの為替政策を利用して、前記の市営事業を発展させていった。料金による自償性のある市営事業は、市債の対象として適していたのである。

このような流れの中で、都市は次第にゲマインシャフト的な「公共体」からゲゼルシャフト的な「公共事業団体」へと変化しはじめた。明治維新以来、名誉職である名望家支配が行なわれていた都市であるが、市場経済原理を包摂するにつれて変化する。「市営事業を効率的に運営して、横並び競争に勝たねば衰退してしまう」という風潮の中、有給専門職による公共事業団体化が進む。付随して、市営事業専門家でない府県による二重監督を廃止し、事業経営の効率化を求める運動が特別市制運動へと繋がり、結果として明治44年（1911）の市制全文改正を見る。市制改正による市長権限の強化、市営事業担当として市参与設置、特別会計制度導入、これらにより一層効率的な経営が可能となった。国税確保のために財源を制限されていた当時の都市財政は、「公共事業団体化」を通じて効率を高めた市営事業からの収入を中心に、残りを家屋税付加税に頼る構造になっていった。

第四節　収益主義的経営発生の背景

1　当時の都市のおかれていた状況

二節で触れたが、当初の市営事業は国家資本に頼らざるを得なかった。私的信用が未発達で民間資本では不十分な場合、公共性の高い分野では公的信用を背景に公企業が創設された。これにより技術的、採算的にも満足な水準を達成し、同時に独占の弊害除去も目指された。初期水道事業がその典型である。しかし大阪市が先鞭を切った積極的自治活動としての市営事業は、その収益主義的経営で山積された都市問題解決に必要な財源を得るという、今までのそれとは別物だった。都市がこのように積極的な市営事業の収益主義的経営に乗り出し始めたのは、都市の「公共事業団体化」を前提とし、加えて第一次大戦後の都市化による都市財政の窮乏という事情があった。

第一次世界大戦後、産業構造転換による都市化の進展は著しかった(23)。戦争特需に沸く時期の労働力集中に加え、戦後不況期にも農作物価格の下落により農村過剰人口の流入は止まらなかった。「農村が過剰人口のプールであったという考え方は、好況期に労働力を供給しうる源であったという意味では正しいが不況期に逆流する人口を吸収しえたという意味でならば正しくはない」のである。[24]更に、流入人口の全てが近代的職業に就けた訳ではなかった。中村隆英の調査によれば、1930年代の近代部門従事人口は全有業人口の12%にすぎず、他の者は農林水産業や小規模自営業等の在来産業に従事していた。近代産業部門の労働力需要が小さく、供給量を吸収しきれない状況では、生産性が低く所得が少ないのを承知で在来産業に就職せざるをえなかった。[25]この流入人口の担税力は低く、一方で教育費や衛生費などは確実に増加した為に、都市財政は膨張していった。

更に、中央政府は都市問題や階級対立の激化に伴い増大する社会事業（社会福祉）、公衆衛生、都市計画等の行政事務を委任事務としたため、地方歳出額は国家歳出全体の71%にまで膨張した。[26]社会政策の一つとして社会事業が国家から都市に任され、失業救済のための土木事業が実施された。当初、この事業は社会不安除去を目的とし、都市流入人口で定職につけない非熟練労働者の季節的失業救済策として始まった。しかし不況の進展に伴い対象を給与生活者に拡大し、時期も冬期のみから常時事業へ切り替わる。これが社会事業の中心となることは、都市財政困窮の一因となった。貨幣価値の低下も重なった結果、地方財政は更に膨張していく。予算の膨張は市部で特に大きく、町村が1915年～1930年で3.7倍になったのに対し、市では10.2倍となり都市財政を圧迫した。[27]四章で扱う農村部の状況が都市部よりも深刻だった昭和初期と異なり、この時期は都市部のほうがより厳しい状況だった。

都市に負担を強いる一方で、「明治においては絶対主義政府による財政の中央集権化によって、地方自治体の財政的裏付けとして各都市に残されたのは賦課税などのわずかな財源だけであった[28]」。国税確保のために独自財源を制限され、また地租に対する賦課税も強く制限されていた都市は、その財源を専ら戸数割賦課税や家屋税賦課税にたよっていた。しかし人口移動の激しい都市では、次第に家屋税賦課税に過重な負担がかかった。大正の都市財政窮乏期の都市財政の中心は、この家屋税賦課税だった。[29]しかし家屋税賦課税偏重の市税構造は、経費膨張を十分に支えられなかった。都市財政膨張に家屋税賦課税が追い付かず、その結果として収入に占める割合が低下した。都市はこの財政状況を脱すべく、大正デモクラシーを背景として中央政府に国税の地方移管を求めたが上手くいかなかった。そこで、市営事業を収益主義的に経営することで、当座の財源を求めるようになる。収益主義的経営が採られるようになる以前の市営事業の経営政策を次にみる。

2　初期の市営事業の経営主義

市営事業の経営方針の源流は、明治４年（1871）の太政官布告第648「道路橋梁港湾等通行銭徴収ノ件」に見られる。明治維新後の社会変化で衰微していた旧城下町の都市には、後に公営で行なわれる諸事業を自ら行なう力は無かった。それ故、当時の準公共財の供給は、専ら民間資本に委ねられていた。同布告によれば、道路・橋梁・港湾の整備は「地方ノ要務ニシテ物産蕃盛庶民殷福ノ基本」として、「篤志アル者」に「功費ノ多寡ニ応ジテ年限ヲ定メ税金ヲ取立方差許」とされた。篤志家に公益事業が委ねられ、その料金徴収を保護してその税負担も軽減している。民間資本も未成熟であった為、財政的にも技術的にも満足なものではなかったが[(30)]、本布告によって実費主義が経営原則とされる。この布告の細かな条件・対象を定めた明治17年（1884）の内務省土木局通牒「道路橋梁港湾等通行銭徴収ニ関スル命令書下付ノ件」で、元利償却と施設維持の費用を含めた上での実費主義経営が明確に定められた[(31)]。この流れの延長で、後の諸事業法（公衆衛生の概念から公営原則の貫かれた水道事業を除く）は篤志家の参加を認め、公法人である市町村と同等の立場での進出を定めた。従って前記した民間資本の未成熟を補うために公企業が成立した現象は、限られた時期の水道などの限られた大規模分野でのことである。水道事業も、明治44年（1911）には水道条令改定で民間参加が認められる。軌道事業や乗合自動車事業などでは、民間と競合することも稀で無かった。瓦斯事業では諸都市が民間会社と報奨契約を結ぶのが常で、市営事業の例は多くない[(32)]。このように市営事業は当初から民間との競合が生じており、次項でふれる収益主義的経営の条件である「地域的独占」は開始時には完全ではなかった。

明治25年（1892）の行政実例で再度、「単に営利を目的とする事業は市町村に於いて施行し得べきものにあらず」と市営事業の経営政策が繰り返し定められた。市営事業の経営原則は実費主義であり、収益主義ではなかった。この立場は行政官の定説となるが、市営事業の当事者である市町村では実際は様々な政策がとられていた。市営事業には無論常に公益性が不可欠であり、単なる営利事業ではない。公益性からある程度は経営政策も制限されるし、実際に収益を得ようとも先の競合等の条件では不可能な事例も多かった。

原則は実費主義でも、市営事業の経営原則は当事者である市にある程度委ねられていた。その選択肢は実費主義（原資償却主義）と収益主義だった。前者は元利償却と減価償却を最優先し、それでも剰余金が生じれば準備積立金や料金引き下げに当てるべき、と剰余金の他会計繰り入れを強く禁止する。後者は、元利償却、減価償却の後に、剰余金を一般会計その他に裁量的に振り分ける経営政策であった[(33)]。これは市財政を市場経済原理に包摂させるもので、後に市営事業の進展に従って都市の公共事業団体化を更に進める要因ともなった。勿論、折衷も多く、これらの経営原則は両立していた。都市が独自財源を持ち、独自の動きを取るのを快よしとしない内務官僚の立場とは裏腹に、市営事業の現場では当時、既に収益主義的経営が存在していたのである。かくして第一次世界大戦以後の財政窮乏では、都市の中には市営事業を収益主義的に経営して当座の歳入不足を補う動きが目立ってくる。内務官僚側も、逼迫する都市問題や階級間対立への社会政策的立場から、これを黙許せざるを得なかった。市営事業の収益主義的経営には是非を巡って多くの論争が繰り広げられるが、その論争については五節で触れることとする。

3　市営事業の経営主義的経営を可能とした条件

その前に、市営事業の収益主義的経営による財源獲得が可能となる背景の整理が必要である。一概に市営事業といっても、事業分野毎にその状況は異なる。先にも述べた瓦斯事業のように、当初より民間との競合が生じていた事業もあれば、公営原則により独占の保護されていた水道事業のような例もある。しかし共通していたのは、財政的に追い込まれた都市にとっては、収益主義的経営以外に逃れる所が無かったという背景である。その状況で収益主義的経営を可能とした条件としては、以下の三つが考えられる。

一つは、財政膨張と表裏一体であるが、都市化の進展があげられる。都市膨張によって諸事業の顧客数が増大することで、スケールメリットの発揮が可能となった。併せて、地域的独占が相乗効果を生んだ。市営事業ではいくら都市が膨張しようとも、全市域に渡って独占的に事業を経営しないことにはスケールメリットは働きにくい。市町村営主義が当初採られていた水道事業は特にこれが当てはまり、安定した収入源となっていた。軌道事業が昭和になって乗合自動車の参入やその他の要因によって独占的地位を失うと同時に経営状態が一挙に悪化したことからも、地域独占は極めて重要であった。

二つめは、既述の都市の「公共事業団体化」である。自治体は本来、公益を第一義とすべきで、市場原理とは必ずしも相容れない点も多い。しかし、直面する問題に対処するため、或いは経済・産業構造の変化のため、有無を言わさず市場経済原理に包摂されていった。都市財政を切り盛りするには、市場経済に対応して経済性を発揮できる「事業体」としての面と、従来の統治組織としての「公共体」としての面を合わせ持つ必要がある。その要請に応えるべく、都市の「公共事業団体化」は発生した。名望家支配の名誉職による都市政治から、市営事業を上手く経営できる有給専門職による都市政治への変容は、制度的には明治44年（1911）の市制全文改正によって達成される。市営事業を収益主義的に経営するためには、事業組織を改善し、「経済化、実業化」しなくてはならなかった。旧態の行政官僚式の取扱いから市営事業を解放することが必要だった。専門的、経済的知識を有する事業経営の適任者を集めるには、十分な給与を与え、地位身分を十分に保護する必要があった。こうした人材に責任を明確化させ、権限を与え、合議機関からの無用の制約を減らし、自由に手腕を震わせることが最大要件とされた。そのために市参事会の権限を縮小して効率化を図り、事業専門家への制約を減らした。また市参与の創設によって、事業経営の専門家を市政に導入できるようにした。この他にも、以前は「統一財源の原則」により余剰金を内部に留保できなかったものを改め、特別会計を設けて準備金などの名目で留保できるようになったことも、収益主義的経営発達の重要な条件であった。

三つめは、「労働者階級の脆弱性[(34)]」である。明治期にはまだ、東京市における電車料金値上反対運動等にみられる民衆運動が見られた。この運動は、日露戦争の準備、遂行のための負担を民衆に転嫁しようとしたことへの不満の爆発としておきた、明治39年（1906）9月5日には「暴動化した大集団は潮の如く日比谷交差点付近に殺到し、付近に停車中の電車十数両を破壊若くは放火焼却する等凄惨たる光景を呈し、わが帝都交通史上に日比谷の電車焼き討ち事件として永久に市民の忘れ得ぬ不祥事となった[(35)]」。これらを背景に社会政策学会に論争が起き、また「絶対主義政府をして、この階級対立の深化の前に、プロレタリアートに対する自らの支配形態をいくぶんか修正せんとする新たな傾向＝社会政策を登場せしめたのである[(36)]」。しかしその後、徹底的な軍と警察による弾圧が加えられ、無産政党の解散や大逆事件に至る流れを経て民衆運動の火は消されていった。大正デモクラシーを担ったブルジョアジーが、“国家との財政的問題を民衆に負担転嫁することで問題解決を図る”という構造を持つ市営事業の収益主義的経営を実施することが可能となったのは、「絶対主義諸勢力およびこれと結びついた財閥、ブルジョア、地主の利害にかなう」という条件があったからである。

かかる条件のもと、都市は中央官僚の定める「官製」公益概念に抗って収益主義的経営を行い、行政実例を実質上放擲していく。

第五節　市営事業の収益主義的経営とそれを巡る論争

明治後期から大正期に至る社会・経済システムの大変容は、都市部でもその仕組みを大きく変化させる。大内兵衛がかつて、東京市は日本で最も立派であり、而も最も貧乏である[(37)]と講義したように、当時の地方財政、特に東京を始めとする大都市財政は窮乏の一途であった。中央政府は税源を中央に集中して、効率的な殖産興業、富国強兵政策を図った。地方の行政需要についても、地域共同体や大家族制度等を用いて中央の負担を減らすことに努めた。一方で、産業革命の進展や付随する都市化の進行によって都市部の行政需要は激増し、それは地方財政の膨張と窮乏を生む。然るに独占資本が未成熟な状況では、独占資本自体を政府自らが保護育成せねばならなかった。その目的から金利生活者、配当所得生活者等、独占資本の担い手となるべき層への重課は避けられ、むしろ優遇措置が採られた。同様に、国際競争力や国内購買力低下への懸念から都市の高額給与生活者や大商工業者への課税も抑えられた。[(38)] このような状況で、更に新たなる行政需要増大によって経費が膨張したことから、大都市は窮余の策として市営事業の収益主義的経営の金銭的剰余を市会計に繰り込んで当座を回避しようと試みた。先に記した様に、行政実例で「単に営利を目的とする事業は市町村に於いて施行し得べきものにあらず」と定められていたにも関わらずである。このような内務省が心良しとしない政策を取らざるをえないほど、大都市の財政状況は厳しかった。以下に、市営事業の経営政策をめぐる主な学問的論争をまとめる。

1　社会政策学会第四回大会での論争

明治39年（1906）の社会政策学会第四回大会では、市営事業の民営・市営の経営形態や経営政策の論争が行なわれた。前提として留意すべきは、この時点では収益主義的経営に不可欠な特別会計制度は未確立で、効率的な事業経営に必要な諸機関、諸制度も未整備だったこと、市営事業がまだ独占的な地位の達成に至らず、民営事業との競争もある為に十分な収益を収められるものは少なかったことである。十分に収益をあげられない状態での収益主義では、細民一人当たりへの負担も大きくなる。そのため、本来的にはブルジョアが負担すべき負担の転嫁である、との誇りも避けられないものであった。

早稲田大学の総長も務めた経済学者の鹽澤昌貞は公営主義を前提に、収益主義的経営を専売に類する不当な高率の間接税に近いものと捉え、また世界的にも地方財政で財産収入の割合が低下していることを指摘した。ただ、鹽澤の根本は市民の利益、公益であり、経営に余剰が多く出た場合、「都市の社会的慈善的事業等の費用に之れを利用することは、社会政策上から考えても不当ではなかろうと思う[39]」としているように、収益そのものを頑強に否定する訳ではなかった。

後には収益主義論者の代表となる関一も、この時点では「本邦の現状では収入主義を採ることは賛成できない。なるべく公益主義を採って貰いたい」と公益主義＝実費主義の必要性を説いていた。実費主義論者の主張を見ると、この時点での収益主義的経営観と、後に収益主義的経営論者によって主張される収益主義的経営観との違いがわかる。収益主義を可能とする前提条件の未整備に加えて、関がこの時同時に述べていたように、当時の民間株式会社は公営と比して非常に非効率な段階であり、市営事業の側も政治性によって混乱が発生している状態であった。この大会では、民営の弊害がしきりと問題にされていたのだが、この条件下では収益主義的経営も民営と同じ弊害を生む経営政策と捉えられていた。

しかし寺尾晃洋に言わせると当時の実費主義、公益主義は、『「官製」公益概念』であり「上からの」、「オシキセ」のものでもあった。“明治25年の行政実例に始まる国による公益概念に基づく公益的統制”、即ち実費主義の強要は、日露戦争以前にはまだ一貫したものではなかった。それが日露戦争以降は、中央政府の負担軽減の見地や民衆運動対策のツールとしての国家社会政策との関連から「官製」公益概念が確立し、国や社会政策学会での主流となっていったのである[40]。

実費主義的主張に対して、来賓の東京市助役田川大吉郎は市政当事者の立場から収益主義的経営を説いた[41]。現場では、この上からの公益概念（寺尾の言う「官製公益概念」）が必ずしも採られていた訳ではなかった。田川のような収益主義的経営を是認する考え方が、自治の現場では主流だった。

このように、当時は二つの経営主義が両立していた。田川は同年の東京市電車料金値上反対運動に参加し、市民・労働者のために戦った自由主義ブルジョアジーである[42]。それも考慮に入れるならば、当時の収益主義的経営論者の主張も公益を第一に置いたものである。その点では実費主義論者が言うような、収益主義的経営は単なる負担転嫁を目的とする、という感覚も誤りであった。

この時期の論点が専ら公営・私営の問題であり、収益主義的経営自体が問題とされなかったのは、地域的独占とスケールメリットの両立や労働者階級の脆弱性、都市の公共事業団体化といった収益主義的経営を行うための土壌が不十分であったため、実際に収益主義的経営を行なえる自治体が少数であったからである。故に、問題は顕在化していなかった(43)。だが都市化の進展によって市営事業の収益主義的経営を可能とする諸条件が整い、また他方で都市問題や社会問題が進行して社会政策の必要性が増して行った。その結果として地方の財政状況が悪化したことにより、この問題は顕在化していく。以上の諸条件が合わさることで、都市は中央官僚の定める「官製公益概念」を無視して収益主義的経営を行い、行政実例を実質上放擲していく。その中で、大正6年（1917）の大審院における一つの判決を巡り、市営事業の経営政策についての二つ目の論争が発生する。

2　大審院判決をめぐる論争

この裁判は東京市が市街電車運賃を改定した際、回数券有効期限を改定後一ヵ月に限り、それ以後は増賃を取るとしたのに対して、既得権侵害であると原告が民事裁判所に訴えたものである。この件で問題となったのは、裁判所の管轄であった。東京市は、市営電車の乗車関係は公法関係なので司法裁判所ではなく行政裁判所の管轄であると主張したのに対し、原告は私法関係であるとして司法裁判所の管轄に属すると主張した。これについては明治25年（1892）の行政実例で既に、電車・電灯・瓦斯・水道を「公営造物」と解釈して、その収入を公法上の使用料と示されていた。ところが大審院は、「之ニ関スル争議ハ司法裁判所ノ裁判権ニ属スルモノトス(44)」と判断して、市街電車の乗車関係は私法的関係であり司法裁判所の管轄であるとした。内務省に代表される国は、公法人たる市の経営事業は遍く公益に準ずるべきであって、営利事業の存在は認める余地がないと「経営主体」に基づいて全ての市営事業を公法関係だとしていた。しかし大審院は「事業性質」、つまり営利事業か否かによって定まるものであって経営主体は関係ない、との見解を示したのである。この判決に対して美濃部達吉は、営利事業の観念が不明確で確たる定義を与えることが困難たる理由、及び公法人の経営する事業には全て同時に公益を目的としないものは無いので、「営利事業だから私法関係、公益事業だから公法関係」とするのは不可能であるという理由から、営利事業であることに基づく判決理由は誤りであると批判した。(45)

この問題とされる営造物論であるが、ドイツ法学では美濃部の言う営造物には"公物"としての営造物と"公企業"としての営造物の二種類がある。内務官僚の採っていた行政実例に表される営造物の観念は、前者のみに対する営造物観である。然るに欧州で営造物という場合、もっと広く市営事業をも含む観念を指すのである。(46)美濃部の営造物観は、従来の狭い"公営造物"観に対してより広義の営造物観を示したものだった。しかし美濃部の営造物論では営造物は二種類とされ、後に福田徳三が指摘する純粋に収益を目的とする第三の営造物は認めていなかった。これは、公共団体の行う事業は全て公益を含むもので、純粋に収益のみを目的とするような純粋な「公企業」(後の公営ギャンブルはこれに該当)は存在しないし、また実費主義と言っても厳密にそれに縛られるものでもなく、多少は収益を含むからである、と美濃部はしている。この美濃部の営造物論に対して、福田徳三との間に営造物の定義に就いての論争が発生する。

福田は、基本的にLiefmannの営造物論に基づき、営造物の中に「公企業」を認めない美濃部に反論した。Liefmannの営造物論は、公企業の形態を「公営造物」、「公経済」、「公企業」の三つに分類するものである。福田は、公法人の経済組織とその支配する経営主義を純支出主義・無償主義・租税支弁主義からなる「公経済」(Liefmannの「公営造物」)、全体的実費支弁主義・手数料主義からなる「公営造物」(Liefmannの「公経済」)、収益主義・価格主義・余剰主義からなる「公企業」に分類する。(47)

「公営造物」は、「全く経済的立場から管理されない国家的施設を云う。夫故、公営造物にあっては、収益を目的とせず、又、可能的費用減少主義も決定的でない」もので、ここには国家や実験所、研究所、消防、監獄等が含まれる。一般文化的及公益的目的の関係から、通常は費用及貨幣所得を全く顧慮せずに経営がなされる。「公経済」はこれと異なり、「経済主義、即、可能的少費用を以てする可能的大利用の獲得」に基づいて経営される。私経済との違いは、私経済が個人的利用を主眼とするのに対して、公経済では公益が目的となる。「公企業」との違いは、こちらは貨幣余剰を目的とせずに利用余剰を目的とするもので、郵便、電信、水道などがこれである。その経営には通常、実費主義、費用主義が採られ、鉄道や電気供給などは丁度これと「公企業」との中間に当たる。

「公企業」は、それに対して純粋に貨幣余剰の獲得を目的とするものも可能であり、鉱山や山林、鉱泉等、欧州での財産収入に類するものが含まれる。

福田の説は、その都市社会政策と併せて考えねばならない。営造物をこう分類するということ、即ち市営事業に収益主義的経営の余地を認めるということは、全ての市営事業を収益主義的に経営するということとは異なる。都市社会政策の観点から見るに、「損をしてでも市民一般に便利を供したい」分野は多く、この事業を手広くやると実費すら支弁できない[48]。そこで、収益獲得が可能な事業での余剰をツールとして、大多数の「実費すら支弁できない」事業に充当し、全体の行政水準を向上させようと試みるのが収益主義的経営であった。

営造物論は単なる法律の解釈問題ではなく、「公法関係にある」とされれば行政裁判を通じ国家の強い管理の下に置かれ、議会の影響を強く受ける等の「複雑煩瑣な監督」をもたらし、効率的な事業経営を大きく妨げることに繋がる。蠟山政道は、ドイツでは慣例上も学説上も、法令に明文化せずとも市営事業の固有事務たる性質（即ち自由に経営ができる）が認められている。それ故に法令化されていないのであり、法律を字義通りに模倣した日本の地方制度では、そこのところが欠落してしまっていると指摘する[49]。これら営造物論の背後には、「明治政府以来我が政府の採り来れる中央集権主義が、自治体の固有事務なるものを思想的に認めなかった」ことがあり、問題の本質は「営造物論の衣を着て地方団体に臨んでいる監督官庁の統制の可否」にあると蠟山は指摘した。

この論争は事実上、内務官僚に代表される絶対主義勢力と新興都市ブルジョアジーとの対立であり、都市による地方自治要求の声としての性質を併せ持つものであった。これは以前の鹽澤の報告にあったような、市営事業による地方の革新の実現に通じるものでもあった。この判決と論争の後、大審院判決で後押しを受けたことや財政窮乏の更なる悪化もあり、市営事業の収益主義的経営はいよいよ加速していく。都市政治を握っていた新興都市ブルジョアジーは、大正デモクラシーを背景に国に財源拡充を求める運動を起こす。これ自体は貴族院の反対で成功しなかったが、都市問題の進展による行政需要を満たすため、また己の負担を減らすため、都市ブルジョアジーは市営事業を収益主義的に経営してその余剰を非採算部門に回していく。これを可能としたのは、都市化の進展や地域的独占の成立、都市の公共事業団体化といった諸条件の整備と、負担を転嫁される労働者階級の脆弱性という環境が揃っていたからであることは、既に何度か繰り返した次第である。かくして、都市は市営事業の収益主義的経営を通じ、間接税的に大衆課税を進めていき、その収益で社会政策の実施を試みていく。この段階においては、社会政策学会でも収益主義的経営を認める流れが大勢であった。内務官僚側も、都市行政需要の逼迫と必要性を認め、一方で代替財源が欠如している状況から、これを黙許せざるを得ない状態であった[(50)]。その先陣を切る大阪市の市長である関一を始めとする「収益主義」論者と、「租税支弁主義」論者、「実費主義」論者が1920年代を通じ『都市問題』誌上を中心に議論を繰り広げる。

3 『都市問題』誌上における論争

（1） 収益主義的経営

1920年代には、都市問題の高まりと財政窮乏に対応するために市営事業の収益主義的経営が開始され、学会等でも認められるようになり、収益主義的経営は全盛期を迎える。絶対主義勢力と新興都市ブルジョアジーとの対立の問題は、結局もう一つの階級である労働者階級を負担者とする収益主義的経営に落ち着くこととなった。しかし市営事業が本格的に収益事業化し始めた昭和初期にもまだ、大きく分けて次の三つの経営政策についての見解があった。それは「収益主義」、「実費主義」、「租税支弁主義」である。

「収益主義」は「余剰主義」とも呼ばれ、市営事業を貨幣余剰創出の為に経営してその余剰金を他事業に充てたり、一般会計に繰り入れたりする経営政策である。都市政治を握る都市新興ブルジョアジーを中心に支持され、この第一人者が大蔵省出身で東京商大元教授でもあった大阪市長の関一である。(51) 関は、これにより社会政策（社会福祉）の費用を支弁しようとした。収益主義論者は現在の都市経営論と同様に、社会政策の一環として収益事業を捉えている。都市財政を一種の複合経営・コングロマリット（conglomerate）と捉え、「一般会計が媒体となって特別会計の余剰金を受け入れ、欠損金を出したところへそれをもって補てんする(52)」枠組みが念頭にあった。福田徳三の「都市社会政策」もこれと同じで、「プラス・マイナス＝ゼロ的発想」が基本にあり、プラスでマイナスを相殺することが目的であって、プラス（収益主義）はマイナス〈社会事業など非収益事業〉の手段として位置付けられていた。(53) なのでこれは、ブルジョアジーがプロレタリアートに対して一方的に負担を転嫁するだけのものでは無い。ベルリン大学に留学し、資本主義の行き過ぎを欧州にて肌で感じてきた関一は、「資本主義を近代化して富国への道を求めるとともに、そのことが必然的にもたらす弊害としての『社会階級間の利害の衝突』の緩和、即ち社会政策を重視した(54)」のである。「東京高商教授時代の関の社会政策学は、ドイツの社会政策学左派やイギリスのフェビアン社会主義者の影響をうけた社会改良主義(55)」であり、関は市営事業を模範的に経営することで、労働条件の改善や公益の追求といった社会全体の改良をも目指した。「市場の失敗」による分野、特に貧困、不衛生、無知がもたらす経済への不利益を認識し、その為にも市営事業の収益主義的経営の導入を主張したのである。関によれば、資本家的経営の場合は得られた収益金を基にして赤字路線の廃止などで更に収益を極大化するのに対して、収益主義的経営の場合は赤字路線を増やすなど、市民的公益にその余剰を充てるとしている。また収益主義的経営論者は、全ての市営事業を収益主義的に経営しろと言っているのではなかった。当時、上水道事業や市街電車事業は収益をあげることができても、下水道事業などでは不可能だった。そこで、上水道の余剰で下水道の赤字を埋める経営政策も採られていた。単なる負担転嫁策ではなく、逼迫する行政需要と財政困窮の中で、今すぐ実行可能で、且つ既存の枠組み内で対応できる緊急避難的政策として、市営事業の収益主義的経営を主張するのが収益主義論者達であった。

（2） 実費主義

「実費主義」は、「原価主義」「手数料主義」「実費支弁主義」とも呼ばれる。市営事業の経営は財源獲得を目的とすべきではなく、事業費用を支弁できる程度に料金を制限するものである、とする。「官製」公益概念と政策的には等しく、絶対主義勢力、内務官僚に支持されていた。これは中央政府の財源を確保する観点から、また家父長的国家観、牧民思想に基づいて地方を十分に監督、監視、保護するに当たって有用であった。同時に民力の涵養や民衆への懐柔策としての見地からも、有益と考えられていた。

大蔵省出身の衆議院議員、経済学者で、この立場の第一人者である小林丑三郎は、財源はあくまで租税に求めるべきであって、市営事業はあくまで実費主義で経営すべきであるとし、その理由を六点あげている[(56)]。第一は、世界各国の財政が純私的財産収入から半私半公的使用料及手数料の段階へ変遷しており、最終的には租税を以って財源の第一位のみならず全財源にせねばならないこと、第二に、公共団体の経営に適する企業の範囲に定限があって共産社会のように無限にこれを拡大することはできないため、現実には市営事業収入のみで財政を賄うことができないこと、第三は、この収入は議会機関の承認なしに料金を改定・増収できるため、人民に対して不公平の結果をもたらす恐れがある点である。第四として、収入が流動的であって租税のような確実性を有しない点、第五が、租税は議会議決を必要とするので市営事業を運営する行政の独断を制限できる点、最後に、租税は負担を公明化し市民の負担能力に応じて貧富に従って分担できるが、収益主義にはそれが不可能で逆進的な点を指摘している。これらの点からも、資本主義経済が発展していくに従ってより一層、租税の役割を増加させねばならないと小林はする。小林は「貧富格差の矯正機」としての租税の役割に主眼を置き、その見地から「租税収入第一主義」を唱えていた。小林も階級間対立の緩和を重要と考えていたが、第一次世界大戦でのドイツの敗北とドイツ財政学の凋落という状況で、プロイセン制度の模倣である日本の市制とその「財産収入第一主義」に対して深刻な危機意識をもっていたのである。小林は租税を財源の中心にすべきとの立場から、市営事業については次の二点の理由で実費主義の必要性を説いた。一つは、「地方自治体の公共団体たる本質」に依るものである。「公有の営造物及財産は全て公的なものであり、営造物に公私を分ける必要はない。私的なものがあるとしたら、それは民有または民業に属すべきである」とするのが小林の考え方で、「営造物を公私に分類し、私営造物に収益主義的経営を認める風潮」には反対した。私有の場合、将来に備えた貯蓄・留保が必要となろうが、公有の場合には正当な理由さえ証明できれば租税の形でいつでも必要な収入を得られる。従って将来に備える為に収益をあげ、資本を蓄積する必要は無い。公営事業が設置されるのは、民間における独占的専横を牽制し、資本主義の弊害を矯正する公益的理由からである。従って、公営事業は収益主義的経営を採らないのが本分であり、必要な費用は「矯正機たる租税」に任せるべきであると小林はする。もう一つは「負担の不公平」においてである。収益主義的経営によって生じる余剰は、市営事業の需要者（特に細民労働者）から相当値以上の高値を要求した搾取の結果であると小林は言う。「此等の被搾取者に対して公共団体は資本家に代位したものと云わねばならない」「特に都市団体の租税には細民の多く負担する消費物税が殆どなくて、租税の最大部分は有産階級の多く負担する直税及其附加税であるから、消費物税に近類せる市営企業財貨の需要者即ち庶民より増徴せる収入の余剰を以て、一般政費に充て其丈け有産階級の負担を軽減するは、是れ正に公共団体が有産階級及至資本家を代表して、其利益に於いて無産的庶民を搾取するもので、純然たる資本主義に堕することになる」。以上のような見地から、小林は実費主義を主張していた。

先にも触れた鹽澤昌貞はドイツ的な「公経済」、「公施設（公営造物のこと）、「公企業」という三分法に加えて、イギリス的な「公費主義に依る行政的事業（ドイツの公施設）と「市営事業」（収益主義による）との二分法を紹介する(57)。イギリスでは収益主義的経営が認められるが全てではなく、社会政策目的のものは公費主義（赤字主義）や実費主義が採られていた。日本の市営事業の設立目的は「独占事業を市営となし市民をして独占の幣より免れしむ」にあったはずであり、従ってその経営は「私営企業の場合に於けるが如く所謂利潤を獲ることが目的ではない。公費無償主義では実際問題としては経営を維持し得べきものでないから相当の収益を得て経営すべきであるが、利潤を生ずべき市の事業といふことが本来の目的ではないのである」と収益主義的経営には反対した。独占の不当利益の例として、「現政府が煙草専売の場合において其値上げをなして収入の増加を図り、消費者に不利な結果を招来する」ことをあげている。ただし鹽澤の場合は多少現実的な点で小林と異なり、財政状態によって「その経営は収益を原則とするとしても制限的収益の方針によることが適当であろう」と述べているように、あくまで公営企業の公益重視の本質を念頭に置きながら、多少の収益主義的経営は認めていた。それは彼の「理論上は公益本位によるとしても実際上に於いては制限的収益主義と制限的流用主義による事が妥当ではあるまいか」との一文にも表れている。

東京市政調査会の岡野文之助は、エンゲルスの「反デューリング論」を引き、事業主がたとえ市であろうと搾取者としての性質は資本家と変わらず、公益を以って市営事業での収益主義的経営を認めるとの論理を全面的には認められないとする(58)。岡野はLiefmannや関、田中広太郎といった収益主義論者の言を引きながら、最終的には「租税収入の代替財源として市営事業収入を充てようという要請は到底容認しがたい」と結論付けた。都市財政の窮乏解決は、中央地方間の財政関係の解決によるべきと原則論を展開したが、これは実現可能性や緊急性において困難なものであった。

（3） **租税支弁主義**

「租税支弁主義」は、松永義雄等の表現では「実費主義的経営」とも呼ばれている。小林の「実費主義」と用語こそ同じであるが内容は異なり、無償主義、赤字主義とも言われるもので、市営事業を無料あるいは極めて廉価で経営し、その赤字は租税によって補填する経営政策である(59)。先のLiefmannの区分による「公営造物」（福田では「公経済」）の分野を市営事業に拡大したものとなる。この思想は労働者階級を背景にし、無産政党を中心に主張された。しかし「労働者勢力の脆弱性」という条件下では、主流足り得なかった。この論者である弁護士で衆議院議員だった松永義雄は、「公営事業は私営の如き資本会社の営利を目的とせず、利益の分配に於いて比較的平等なることを得ると同時に生産手段の社会化に近づきつつあるものと云ふ得る」とし、その点で公営事業を奨励する。しかし現在の経営政策については、「公営事業は本来の目的において、消費者階級に利益を興へ、営利の犠牲に供しない為であって、電車も電気も水道も無料に近い料金を以て提供すべきもので、水道の値上げとか電車賃の値上げの如きは、もとよりその本来の趣旨に悖るものである」と批判する。そして収益主義的経営が一般的になっている状況に対して、「収益主義によりて財政を助くべしと云ふものあれども、真は公営事業の根本を考えないもので、資本家企業の独占を排し、営利を絶滅することが公営事業の目的であることを忘れたものである」と批判していた。市営事業は決して営利を目的とするのではなく、無料を目指すべきであると主張するのが「租税支弁主義」である。

社会民衆党の東京市政要綱作成に参加し、戦後は参議院議員にもなった吉川末次郎は、その中で「市営電車乗合自動車運賃を値下せよ」「瓦斯を市営化しその生活必需量を無料化せよ」「電燈を統一市営化しその生活必需量を無料とせよ」とのスローガンを発している(60)。吉川は「社会主義に立脚する無産政党の立場よりして行はる市営事業が、その経営の本質を公益主義に置き、遂にこれを無料化せしむるにあることは因より言ふを待たない」とし、無料化の例としてウィーンの例を示している。その財源としては地租の移譲をあげ、ブルジョアに対する地租課税等といった有産階級負担によってこれを補填すべきである、というのが租税支弁主義者の主張であった。また松永、吉川はともに報奨契約による都市特許制度をも批判して、市営の方を進めるべきであるとした。これは、公有の道路等の営造物を独占させることは資本家の利益を増大させることに他ならないとの見地からであった。

以上のように、三つの階級を支持層とする三つの経営方針が当時、市営事業の経営政策をめぐって主張された。収益主義は自治体当局者である都市ブルジョアジー勢力を背景にし、実費主義は内務官僚等の絶対主義勢力とその同盟者等の利益にかなうものだった。また租税支弁主義は無産政党支持者層を基盤としていた。ここで租税支弁主義があまり大きな勢力にはならなかったのは、当時は明らかに力の劣る階級の主張であるので必然である。

藤谷謙二は『地方財政論』の中でこれらの論争を論じている[(61)]。藤谷は、関、小林のそれぞれの主張に対し論評し、小林の「収益主義」と「公益目的」とが全く背反するという見解については、「現代経済社会の根本機能を容認する限り、公共団体の経済的活動に於ける公益目的と営利目的との両立を認めざるを得ない。蓋し余剰獲得＝営利目的を根本原則とする現代経済社会に於て、公然公益と相容れないものとして官公経営に於ける営利目的を否認するならば、それは惹いては私経済の領域に於ける営利活動をも否認するの他なき破目に陥るからである」と批判している。また関に対しても、「公益を目的とせざる純然たる営利事業」の市営事業化を考えることは誤りであり、経営の主体が公共団体である以上、営利目的と同時に公益目的も必要とされることをあげている。この三者間の論争は、結果として各々の課題が炙り出された点で大きく評価できる。関の説く、都市財政の窮乏と問題の緊急性は十分解るが、それでも労働者の負担を増さないで彼等に便益を与える方法を模索する努力は必要であったであろう。大阪市の腐敗とそれに対する都市ブルジョアの対抗策という、彼が大阪市助役として招かれた状況を鑑みるに、その政策も理解できるし、また税源の移譲などは中央との政治的問題ではある。それでも尚、諦めない姿勢が必要であったと言える。小林は、その主張が現在の公営企業における独立採算制に繋がることから、先見性があったことは明らかである。だが、当時の都市の置かれていた厳しい現状の理解と、そのための妥協が必要であったと思われる。

以上のような収益主義的経営を巡る論争を通じて、日本の置かれていた状況とその下で諸階級勢力が抗争しながら目指していたものが浮かび上がる。これらの論争は、単なる公営・私営問題や裁判所の所轄の問題や市営企業の料金政策の問題ではなく、公益というものを巡る行政哲学的なもの、社会政策といった、後の福祉につながるものであったを留意しておくべきである。この論争の後、経営政策は収益主義的経営が多数となる。しかしその寿命は長く続かず、直後に始まる戦時体制への移行によって、全ての財源が中央に集中されることとなった。

第六節　収益主義的経営の終焉

以上の流れを経て、都市は収益事業収入をその財源に加えるようになった。しかし、昭和に入ると都市以上に窮乏していたのは農村であった。四章で詳しく扱うが、金本位制復帰を目指す井上財政によるデフレ政策に世界恐慌が重なり、日本経済は深刻な不況に追い込まれた。長引く昭和恐慌に加え、農産物価格の下落で農家所得は昭和５、６年（1930〜31）の２年間で半分以下になり、それに自然災害等が加わった故に農村の疲弊度は更に高まっていった。人口支持力の低い農村では食べるものにも困る有様で、東北地方では間引きや人身売買などが見られた。農作物価格の暴落にも関わらず、地租や戸数割りが変化しなかったことは農家の負担を重くし、農村財政はますます悪化していった。

その一方で、委任事務増大により地方の負担は増大した。満州事変以降の軍需産業の興隆によって都市が盛り返すと、経済発達の地域的不均衡は一層拡大する。都市財政も窮乏していたが、農村のそれは都市とは比較にならない程、深刻だった。「良兵良民の供給源である農村こそ国の大本とする農本主義は、天皇制国家の支配的イデオロギー」(62)でもあり、農村を放置できなかったが良策は無かった。昭和12年（1937）の日華事変勃発以後、「政府は地方予算の緊縮を通達し、14年には予算の天引削減を指示した。地方政府は、防空法、警防団令、軍事援護、銃後施設に関する通牒、農産資源開発奨励規則その他食料増産に関する諸規則、国民精神総動員に関する訓令を発表し、また社会事業法、国民体力法を制定するなどして、地方自治体に対して、戦争関係行政の実施と軍関係道路港湾などの建設整備を要請」(63)した結果、農村にも軍事費の負担が重くのしかかった。その負担は昭和12年度～15年度の間で、実に7倍に膨張した。都市でも負担は大きかったが、より状況の深刻な農村部ではそれ以上だった。

かくなる状況で、戦争遂行にむけた中央政府の財源確保のために、国内の財政の不均衡を改めて「一億火の玉」として国民総動員で戦争遂行にあたれるようにするために、農村の窮乏を救う手段として昭和15年（1940）の地方財政改革が行われた。この改革では、総力戦遂行の見地から農村にプライオリティーが置かれ、都市はその下に置かれた。この改革が地方財政に影響を及ぼした最大の点は、財政調整制度の導入である。持田信樹をして「日本の福祉国家財政システムの基幹部分」といわせるこの財政調整制度は、その誕生からして「都市を負担者とし農村を受益者とする」制度として生まれた。またこの改正によって、従来の「財産収入、使用料、手数料でも不足するときにのみ地方税を賦課する」という市制の規定が改廃された。市町村税が第一次財源とされ、物税本位の地方税制体系が定められた。そして弾力性のある所得税を国に集中させ、地方には地租、家屋税、営業税の附加税があてがわれた。また併せて所得税、法人税の前々年度徴収額の17.38%と入場税、遊興飲食税の前々年度徴収額の50%を原資とする配布税が設けられた。「この配布税の設置によって、日本の地方財政調整交付金は恒久化され、その財源を保証されるとともに、使途を限定せずに一般財源として地方自治体へ交付される本格均な調整交付金となった[64]」のである。忘れてならないのは、現在まで続く財政調整制度の配付金は、元々は地方税だったことである。それは、戦時体制の特殊な状況のもとで中央政府に預けられたものである。戸数割りや家屋税附加税は本来、地方税であった。本義的には、現行の国庫支出金、地方交付税も、かつての地方税を一度国庫に繰り入れて、それを返却してもらっているに過ぎない。この制度が未だに「都市を負担者とし農村を受益者とする」システムとして存続していることは、現在でも都市が収益事業を必要とする構造を存続させている。

市営事業に目を転じれば、戦争遂行に向けた地方税制度が整い、戦時体制が確立されると、もはや収益主義的経営を選択する余地は失われた。「物価関係その他戦時経済の緊迫化は、公企業経済をして一般財源に貢献せしめるためといふよりも、寧ろ当該公企業自体の存立を維持するために、その料金値上げを余儀なくせしめる情勢に至っている[65]」のが当時の市営事業の状態だった。戦争の遂行こそが第一義であり、都市の自主的政策や財政は当然のように第二義的なものになった。更にその後の戦局の悪化に従って、空爆によって諸設備も破壊されるに及んでは、事業経営自体が不可能となっていく。戦前の一時期に咲いた収益事業は、かくして幕を閉じた。しかし「租税外に財源を求める枠組み」という制度は、戦後に新たにコンテンツを積み替えて新しい姿で生まれ変わることとなる。

本節で扱った明治末から昭和初期までの市営事業の経営思想を巡る論争、即ち収益主義的経営を巡る論争を俯瞰すれば、収益主義的経営の目的がなんであったかは明らかである。繰り返しになるが、それは逼迫した行政需要の下での「緊急避難」的政策であり、「租税外に財源を求める枠組み」であった。但し、どの経営主義においても主張されていたのは、第一に市民の利益、公益、更には社会福祉であった。租税支弁主義や実費主義は、都市新興ブルジョアジーに負担を負わせ、一般大衆に利益を供与するものである。収益主義は、それが実際には不可能であるとの現場の現実的判断、及び税源委譲等を待てない切実な現場第一線での危機意識に基づくものであった。後に四章でも触れるが、当時の社会不安は到底放置できるものでは無かった。初めて公費負担主義を明らかにした公的扶助制度である「救護法」が設けられたのも、この対策であった。その実施促進運動に見られた方面委員等の「近代的ヒューマニズムというより志士仁的[(66)]」な活動を生み出した程の、逼迫した時代の要請は、とても無視できるものではなかった。収益事業の目的は本来、「緊急的な市民の利益、公益の迅速な充足のための手段」であって、恒常的な一般財源への繰り入れ策ではない。ましてや豪華な不要の箱モノをつくるための資金でも、利権・権益を産むためのものでもない。市営事業の収益主義的経営は戦時体制への移行で終わりを告げたが、戦後、同じく緊急の財政需要に応えるべく、別な形を取って再び現れることとなる。戦後、市営事業の経営思想は租税支弁主義、実費主義へと移り、「市営事業」は収益事業としての舞台からは消えていった。代わって、新に収益事業の座についたのが現在の「収益事業」、即ち「公営ギャンブル」である。公営ギャンブルを生み出した終戦直後の緊急状態については六章で触れるが、戦後に成立した現在の「収益事業」も、経営思想では従来の収益事業を引き継いだもののはずである。そうでないのならば、収益事業の正当性すら危ういと言える。

（1）大坂健「地方公営企業の経営思想」『都市問題』第73巻11号（東京市政調査会、1982)。
（2）神野直彦「馬場税制改革」『証券経済』第127号（日本証券経済研究所、1979)。
（3）磯村英一、星野光男編『地方自治読本』第6版（東洋経済新報社、1990）P131〜。
（4）渡辺精一『入門地方財政論』（有斐閣ブックス、1993）P148。
（5）近藤隆之は「これらの事業（筆者注、公営ギャンブル）そのものには直接的な公共性はない。したがって、これら事業は地方公営企業には含まれない」としている。近藤隆之 自治大学校監修『地方公営企業』（学陽書房、1983）P2。
（6）黒沼稔「公営事業と住民の福祉」『都市問題』1956・8。
（7）同論文。
（8）持田信樹『都市財政の研究』（東京大学出版会、1993）P4〜。
（9）日比野登『財政戦争の検証』（第一書林、1987）P185〜。
（10）藤田武夫『現代日本地方財政史（上)』（日本評論社、1976）P22〜。
（11）竹中龍雄「地方公営企業の展開過程」『都市問題』1962・10。
（12）同論文。

(13) 同論文。
(14) 竹中龍雄『地方公企業成立史』(大同書院、1939) P20～21。
(15) その要因について詳しくは、蔵園進『地方公営企業の研究』(法政大学出版局、1970) P41～を参照。
(16) 寺尾晃洋「水道事業と公営原則」『関西大学商学論集』1979・12。
(17) 日本水道協会『日本水道史 総論編』(日本水道協会、1967) P196。
(18) 竹中、前掲書P186。
(19) 寺尾晃洋『独立採算制批判：公企業研究の基本視角』(法律文化社、1972) P122。
(20) 持田信樹「日本における近代的都市財政の成立 (一)」『社会科学研究』36・3 (東京大学社会科学研究所、1985)。
(21) 持田、前掲書P97。
(22) 同書P108。
(23) 梅村又次他『長期経済統計13 地域経済統計』(東洋経済新報社、1983) P302～305の第28表及び『国勢調査昭和10年度』参照。
(24) 持田、前掲書P139。
(25) 中村隆英『明治大正期の経済』(東京大学出版会、1985) P189。
(26) 藤田、前掲書P16。
(27)『日本長期統計総覧第3巻』総務庁統計局 (日本統計協会、1988) P296～299。地方財政膨張要因は、田中広太郎『地方財政』(日本評論社、1930) P10～19に詳しい。
(28) 寺尾、同論文。
(29) 東洋経済新報社編纂『明治大正財政詳覧』(東洋経済新報社、1975) のP529、表5。
(30) 竹中、前掲書P190。
(31) 持田、前掲論文。
(32) 市営瓦斯事業は横浜、金沢、福井、高田、久留米、松江の六市のみでみられる。福井市が市営事業として瓦斯事業を興した動機については、竹中、前掲書P144を参照。
(33) 持田信樹「日本における近代的都市財政の成立 (二)」『社会科学研究36・6』(東京大学社会科学研究所、1985)。
(34) 大坂健「地方公営企業における独立採算制の成立 (上) (中) (下)」『都市問題』1984・6、7、8。
(35) 東京市電気局編纂『東京市電気局三十年史』(東京市電気局、1940) P34～35。
(36) 寺尾、前掲書P181。
(37) 大内兵衛『財政学第二部―地方財政論―昭和二一年度東京帝国大学経済学部講義』第一分冊 (文精社、1937) P42～。
(38) 神野直彦「現代日本税制の形成過程 (一) (二)」『経済学雑誌』第八十八巻2・3、5・6 (大阪市立大学経済学会、1987)。

(39) 社会政策学会 編纂『社会政策学会論業(四) 市営事業』(同文館蔵版、1911) P31～。
(40) 寺尾、前掲書P164～165。
(41) 社会政策学会編纂、前掲書P109～。
(42) 荒畑寒村『日本社会主義運動史』(毎日新聞社、1948) P136～137。
(43) 竹中、前掲書P58～。
(44)『大審院民事判決録第八巻』(新日本法規出版、1966) P779～。
(45) 美濃部達吉『公法判例大系―評釈(上)』(有斐閣、1933) P4。
(46) 公企業概念の諸説については、藤谷謙二『地方財政論』(龍吟社、1944) P85～参照。
(47) 福田徳三『経済学全集(二) 国民経済講話』(同文館、1925)、P240。
(48) 同書P1260～。
(49) 蠟山政道「市営事業の経営に於ける収益主義に就いて―大阪市長関一博士の所論を評す―」『都市問題』(東京市制調査会、1928・10)。
(50) 当時の監督官庁当局者による収益主義的経営是認の著書としては、田子一民『市町村財政の実態其理論』(白水社、1918)、安井英二『公営事業論』(良書普及会、1927)、田中広太郎、前掲『地方財政』、木村清司『財政行政(上)』(常磐書房、1937) 等がある。
(51) 関一「市営事業ノ本質」、『都市問題』(東京市制調査会、1928・3)
(52) 寺尾晃洋「水道事業と公営原則」、『関西大学商学論集』(1979・12)。
(53) 福田、前掲書P1259～61。
(54) 芝村篤樹「関一 その思想と政策の概略」『都市問題』(東京市制調査会、1989・3)。
(55) 加茂利男「関一の都市改革思想と公共部門論―関大阪市長没五十年にあたって―」(上)(下)『住民と自治』第273～4号 (自治体問題研究所、1986・1,2)。
(56) 小林丑三郎「市営事業収入の性質及原則」『都市問題』(東京市制調査会、1928・10)。
(57) 鹽澤昌貞「市営事業の経営に就いて」『都市問題』(東京市制調査会、1929・10)。
(58) 岡野文之助「都市財政における公企業収入論」『都市問題』(東京市制調査会、1932・3)。
(59) 松永義雌『民衆政治請座(十八) 地方財政論』(クララ社、1929) P123。
(60) 吉川末次郎「無産政党の東京市政政綱に就いて」『都市問題』(東京市制調査会、1932)。
(61) 藤谷、前掲書P71。
(62) 芝村、前掲論文。
(63) 藤田、前掲書P32。
(64) 同書P36～37。
(65) 藤谷、前掲書P71。
(66) 柴田敬二郎『救護法実施促進運動史』(日本図書センター、1997) P422～P423。

第二章　本邦における近代競馬の受容と展開

はじめに

一章では収益事業の制度面の形成過程に焦点を当て、「租税外に財源を求める枠組み」が市営事業の収益主義的経営を通じて形成される歴史を扱った。序章で触れたように、その枠組みのコンテンツが戦前と戦後で断絶し、現在に至っている。戦後に新設された新しい「収益事業」（公営ギャンブル）が円滑に従来の市営事業の収益主義的経営に代置され得たのは、「競馬事業」という前例があったからである。公営くじを含む現行公営ギャンブルの諸制度は、戦前から存続する唯一の競技である競馬事業に雛形を採って形成されている。

しかし、本邦の競馬が当初から収益事業の性格を帯びていたのではない。競馬の性格自体が戦時体制下で変容し、その前提があった故に戦後に市営事業に代置され得たのである。本章以降では我国の競馬の受容とその性格の変遷を取り扱う。本邦の競馬は受容当初からツールとして扱われてきた。日本の近代競馬は競馬の母国イギリスのように自然発生し、自己目的化された存在ではない。それはツールとして、許可、保護、振興されてきた。本章は前段においてスポーツにおける「近代スポーツ」と「身体競技」の区分を紹介し、「身体競技」の範疇に留まる「古式競馬」と対比させることで収益事業のコンテンツとなっている「近代競馬」を定義する。人類が馬種を家畜化して以来の競馬の歴史から始め、古式競馬を経て近代競馬が発生し、それがイギリス人によって世界に伝播していく過程を簡単に取り扱う。我国についても、居留民を通じた競馬受容から始め、国家目的のツールとして振興されていく歴史、馬券の誕生、禁止までの日本競馬事業史の前段階を本章は扱う。

第一節　古式競馬と近代競馬

競馬事業の本質を理解するためには、そのコンテンツである「競馬」の定義から始めたい。我々が目にしている20万人近くの観客を動員して何百億円もの金銭が賭けられる競走も競馬であれば、ホーマーの『イーリアス』に描かれている神々の争いも競馬であり、映画『ベンハー』に描かれるチャリオット競走も競馬である。毎年、賀茂神社等の祭典に際して奉納される烏帽子装束による「くらべうま」もまた競馬である。そこで、競馬を「古式競馬」と「近代競馬」の概念を用いて分けて考えてみる(1)。これはスポーツにおける「身体競技」と「近代スポーツ」の定義に類する(2)。古式競馬(3)とは広義の競馬であり、「定められた条件のもとで2頭以上の馬を走らせ、その勝負を競う」もの全てを包摂する。この定義に基づけば、日本競馬の歴史は古い。しかしこの段階の競馬は、Guttmannによる身体競技の範疇に留まる。近代スポーツは、様々な要素によって伝統社会における身体競技と区別される。近代スポーツは近代の果実であり、社会の近代化なくして近代スポーツは有り得ない。イギリスが多くのスポーツの母国なのは、伝統社会の身体競技を近代の思想で近代スポーツに昇華したからである。イギリス発祥のスポーツの多くは、世界の至る所で昔から伝統的身体競技として行なわれていたはずである。人類が馬を家畜化したならば、それに乗って競走するのは必然である。「競馬が、馬の速さや強さを競い、最終的にいずれが先に目的地に到着するかによって勝敗を決めるものであるとするならば、人類が馬に跨った瞬間から、どのような形にせよ、それに類するものはどこにでも存在したと考えるのが自然(4)」なのである。

これに対し、我々がイメージする競馬を定義する用語が「近代競馬」である。競馬が「個人同士あるいは仲間内の速さ、強さ比べから、不特定の人々を巻き込んだ、広範囲な場所で争われるようなものになるには統一的な制度や規則が必要(5)」になる。日本の「近代」が外国人によってもたらされたのと同様に、競馬も外国人の力で身体競技から近代スポーツへと整備された。加えて、競技の近代化に大きく貢献したのが、「賭け」である。近代競馬は賭けと密接不可分である。Eliasが、「賭けに勝つか負けるかという腹があるからこそ、わくわくしながら試合を見まもるのであり、その中でも本当にわくわくするのは、対戦者双方に勝つ可能性が公平に分け与えられて、どちらかが勝つかを予想できない場合である。試合をそうしたものにするためには、古代ギリシャの都市国家が行った組織より、もっと高度な組織化が必要となった」(6)と指摘するように、賭けの対象になるにはルールの厳密化が必要で、それは競技の近代化を一層促進する。近代競馬は、王侯貴族の内輪の楽しみだった古式競馬が、賭けを通じて大衆化し、形成されたものである。大規模な賭けを前提とするか否かが、古式競馬と近代競馬とを隔てるのである。

第二節　近代競馬の誕生と発展

1　古式競馬から近代競馬へ

儀式・儀礼・宗教的側面から行われていた古式競馬は、次第にスポーツ・娯楽目的へと変容していく。これは、現代のレジャーとしての競馬と共通しよう。競馬は、昔から文明、文化の象徴だった。後述するように近代競馬が近代の象徴とされたのと同様、古式競馬も文明、文化の象徴だった。しかし、この両者の相違は決定的である。その第一は軍事的側面である。古式競馬では、軍事的目的といっても兵の訓練や余興、戦士の勇気の称賛程度にしか意味を持たない。近代競馬における組織ぐるみでの馬匹改良とは明らかに異なる。古式競馬には、国力増進のために自国の馬資源を改良する意思は少ない。ローマに選択的淘汰に基づく生産の萌芽が見られるが、数量的統計や体系だった選別に基づいて計画的に馬匹を改良する思想は、近代を待たねばならない。第二には、古式競馬で重要だった儀礼・儀式・宗教的側面が、近代競馬では極めて薄い。勿論、現代でも祭事等で競馬が開催されるが、それは一種の娯楽と化している。古来、賭博が占い等の宗教的儀式と不可分の関係にあったことは語り尽くされている(7)ように、伝統的な身体競技では神秘性、宗教性に力点があった。

そして最大の相違は、先に記した「賭け」を前提にするか否かである。「古式競馬」でも賭けはなされたが[8]、非制度的、非合法なものが大半で、知己同士での私的なものや小規模のものが主である。賭けに詮議が生じた場合も、人間関係で収拾を図れた。しかし競馬を「参加型スポーツ」とする場合、賭けを通じて観客が競技に間接的に参加することを意味する。近代競馬は、賭けを前提に組織もレースも定められ、胴元やブックメーカーを相手に制度的、合法的、大規模に賭けが行われる。この点から競馬の「事業化」も発展した。不特定多数を相手にする賭けでは、競技のルールにも厳格さが求められる。かくして「近代競馬」では厳格なルールに基づき、曖昧さを排除して競技が実施されるようになる。これは全ての近代スポーツにも相当する。近代競馬成立前の古式競馬は、その意味で未だスペクタルだった。

イギリスは「競馬発祥の地」と呼ばれているが、それは「近代競馬」という意味でのみ正しい。ギリシャやローマで洗練された古式競馬が開催されていた当時、イギリスはまだ文明の中心ではなかった。シーザーの占領以前にも、ゲルマン族が宗教儀式として競馬を行ったとの説もある。しかし競馬がイギリスの歴史にはっきり登場するのは、ローマによってヨークに設けられた戦車競馬用の競馬場跡が最初である。エリザベス一世（1558～1603）は競馬を好み、タトベリーに王室牧場を造り、ロンドン郊外のブラックヒースで持馬の調教を行なわせた。女王治世の晩年頃から火器が普及し、戦闘形態が急激に変化する。重い甲冑を用いなくなって馬に求める性質も変化し、軽種馬生産が盛んになった。選択基準にスピードが重視され、現代の競馬に近づいていく。ジェームス一世（1603～1635）は競馬のルールとして競馬規定を定め、またニューマーケットに芝を張り巡らして障害物のない競馬場を造って、現代のイギリス競馬の根幹を作り上げた。当時の競馬は、「マッチレース」（2頭立てのレース）の「ステークス」（出走馬主が金を出しあい、一着の馬主が受け取る）形式で、最初から賭け要素を含んでいた。しかしマッチレースの場合は、例えば対戦相手が王の場合などでは、勝敗に対して疑義を持たれ易い。後に、観客がその賭けに間接的に参加することで「馬券」が生まれるが、その為には疑義を生じさせない規範作りが必要となった。その規範作りの過程こそが、近代競馬誕生の過程である。

イギリスでは当時から、遊びの要素と同時に「駿馬を選択する目的に使われていた。血統の良い馬は、競走から引退すると、繁殖用に供された。レースは結局、繁殖用馬を見分けるためのもの(9)」、即ち選択淘汰の検定の場(もちろん「遊び」のための淘汰でもある)の性格も有していた。競馬は王侯貴族の娯楽的側面が大部分とはいえ、それに馬匹改良の側面も加味されて実施されていた。17世紀の競馬はまさに王侯貴族のもので、それに民衆が観客として少し参加していたに過ぎなかった。それでも、英国における競馬と生産とは相関的に進歩してきた。特に、「馬事競技用に生産された馬の疾走能力と持久力を示すのに適合する走路において施行される競馬の開催は、生産上の著しい進歩に貢献した選択生産を決定的にした(10)」。競馬は馬匹改良の最良の手段であり、英国人の「遊び」の精神と結びつき、18世紀には世界最速品種「サラブレッド」を産む。

2　近代競馬の発展

18世紀には、我々が目にする近代競馬が様相を整えた。サラブレッド三大始祖の東洋種が導入され、レース体系も整備された。従来一般的だった満6歳以上の成馬による「ヒート競走」は、勝負が決するのに時間がかかる上に実力通りに決着しやすいため、遊びとしては問題があった。「ダッシュ競走」(能力が未知の馬による一回きりの競走)は遊びとして見た場合、新鮮で非常に面白い。そこで若年新馬によるダッシュ競走が一挙に発展し、スイープステークス(11)導入も容易になった。馬主は基本的に、お互いに勝率が高いと判断した場合にステークスに応じる。しかしカメラ発明以前、実力の伯仲した馬同士の多頭数競走は結果を正確に判定できなかった。それが可能になったのは、結果に大差が出やすい若年馬競走が主流になったからである。これにより、競走体系の主体もマッチレースから多頭数へ変化する。出走馬主同士の一対一の賭けでは、賭け金も大きくリスクも大きかった。だが、多頭数化により一人あたりのリスクが軽減され、多数の馬の参加を生んだ。これはオーナー以外の一般参加者の興味を増し、競馬の大衆化に貢献した。更に、従来から問題だった対戦相手が王などの場合の疑義を減じさせる効果を持ち、結果として競馬の大衆化を進めた。更に、統一的競馬運営組織としてジョッキークラブが成立した。競馬大衆化には、公正で統一のとれた施行組織は不可欠である。レーシングカレンダーやゼネラルスタッドブックといった、競走成績や血統に関する体系的な資料発行も開始された。これら資料により、競馬はその歴史や記録を極めて正確に保持し、歴史や文化としての色彩を持ち得るのである。

その中で最も影響を及ぼしたのは、1790年に初めて誕生した[(12)]「ブックメーカー」である。従来の賭けは馬主や関係者同士の間が主で、一般大衆は賭けの相手を探すのが困難であり、参加意識も今よりは薄かった。しかしブックメーカーの誕生により、大衆も馬券を通じて簡単に競馬に参加出来るようになった。庶民にとっての競馬は、馬券の誕生によりスペクタルの要素に加えて賭けの要素も包摂するようになり、参加型スポーツとなった。この参加こそが競馬の人気を呼び、大衆化、産業化を進めた。パリ・ミチュエル方式以前では、賭けの大衆化にブックメーカーの存在は不可欠であった。賭けの対象となると、衆人の監視するところとなり、これは一層の規則の厳密化と不正撲滅に向かっていくこととなる。

かくして18世紀末から19世紀にかけ、賭けを前提とする近代競馬は山本雅男の言葉を借りると「化けた」。それは奇しくも産業革命と時代的な符号を見せる[(13)]。それは「資本主義の精神」と「賭博、競馬の愛好」の両者が、イギリス人の国民性から派生したものだからである[(14)]。イギリス人の生活の一部となった競馬は、大英帝国の版図拡大とともに世界中に伝播する。一つは入植したイギリス人が現地で道楽として始めたものが広がったケースで、アメリカやオーストラリア、カナダ等の旧イギリス植民地に多い。イギリス人は植民地でも、本国と同じ様な生活様式をとることが多かった。その結果、遠い異国の地にまでサラブレッドを連れていき、もし輸送できない場合は現地で馬匹を購入してまで、本国と同じ様に競馬を開催した。遠い異郷に暮らすイギリス人は、本国で王侯貴族やジェントルマンが行っている競馬を自分達でも行なったのである。支配者たるイギリス人の執り行なう競馬は、現地民には近代文明の象徴として映り、競馬への現地民の参加が進むことで競馬の版図は拡大していった。競馬は、こうしてSports of Kingsを経てKings of Sportsへと発展した。

これらの国々では、競馬は民間団体によって運営される。競馬の本質は「遊び」であり、馬主の遊びの立場か一般観客の遊びの立場かの差はあるものの、「遊ぶ側の立場」で競馬を開催しているのである(15)。生活の道具として、馬とより密接な関係にあったアメリカでは、競馬が早くから庶民のレジャーとなり、これが娯楽産業として発展していく。本邦の近代競馬も発祥はこのパターンであったが、その後の展開は別の流れのものだった。

それはヨーロッパ大陸諸国や日本、ロシアなどで、軍馬や実用馬の品種改良手段として競馬を導入、発展させたパターンである(16)。これら諸国では、競馬は政府或いは準ずる機関の手で運営される。競馬はあくまでツールで、他目的の為の事業として行なわれた。馬匹が戦闘で占める役割の大きさは、歴史に証明されている所である。欧州各国では帝国主義時代以前から、陸軍力軍拡競争の中で必死に馬匹改良に励んでいた。動力革命以前には、馬匹能力は産業にも直結して国力を左右した。絶対主義到来の頃、サラブレッドは既に遺伝的均一性を発揮する程に品種として確立していた。他品種との交雑による品種改良の原種として、各国はサラブレッドを輸入した。プロイセンやハプスブルグといった馬産先進国ですら、サラブレッドの優秀性を認めて導入した。サラブレッドという品種を生み出した選抜方式である競馬が、馬匹改良の最適な手段として大陸諸国に導入されていった。

こうして19世紀に完成したサラブレッドと近代競馬は、世界中に伝播する。我国の競馬も例外でない。横浜を始め、開港した都市には居留地が設けられ、居留民の60%はイギリス人だった。彼等は例に漏れず、極東のこの島国でも競馬を行った。彼等によって日本に近代競馬がもたらされたが、その受容、変遷については次節で取り扱う。

第三節　江戸末期、明治初期における本邦の競馬

1　本邦の近代競馬の受容とその特徴

我国の近代競馬は内発的に発展して形成されたものではなく、近代という時代と同様に西欧によってもたらされた。その性格は、今の我々の競馬事業にも影響を及ぼしている。競馬の本質は馬を操ってその優劣を決めるものであり、それ以上でもそれ以下でもない。競馬とは本来、極めて私的なものである。日本にも「くらべうま」「きそひうま」と呼ばれる独自の古式競馬の歴史、伝統が存在した。しかし日本の近代競馬はそれとは異なり、現在に至るまで「官」の関与が極めて大きい。民間によって趣味の範疇で営まれるのが本旨の競馬が、日本ではなぜこうなのだろうか。日本に「近代競馬」をもたらした租界のイギリス人は、本国同様に居留地内で競馬を楽しみ、それに日本人も参加するようになる。しかしこの競馬は治外法権の租界内での出来事であり、日本人の参加も極一部に限られた。この競馬が日本で大きく発展するには、立川健治の言う所の「競馬以外のなにか[17]」の存在が必要であった。それは政治権力に他ならない。日本では、競馬も他の諸制度と同様、権力の手を借りて近代化された。政治権力によって誕生させられた、とも言えよう。競馬「自体」に価値を見出して保護するイギリスの王侯貴族と異なり、我国の政治権力は競馬を「ツール」として利用するためにこれを振興する。これは決して日本独自のものではなく、フランスをはじめとする大陸諸国と同じ系列に属する。

競馬は、当時の日本人には文明の象徴であり、近代を体現していた。当時の日本人や日本馬の身体性からは、「駈ける」行為すらが未知であった。所謂「ナンバ」歩きという側対歩を人間も馬も行っていた当時の日本で、近代の要請する身体性を獲得する行為は人間では学校教育での体操、スポーツによって、馬では競馬で改良されるしかなかった。その手段として、明治初期に競馬導入に尽力したのは宮内省、内務省、陸軍省、外務省だった。

外務省、宮内省は、天皇の身体性という点で競馬に期待した。明治政府は条約改正を目指すためにも国家の近代化を進め、日本の文明化の様を諸外国に懸命に強調した。天皇はまさにその象徴となった。明治6年（1873）3月以降、天皇は従来の化粧を止めて断髪したように、天皇の身体性の西洋化が進められた。行幸でも西洋化が進められ、鳳輦に代わって馬車や騎乗が主となる。その際に天皇が騎乗する乗馬や天皇の馬車をひく馬の容貌や性質が、まさに問題となった。自国の元首にまつわる馬匹を生産できないのは、その国の技術力、近代化度を疑わせるものである。天皇のみならず、皇族、政府高官の馬車用の馬は、国家の儀容に関わる問題だった。明治4年（1871）の「違式詿違条例」に見られるように、当時の日本には未だに裸体、立ち小便、混浴といった文化が存続していた。その中で、諸外国に近代国家の様を示すのは一大事であった。その為に天皇が活用されるとともに、文明の象徴であり、各国公使や名士の集まる社交場としての競馬場が注目されたのである。

内務省は、加えて殖産興業上の面からも馬匹改良を目指し、その手段の一つとして競馬に注目した。動力革命以前の社会では、馬は貴重な動力であり活機械である。長距離輸送には鉄道や船舶を利用するにしても、駅や港湾から目的地までの物資輸送で馬は重要だった。産業が発達して物資が増えれば増えるほど、それを輸送する手段として馬匹の性能と数量が必要とされる。従来型の駄馬に加えて荷馬車を挽く挽馬が求められたが、その様な文化伝統を持たない本邦では、適した馬種を最初から開発し、増産せねばならなかった。農業でも、トラクター等の普及以前には牛馬耕が如何に収穫性を上昇させるかは説明不要である。農耕や開墾の為に、強力な鋤耕能力を有する馬種の開発、増殖も必要だった。更に交通手段として、馬車鉄道や馬車用の馬匹も大量に必要である。それら馬匹の品質は、一国の産業力、技術力に直結するものであった。

陸軍省は、馬匹の軍事的価値から競馬振興に協力した。我国では欧州と異なり、馬匹が兵器として主力だったことはない[(18)]。明治維新を経て成立した士族中心の陸軍でも、さほど重要ではなかった。我国の前近代型軍隊では、馬匹に求める水準はそれでも十分だった。当初の国軍は諸藩兵の集成部隊であり、仏式、英式、普式、蘭式等種々雑多な兵式の部隊だった。明治３年（1870）に陸軍は仏式に統一され、明治５年（1872）の国軍創設では従来の士族中心の前近代的軍制が改められ、仏式に則って歩騎砲工兵各種部隊の鉄砲機具等が模倣された。だが馬匹だけは、体格等で著しく西欧の水準と隔絶していた。近代的な軍隊で必要な諸機能を当時の日本産馬は全く有していなかった。西洋的な意味での「乗せる」「輓く」「運ぶ」といった能力を有する、それまで想定されなかった能力をもつ馬匹需要が大量発生した。高性能を有する馬匹の調達が不可能だったため、陸軍はやむを得ず本邦生産馬の中でも体高四尺五寸以上のものを選別して用いていたが、まもなくそれすら補充に窮した。そのため、陸軍としては馬匹改良を一層必要とし、外国からの種牡馬の輸入や直接の官営牧場建設を目論むが、その手段の一つとして競馬にも期待した。

ここで各省に共通するのは、「馬匹改良」という「目的」（立川健治は競馬を語る「言語」と表現する）だった。馬匹改良が国家レベルの重要課題となり、その解決には馬政が必要との各省の共通認識だった。内務省や陸軍省の政策の中心は、洋種牡馬を導入し、在来種牝馬に交配させて在来馬を改良していくものだった。宮内省、外務省も、乗馬、馬車用の御料馬の生産、育成という目的でそこに加わる。そして効果的、効率的な馬匹改良の達成には、競馬による能力の検定、評価、選別が不可欠である。明治初期の競馬は、この「目的」の為に「近代競馬」を受容して自ら取り行なうという必死の試みであった。

2　社交としての競馬受容とその終焉

明治期の競馬については、当時の新聞資料等を綿密に検討した立川健治の研究が秀逸である[(19)]。この時期の競馬研究は少ない為、本節でもその研究に大いに負う所を特記する。

記録に残る日本最初の「近代競馬」は万延元年９月（1860）、居留地のイギリス人によって当時の横浜元村（現横浜市中区元町）で簡略的に開催された。[20]近代競馬を性格付ける競馬番組、競馬規則を正式に定めた本格的な競馬開催は、翌年の文久２年（1862）に横浜新田（現在の南京町）に設けられた１周約1200mの環形コースで行われた。[21]元治元年（1864）には生麦事件賠償の一環として、横浜居留地の都市環境整備改良を目的とする「横浜居留地覚書」[22]が締結されるが、その冒頭で幕府費用での競馬場設置が決められている。慶応２年（1866）、かねてから日本側に不利な「横浜居留地覚書」の改正交渉を進めていた幕府は、横浜の「豚屋火事」に発した大火を機に４カ国公使と協議した。その結果、幕府費用負担で根岸村の競馬場建設を実施し、年間借地料を100坪付10ドルとすれば「横浜居留地覚書」第１条を廃棄することが決まり、慶応３年（1867）に根岸競馬場が竣工した。根岸新競馬場建設に合わせて、居留民の間でヨコハマレースクラブが結成された。当時の競馬は、「相互間の賭金は公然行なわれるし、風景はよいし、競馬は彼等の飯より好きなものであったから、馬匹改良云々には何の関係もなく、唯娯楽として流行した」[23]ように、居留民のレクリエーションとして自己目的を有すものだった。しかしこの競馬は租界内の外国人のもので、いわば外国での出来事であった。

日本人による近代競馬の実施、即ち本当の意味での近代競馬の受容は、明治３年（1870）に陸軍省が主体となった競馬である。古式競馬である賀茂競馬は元禄７年（1694）に徳川綱吉が復興して以来存続していたが、それとは異質の近代競馬が東京九段の招魂牡（現在の靖国神社）で開催された。神社建設の際に五百間（約910m）の楕円形馬場が設けられ、兵部省から競馬が奉納された。この競馬は表向き「奉納」と言う古式競馬の形式を取ったが、古式競馬が基本的に二頭の馬によって直線馬場で争われるのに対し、招魂社競馬は楕円形馬場で多頭数にて争われたように、その性質は近代競馬であった。九段競馬は、軍人や軍馬の訓練や陸軍のPRの要素が強かったと思われる。[24]後の明治８年（1875）から根岸競馬が日本人にも開放されると、陸軍省は九段競馬の蓄積を生かし、省の事業として予算を支出して競走馬、騎手、

横浜名所之内　大日本横浜根岸万国人競馬興行ノ図

出所：馬の博物館蔵

明治３年秋開催　当時の根岸競馬場

出所：馬の博物館蔵

或いは自ら馬主として根岸の競馬に参加する。

宮内省主体では、明治６年（1873）に赤坂御所内で宮内省御厩課による天覧競馬が開催され、翌年からは吹上御所内で陸軍も参加した。洋式乗馬服を纏う陸軍、内務省、宮内省の職員が騎手となり、官馬や私馬を操り一周800mの馬場で技を競った。宮内省も馬や騎手を養成し、根岸競馬や興農競馬、共同競馬へ協力していく。

内務省（勧農局）主体で馬匹改良による農業振興のために開催されたものに、明治10年（1877）から開催された三田育種場競馬での興農競馬がある。明治初期の競馬をリードした各省が協力し、人馬資源や賞典等を援助した。これは、明治13年（1880）以降は原則的に明治天皇の行幸がなされる程の政府の重要事業だった。[25] ここには馬匹改良目的に加えて、社交目的もあった。政治的意図により場内は内外の貴顕紳士淑女が集う社交の場となった。

明治初期、競馬は軍事や産業振興よりも更に強く、社交のツールとして国家によって振興されていた。明治12年（1879）にはアメリカ元大統領グラント訪日に際して、宮内卿、外務卿による太政大臣への上申に基づく競馬が明治天皇御臨席のもとで開催された[(26)]。条約改正に向けて日本を文明国と認めさせる為、懸命の西洋式接待が国家事業として行なわれた。しかし競馬はともかく、宿泊や食事等の接遇制度の不備は大いに反省され、後に鹿鳴館外交に繋がることとなる。この競馬は松方正義ら競馬及び馬匹改良に強い関心を持つ陸軍を中心とし、そこに内務省中枢と外賓接待を担う名士が加わる陣容で、「社交と馬匹改良のベクトルの交錯が、共同競馬会社の設立、開催を実現させる契機[(27)]」となった。こうして日本初の日本人による正式な競馬倶楽部である共同競馬が設立され、その主催による競馬が明治12年（1879）に戸山競馬場で開催された[(28)]。横浜の根岸競馬場でも、当初はイギリス人によるヨコハマレースクラブが開催していたが、明治13年（1880）には日本人を大量に役員に含むニッポンレースクラブが結成される。これは明治12年（1879）の共同競馬、興農競馬設立と同一線上にある。明治14年（1881）から共同競馬への宮内省の関与が強まると、天皇の行幸も恒例化する。役員構成にも宮内省関係者が増え、共同競馬は陸軍省中心から、宮内省の全面バックアップを受けた「貴顕紳士」の倶楽部となっていく。しかしその様な政治性を強めるに連れ、立地性が問題となった。文明国をアピールして社交性を強調するには、「紳士」のみならず「淑女」をも巻き込んだ本格的な社交の場が求められるようになり、それには都の西北、郊外の戸山は不向きであった。

その結果、明治17年（1884）からは上野不忍池畔に移転する。上野は都心に近いだけでなく、内国勧業博覧会開催や博物館、動物園の設置など近代化日本を象徴する場所で、後に憲法発布記念式典、日清戦争祝捷大会などの国家的祭祀が開催されるなど特別な空間性があった[(29)]。上野不忍池競馬場の整備は国家事業として行なわれ、建設された上等馬見所（スタンド）は、非開催時には当時の最高級社交施設だった鹿鳴館や紅葉館同様に宴席に貸与されるほど立派だった。鹿鳴館落成は明治16年（1883）だが、不忍池競馬場との時間的一致は偶然ではなく、同じ政治的意図（立川健治に言う所の「鹿鳴館の思想」）でなされた。天皇行幸下で大規模に行われた明治17年（1884）の第

東京名所之内　不忍ノ池競馬会社開業之光景

出所：馬の博物館蔵

一回開催には、政府高官、各国公使ほぼ全員が参加した。明治天皇や政府高官が頻繁に競馬場を訪れたのは、各国公使等の社交場である競馬場に着目し、競馬場とその運営を通じて日本の文明化、近代化の様をアピールする目的だった。文明国の社交の場である競馬場を舞台に、西欧人に対して近代国家に相応しい振る舞いを見せること、また競馬開催を整然と行なえる能力を顕示するといった国家政策としての欧化政策の一環として、競馬が利用されたのである。[(30)]

このように、競馬は社交のツールとして盛況を極めたが、逆にそれ故に衰退を始める。明治20年代は近代国家が一通り確立し、最初のナショナリズムが昂揚し始めた時期でもある。欧化政策、鹿鳴館に対する批判も強まり、もてはやされた鹿鳴館レディーも憎悪の対象となった。[(31)]条約改正案漏洩により、欧化政策に反対する政府内勢力や在野勢力は勢い付き、井上馨も外相を辞任する。条約改正問題は三大事件建白運動の一因となり、伊藤内閣自体を辞任に追い込む。その結果、競馬場を訪れる貴顕淑女は激減した。社交手段として馬を所有していた倶楽部会員の激減は出走頭数を減らし、競馬自体をつまらなくした。

また血統概念を致命的に欠く当時の日本では、競馬の根幹を成す「血統」に対する意識が希薄であり、血統偽籍も問題化した。そうすると、出走頭数減少ともあいまって、本来の使命である馬匹改良の能力検定の用も果たし得なくなってしまう。折からの不景気で政府財政も緊縮し、陸軍省や内務省も自ら生産していた雑種馬を大幅に減らした。明治22年（1889）以降、陸軍省と内務省は競馬の本源的機能を果たし得なくなった共同競馬から撤退する。社交という目的を失い、馬匹改良というレゾンデートルをも失った共同競馬の存続は困難であった。最終的には、農商務省の管轄であった競馬場敷地が市区改正事業に伴って契約更新できなかったことで、共同競馬は消滅した。

当時、社交としての競馬の重要性は認識されるも、馬匹改良の重要性はまだ緊急性を認められていなかった。遡って明治17年（1884）の農商務省畜産諮問会にて井田譲陸軍少将が、「これまで執行した競馬は、一見娯楽的の惑があるけれども決しでさうではなく、実は馬匹改良の定形であると外国の例を引き、益々馬匹の改良を図るために、明春より毎期良馬を出場せしめて、優良馬の産地を明らかにする[(32)]」と大いに説いていたが、まだ期は熟していなかった。政府は競馬振興を完全に放棄した訳ではなく、宮内省は根岸への関与を続け、天皇の行幸も続行されていた。だが松方財政が農村部に与えた打撃により地方の産馬も縮小し、深刻な馬不足になった。更に農商務省と陸軍省による馬政方針を巡る対立も影響した結果、明治10年代後半には居留民の競馬への意欲も後退し、明治21年（1888）を迎えようとする前後には居留地競馬は存続も危ぶまれるほどになったのである。

第四節　当時の馬券と賭博感の形成

1　明治初期の馬券

日本最初の馬券発売は、奇しくもそういった明治21年（1888）秋の根岸開催であった。しかし居留地競馬では、以前から当然に賭けがなされていた。太古の時代から、古今東西、競馬には賭けが付き物である。原初的な賭けは知己同士の賭けだが、後の駐日公使アーネスト・サトウの日記に、横浜の競馬に賭けの記載がある。[33]この賭けは後に進化して、日本では通称「ガラ」と呼ばれるロッタリー形式[34]とブックメーカー形式[35]の賭けになった。日本人の手による競馬である九段競馬等でも、当時は相撲や祭りに際して当然のように賭けが行なわれていたので、観客同士の賭けは普通にあっただろう。[36]社交要素が加わった以降も、社交のスパイスとして賭けは不可欠であり、戸山競馬でのグラント元大統領子息と黒田清隆、西郷従道との賭けのエピソード[37]が報じられているし、上野不忍池競馬場ではスタンド前の芝が賭け相手を探すスペースだった。[38]立川は、競馬の賞金を政治資金にする内容を含む須藤南翠の『緑蓑談』を紹介し、競馬の「いかがわしさ」も当時は絶対的でなかった[39]としている。政府が競馬から手を引きはじめるのとは別に、この馬券によって競馬は庶民に広がっていった。しかし、それに対する反作用も存在した。

2　自由民権運動と博徒

明治政府は賭けを公認していた訳ではなかった。増川宏一は、明治初期の賭博犯への対処が数年ごとに揺れ動いていたことを指摘する。[40]明治政府最初の刑法典にあたる仮刑律以降、新律綱領、改訂律令では賭博に対して刑罰を科していたが、（旧）刑法下ではフランス法の影響が現れ、賭博は現行犯以外では逮捕されない旨が定められた。同時に「治罪法」が制定されたため、官憲の面前での賭博以外はほぼ解禁となった。しかし明治15、16年（1882～3）に全国に巡察使を派遣して国情調査を行った結果、賭博の恐ろしい蔓延振りを見る。関東の五県令から行政処分による博徒取締まりを伺う意見書が提出され、巡察使からも賭博取締の意見書が出るにつけ、政府は取締策の必要を痛感する。そこで明治17年（1884)、突然の太政官布告が発せられた。この布告は僅か５年後に明治憲法に抵触するとされて廃止されたように、明らかに問題があった。布告理由としてあげられたのは、賭博取締まりが殆ど不可能なこと、博徒による争乱が生じていること、博徒で破滅する旧家がでていること、地方官から内務省管轄下に博徒取締まりの要望が多く出されていること、博徒勢力が予想以上なので行政処分に委ねて各地の巨魁を駆逐して欲しいこと、などであった。[41] 増川はこれに疑問を呈する。1つには、周到な準備と検討を経たはずの刑法を一時停止するという近代国家として有り得ない、明治維新による諸改革を否定しかねない危険性を敢えて冒している点、2つめは賭博犯とされた者は正当な裁判手続きによらずに三日以内に処分を決定し、上告を一切認めず、しかも呼称を「懲役」でなく敢えて「懲罰」とし、獄衣迄も区別するという差別を便宜的に行っている点、3つめが、刑法条文停止によって再び風聞による逮捕や拷問による罪状の強要、夜間の家宅捜索を可能にした点、4つめが処分に対する刑罰が非常に重く、更に賭博未遂も処分されるようになり、見物人の所持していた金銭まで没収となっている点である。[42] こうして厳重な取締まりが可能になったのにも関わらず、賭博犯の検挙者数は約25%しか増加せず、明治19、20年には再び16年の水準まで落ちている。増川はこの布告の真意を地租改正と松方財政下での反体制勢力先鋭化対策とする。特に困窮した農民層は、幕末期の農民一揆の頻発を想起させていた。同時に高揚期を迎えていた自由民権運動は、明治13年（1880）の国会開設請願大会に委託者10万人を集め、これは更に翌14年には13万人になっていた。地方巡察使は、自由民権運動、農民一揆を偵察する役割も帯びていた。そして博徒は恒常的な組織を持ち、武器を貯え、縄張り争いで戦闘訓練も為されていた。西南戦争によって旧来の武装勢力である士族が解体されて以降、軍以外の最大の武装勢力は博徒であった。こうした武装集団と農民一揆、自由民権運動との結合を政府は警戒したのである。現に尾張藩が幕末に博徒を結合して編成した草莽隊は、自由民権運動と結びついて名古屋事件に関与している。[43] 太政官布告はまさに、自由民権運動から分裂した過激派が福島事件を皮切りに、群馬・加波山・秩父・飯田、名古屋、さらに翌年の大阪・静岡と事件を起こした時期に出されている。その意図は、博徒と農民一揆、自由民権との分断にあった。既に度重なる禁令によって、博打自体を罪悪視する視線がある程度は形成されていた。博徒の行動自体も、庶民からは顰蹙を買うものだった。挙国体制で富国強兵に励む中、遊惰の輩としての博徒は、心情的に支持され難かった。そこで、博徒に“低俗で理念の無い分子”のスティグマを焼き付けて嫌悪感を強化し、博徒の戦闘力と自由民権運動、農民一揆を分断したのである。処分規則では賭場を開いて賭博をせずとも、徒党を組む、武器を携える、近隣に示威行動する、だけで一年以上十年未満の懲罰を処せた。これは賭博取締りというより、自由民権運動を意識したものである。「性急で極端な賭博弾圧は、当時の政治情勢と深く関連していた。賭博をせずとも、首領の招集に応じれば処罰する太政官布告の文言は、博徒でなくても結集したものを逮捕することが可能になった、という所に真意が隠されていた」[44]。処罰規定では博徒に著しい重罰を課し、上告も認めないで処分が下された。政府は博徒を見せしめとして厳罰し、民衆の博徒への忌避感と嫌悪感を増進させた。博徒への嫌悪感、忌避感は強固になり、この感情は賭博自体へも向かう。本来、「賭博」は「博徒」の占有物ではないが、博徒への強烈なイメージ故に「賭博＝博徒」の意識ができ、賭博への嫌悪感、忌避感を萌芽させた[45]。

3　明治期の賭博と階級

この明治17年から22年の6年間は、政府の意図とは別に明治の競馬が絶頂期を迎えた時期でもある。増川は「中世から支配者は遊びに興を添えるものとして勝負に賭け、処罰されることはなかった。他方、被支配者層に対しては、賭博は規律の弛緩を来すものであり、庶民の怠惰の原因として禁止された。賭博に負けた結果、強盗を行うという理由で、賭博への観点ははなはだ階級性の明白なものであった」[46]と賭博の階級性を指摘するが、この階級性は競馬にも見受けられる。刑法を停止してまでの厳しい賭博取締まりを行う一方、上流階級は貴侈な賭博（競馬）を堂々と行なっていた。賭博への嫌悪感、忌避感が既に完成されていたならば、賭博は「内面」から律すべき存在となり、上流階級であっても嗜みとして求められることはない[47]。殺人や窃盗等のように、誰に対しても倫理やモラルとしての問題を形成するからである。しかしこの時点では、まだこの賭博忌避感が形成途上であった。それ故、上流階級や学問教養のある者にとって、賭博は倫理的に問題とされるものではなかった。[48]

だが、自由民権運動対策で形成された博徒への負のイメージを転嫁されつつあった賭博は、当時、同様に「いかがわしさ」を強く感じさせた鹿鳴館の上流階級への反感とも結びつく。競馬が、ナショナリズムと結合した欧化主義（「社交」）への反感[49]の煽りを蒙ったのと同様、賭博も反感の対象となっていく。以前の新聞の競馬に対する報道は、大概「貴顕紳士淑女」の集う社交場としてで、賭博があるのは自明であったとしても、それに負のイメージを付与したものは少なかった。しかし、国粋主義の台頭と賭博忌避感の発生により、競馬に付随する賭博自体までもが問題視されるようになった。[50]その賭博観の完成は、法官弄花事件[51]に見られる。賭博自体、賭博したと噂されるだけで、裁判官のモラルに関わり、辞職に値するという意識がこの時には形成されていた。[52]従来は上流階級の教養とすらされた賭博を叩くことが、社会的・文化的にナショナリズム側に立つ「正しい」こととなった。ここにおいて上流階級に対しても賭博の意味が転換し、かつては修養とされていたものが、実行せずとも関心を持つだけで非難されるべき存在となり、忌避され始めた。被支配者に向けられていた賭博を巡る施策が、経済状態やナショナリズムの台頭と合わさった結果、支配者層にも影響を及ぼした。これは、富国強兵を至上目標とする国家が推奨する「労働観」とも親和性があった。博徒を「遊惰の徒」として蔑視する目、近代化・列強入りを目差し、御国の為に懸命に働く「労働観」が、国家によって強調されていく。

国民を内部から拘束する「博打＝悪」の意識構造の確立は、「収益事業」の基本を為す。これが完成すると、「賭博＝悪」を為すにはより高邁な「目的」を必要とすることが「内面」から要請される。馬券の賭博性には異論もあったが、「社交」に付随して「いかがわしさ」のイメージを担った「競馬」には、以降「賭博」の悪イメージも付与される。「賭博＝悪」なので、「競馬＝悪」であるとの三段論法の下、競馬は「ツール」としてのみ存続が許されるという意識が形成される。かくして、自明だった競馬自体を娯楽とする競馬観[53]は放追され、競馬導入の為のお題目に過ぎなかったかもしれない

「目的」を常に必要とするようになった。これこそ、序章で述べた「収益事業」の特徴①後段部分の形成過程に他ならない。この構造は、後の（新）刑法の施行と馬券の禁止によって完成されることとなる。

4　本格的な馬券の登場と挫折

1で触れた明治初期の馬券は、今日のものとは異なる。「ガラ」の収益は殆ど主催者に払われず、ロッテリー主催者の手に入った。大規模な馬場の建設、維持、高価な馬匹を多数出走させるための賞金など、競馬開催には多額の資金を要する。競馬主催者の収入は主に会員の会費と出走登録料で、他に入場料、寄付のみであったためにどのクラブも慢性赤字に苦しんだ。競馬自体は大きな赤字事業でありながら、他の「目的」のツールとして有効であるが故に、陸軍省、宮内省、内務省等は予算を費やしてそれに協力し、開催が可能だったのである。

競馬の効用は、第一にはレースに向けての騎乗技術や調教技術の進歩があげられる。次が馬匹需要の創出である。特に社交的意味合いが競馬に付された場合、活躍馬の所有は大変な名誉だった。多額の出費をしてでも優駿を求める会員が増加し、馬匹価格が上昇すると同時に市場が拡大する。その結果として馬産が拡大し、本邦全体の馬匹改良が進展するとの目論見がなされていた。加えて、能力検定の役割も果たした。

しかし、社交としての競馬の崩壊によって、会員が馬を所有するインセンティブは失われた。会員減少は出走頭数減少につながり、それは競走の興味を削ぎ、一般入場者も減らして競馬は危機的状況となる。その窮地を救い、以前以上の繁栄をもたらしたのがパリ・ミチュエル馬券導入である。これは様々な利点を持つので今でも世界の多くのギャンブルで用いられており、公営くじを含む収益事業も全てこの方式に依っている。その利点は、主催者の不正排除が容易な点である。パリ・ミチュエルでは、結果に関わらず主催者の手元に一定割合の収益が確保できるために、顧客に不要な嫌疑を生じさせず、安心して馬券が購入できる。安定した多額の収益をもたらすために主催者は安定して事業を営め、施設改善や賞金増額が可能となり、会員も競走馬を安心して所有、出走させられる。賞金で馬代金を回収できる目処が立つことで、会員も高額な馬匹の導入が可能となり、明治27年（1894）には豪州から高価な競走馬が輸入されるレベルにまできた。かくして危機的状況にあった根岸競馬は、明治21年（1888）秋季開催からパリ・ミチュエルを導入して自ら発売し、1600＄の売上を収めた。１枚１ドルの単勝馬券で、クラブに入る手数料は１割であったから、従来の収入とは別に更に160＄の収入を確保したことになる。クラブの状態は好転し、日本人の保護を必要としない財政基盤を整えていく。

但し、パリ・ミチュエルは（旧）刑法第262条の「富くじ」に該当し、治外法権の横浜だけで可能だった。これに類する形で、観客から入場料を徴収して、それについてくる投票券で景品を賭けるという「抽籤券付前売入場券」が明治14年（1881）の興農競馬で試された。この券は人気を博して、場内も満員立錐の余地がないほどであったという。しかしフィリピンのマニラ政庁発売のマニラ・ロッタリーが横浜、築地経由で発売され大流行した為、明治15年（1882）には太政官布告第二十五号で富籤及びその類似行為の取締りが強化されてしまった。その結果、抽籤券付前売入場券もその煽りを受け、挫折してしまった。

第五節　軍事ツールとしての競馬振興

1　明治初期の馬政

明治20年代初期に競馬は社交ツールとしては政府の支持を失うが、軍事ツールとして再度政府の支援を得た。既述のように、帝国主義時代には馬匹性能は陸軍力に直結した。我国では、歴史的に馬匹は欧州に比して兵器としては重要でなかった。その結果、馬匹改良が進まず、品質も悪かった。馬匹は農業でも西欧ほどの重要性を持たず、小規模区画の耕地を賄えれば十分だった。道路網も整備されず、馬車も欠いていたため、馬種を改良、開発する必要性は薄かった。

陸軍は、部隊の近代化を通じて馬匹改良の必要性を痛感する。陸軍近代化の渦中、本邦の馬事文化になかった様々な能力や技能（曳航力や牽引力、ドレッサージュ等の馬技、側対歩でない駈歩等）が馬匹に求められた。しかし、当時の在来馬はこれを有しなかった[54]。陸軍はやむを得ず体高４尺５寸以上のマシな馬匹を軍馬に選んだが、それすら確保が困難だった。総馬数こそ在来種を含めれば十分だったが、体力、性質等は劣悪で、軍馬需要に到底耐えなかった。そこで陸軍省、内務省、宮内省は洋種馬を導入して馬匹改良を試み、その促進の為に競馬に参加した旨は既述の次第である。馬技を奨励し、騎乗技術、調教技術を高めるべく、競馬が振興された。新たな身体性への対応は将兵にも求められ、競馬はそれにも叶うものだった。

だが近代に至るまで、日本人には決定的に血統の概念が欠けていた[55]。明治５年（1872）に外国から種馬を輸入するも、「西洋の文物が維新後に輸入された様に、唯西洋の馬が良いから其の種を輸入したならば、日本の馬も改良されるであろうと云ふような、至って漠とした考え[56]」に過ぎず、繁殖も野合での自然繁殖を前提にしたので、血統更新や品種改良は遅々として進まなかった。せっかく輸入した高品質のサラブレッドも血統書を蔑ろにし、「ミラ」のような所謂「サラ系」を生んだ。

それでも何とかなったのは、当時が騎兵の振るわない普仏戦争の時代であり、フランスに陸軍の範をとった為に騎兵に比較的熱意が薄かったからである。馬匹需要の計量も、内地防御の範囲で計算されていた。国内は山地が多く、軍馬使用も少ない為、国内戦に基づいて計量された需要量は少なく、馬匹改良増殖の必要性も低く評価された。農業利用についても、小規模な我国の農地ではそれほど馬匹改良の必要に迫られていなかった。

しかし、至急の政策目標だった列強からの国防が達成され、次なる国家目標が大陸進出となると、日本陸軍の用兵戦略は一大転換を強いられる[57]。用兵の基本目的が国土防衛の時は、狭量で平野に乏しい国土での防衛戦闘を念頭に鎮台方式の軍備が採られ、馬種計量もこれに基づいた。しかし大陸進出を想定した師団制[58]に移項するに及んで軍備一変の必要が生じ、馬匹改良も必要となった。[59]

農業や産業における馬匹需要も、大陸進出を想定するようになると事情が異なってくる。陸軍は積極的に各種競馬に馬匹や将校を参加させて技術習得に努めた。軍馬については、明治19年（1886）に選別基準を定め、明治26年（1893）には軍馬補充所を設置する等の努力はしていたが、改良の方法論が確定しなかった。洋種輸入にも計画性が無く、血統概念も欠くために、一回雑種も不注意な交叉繁殖、計画無き劣格な内国産種牡馬の濫用により、その体型を一変して退化傾向にあった。更に、改良する馬匹も陸軍省は欠点の無い軍馬を、宮内省は美麗な逸物を、内務省は一般に馬質の良好なものをと三者三様で、統一した改良方針が無い為に効率も上がらなかった。[60]

2　日清戦争、北清事変、日露戦争の経験

その状態で明治29年（1896）の日清戦争に突入する。清は騎馬民族であり、満州騎兵には欧米人も敬意を払っていた。一方、我軍は騎兵隊を構成しうる馬匹が極めて少なく、騎兵戦力は乏しかった。また輓馬、曳馬も極めて不足していた。それでも何とか、それまでに育成していた軍馬と戦時徴発した民間優良馬２万５千頭を大陸に輸送した。しかし国内トップクラスの馬匹ですらも品質は劣悪で役に立たず、任務に人夫を用いざるを得ない程だった。これは極めて不経済のみならず、危険だった。近代総力戦を戦うのに十分な量の馬匹を確保するには、国内総馬匹の品質向上が必要だった。更に国民の馬事思想の薄さから来る、兵卒の馬匹取扱いの劣悪さ（殊に都市部出身の兵は馬匹の扱いに慣れてなかった）は、気性に問題のある日本馬の性能を更に劣化させた。馬匹の性能面のみならず、近代的な馬事思想を国民に涵養するという人間への対策も求められる所となったのである。

日清戦争では、近代式装備と火器を備えた日本軍に対して旧来型の満州騎兵は優位性を保ち得なかった。日本騎兵は微弱だったのに、任務を果たせえたのである。「砲兵として、又輜重兵として、能く軍隊の威力を発揮するといふ点に至っては、甚だ困難を感じた次第であった[61]」にも関わらず勝ったこ

とで、後の馬匹改良、特に輓馬改良は必須だったにも関わらず大きく遅れた。

明治28年（1895）、総合的馬政を考える「馬匹調査会」が設置され、「馬匹改良は国防上の必要に基き乗、輓、駄の各用途に適切なる馬匹を産出」するとの方針が定められた。全国に種馬牧場を設けて種馬を繁殖し、種牡馬所10～20個所、種馬育成所１個所を設置して民有の牝馬に種付けさせた。明治30年（1897）には種牡馬の海外購買を実施し、在来和種との混血で体型を改良した。下総や新冠の種畜場等（後に御料牧場）のみで生産されていた雑種馬が、各地で生産され始めた。しかし、効果はすぐには現れない。明治33年（1900）の北清事変では、日本在来和種の体格、能力、気質全てに及ぶ劣悪さを再度痛感する(62)。近代兵器の博覧会となった北清事変で帝国陸軍の精強さは列強にも評価されたが、軍馬は例外だった。日本軍馬は「馬のような格好をした猛獣」と評せられるほど酷く、馴致調教もできておらず輸送の際にも暴れ、列車での輸送を外国士官に拒否されたほどであった(63)。

それでも馬匹改良は遅々として進まなかった。洋種による改良を進めたにも関わらず、日清戦争から日露戦争までの間で、国内総馬数に占める在来和種の割合は６％しか減少しなかった(64)。当時の財政状況は、戦後経営の為に極めて苦しかった。陸軍・農商務両省が馬匹改良費を大蔵省に要求した際も、大蔵省当局は「馬匹改良費の為に新税を求むることは、計量上困難なる許りでなく、政策上其の當を得ない(65)」との意見だった。来るべき世界一の陸軍国ロシアとの戦争では、今まで以上の機動力と火力が必要となるのは明白だった。戦線の拡大は当然予期され、現代で言うトラックや戦車、ジープに相当する活兵器である馬匹の性能は、日本民族存亡にも繋がりかねないものだった。しかし日清戦争に現状の馬匹で勝利した為、財政困窮の折りには馬匹改良の必要性が軍部以外には納得されづらかった。

明治37年（1904）、この様な状態で日露戦争が始まる。ここでは日清戦争よりも遥かに戦線が拡大し、補給線も伸びて馬匹の重要性は大きくなっていた。更に火器が大型化し、ますます大量の高性能の馬匹を必要とした。陸軍省の軍馬３万頭では当然間に合わず、民間からの徴発や購買を入れて17万２

千頭が準備された。それでも戦闘が一年間継続した場合には馬匹資源が枯渇しかねない状態であった為、急遽豪州から１万頭を輸入した程だった。徴発した多くの国産軍馬は、上陸した朝鮮、満州からの悪路での強行軍によって戦闘前に早くも損耗していく有り様で、現地で更に支那馬を調達せざるを得なかった。当時の馬政水準では、戦時に必要な馬匹の動員体制すらままならなかった。戦闘でも、ロシアの優秀なコサック騎兵に苦戦を強いられる。日本騎兵は強力なロシア騎兵に対して善戦したが、絶対数不足から苦境に立たされた。騎兵に用いられる馬匹量の圧倒的な少なさ、質の悪さは如何ともし難かった。欧州の兵法家も、「奉天会戦の際、日本軍にもし新鮮な騎兵一師団があったら、恐らく露国は無条件降伏をしただろう[(66)]」と述べたという。日露戦争では、秋山好古らにより日本騎兵の礎が築かれたが、その効果を最大限発揮させるにも馬匹改良が急務だった。

3　日露戦争後の馬政と競馬

日露戦争開戦直後の４月、御自身も乗馬をこよなく愛され、馬事に御造詣の深かった明治天皇から、陪食に際して馬匹改良の勅諚が出される。それを受けて戦時中にもかかわらず臨時馬政調査委員会が組織され、「馬匹改良30年計画」が定められた。終戦直後には、明治天皇の詔を報じ、国家事業として馬匹改良事業が進められた。全国総馬数の確保、改良雑種化種馬牧場と種馬所、種馬育成所の設置が行われ、全国の馬政を統一して管轄する「馬政局」が設けられた。これで、従来の農商務、宮内、陸軍各省バラバラの施策を体系化できた。更に馬政諮問機関として馬政委員会が設けられた。陸軍の馬政は、平時には軍隊及び役所繋養の軍馬に適切な訓練を施して能力の発揮を期し、戦時にはこれを基幹として民間より徴発した多数の馬匹を同化訓練するものであり、国内中の民間繋養馬の品質向上も必要だった。

150万頭の確保とその 1/3 の雑種化と言う30年計画の目標は、官営牧場だけでは到底成し遂げられない。そこで民間の産馬熱を高め、民も巻き込んで馬匹改良を行わねばならなかった。馬匹調査会では、民を巻き込む良策を求めて諸外国の政策を調査した結果、馬匹改良の唯一無二の方策は競馬奨励であるという結論に達した。そのプロセスは、賞金を供する競馬開催によって競走馬への投資を回収可能とする。すると競走馬を所有する民間人が増え、馬匹需要が伸びて馬匹価格も上昇する。それによって馬産が振興され、民間牧場も積極的に馬産、品種改良に乗り出す。その結果、民間資本によって高額な外国産馬が多数、競走馬や繁殖牝馬、種牡馬として輸入され、政府導入だけでは不十分な数量を増やしてくれる。更に、競馬で能力検定を行うことで、外見だけではなく心肺機能等の総合的な能力も判断できる。能力的にも優れた優良種を繁殖に供することで、馬匹改良の効率も上がる(67)。そして、国内で優秀な成績を収めた馬匹が多数誕生し、それらを国内各所に配置することで、品種改良用の種牡馬が全国で利用可能となる。この一連のプロセスを作り上げるには、競馬しかない。従来の日本では、馬匹の大量購入先といえば軍馬しか存在せず、しかも軍馬は優良馬でもさして価格が上昇しないので、民間に馬匹を改良しようという意欲を喚起させられなかった。

このプロセスを確立すべく、各府県の産馬組合奨励、競馬会（競馬を開催するための民間団体）の設立、競馬会や祭典競馬への補助金付与、競馬場裡の博戯を公許、等の案が検討された。こうして、社交と賭博と関連して一度は国家によって見捨てられかかった競馬は、今度は馬匹改良のツールとして再び国家の後押しを受けることとなる。ここに「鉄床で鍛え上げられた馬と馬事文化(68)」である我国競馬事業のルーツを見る。「戦前に行なわれていた競馬の目的は、馬改良の原々種サラブレッドの能力検定と解釈するのが正しく、国民の生活に余裕を与える目的で、レジャーのため、あるいは公営のギャンブルとして行なわれていたのではない(69)」のである。

第六節　馬券黙許

1　馬匹改良の特効薬としての馬券

こうして宮内、内務、陸軍省は競馬振興に向けて協力し合うため、元鹿児島県知事で中央産馬会事務長の加納久宜子爵を中心に東京競馬会を国策として組織させた。東京に設ける競馬会には、今後も各地で設立させる競馬会の模範を期待した。陸軍省は、競馬を軍馬補充と資質改良に益ありとみなし、実務担当として陸軍中尉安田伊左衛門を送り込む。

しかし競馬会設立の段になり、趣旨に賛同する者は多いものの資金確保に困難を極めた[(70)]。そこで政府は、馬券を黙許して運営資金を支弁させることとした。馬匹改良に有益な競馬を支えるツールとしての馬券である。共同競馬や興農競馬没落の経験や、馬券発売で成功したニッポンレースクラブの例から、常設競馬に馬券は不可欠なのはわかっていた。明治13年（1880）の旧刑法公布で公然賭博は禁止されていたが、根岸競馬では治外法権の関係で明治15年（1882）以来馬券が発売され、治外法権撤廃後もイギリスとの外交配慮から黙許されていた。それを先例とし、黙許で折りあいをつけようとした。当初、陸軍省は「競馬場裡の博戯（馬券）」を「公許」する方向を唱えたが、刑法内の例外規定設置に反対する司法省との折衝の結果、治外法権撤廃後の横浜と同様の例外的黙許という形に落ち着く[(71)]。特別法制定で刑法の違法性を阻却する「収益事業」の法的枠組みは、ここにはまだ見出せない。当時、既に（旧）刑法の賭博に関する規定を改正する方向に省内の大勢が定まっていた司法省は、この時点から競馬に反対だった[(72)]。そこで公許ではなく、黙許で調整された。関連する大臣で馬券黙許が合議され、「競馬賭事取締まりに関する農商務、陸軍、内務、司法大臣議定書」が押印文書化される[(73)]。合議書の「付箋」では、「馬の体格により勝敗に就いて自己の主張を確保するが為に些細の金品を賭けるが如きは敢差支はなからう[(74)]」との規定を設け、この条件に適う場合にのみ馬券は黙許されるとの論理だった。

その意図は、「競馬施行によって国民の馬事思想の普及をはかり、相当額の賞金を優勝馬に授与して生産者の良馬生産と馬の資質改良を促進せしめること[(75)]」のように、純粋に馬匹改良に向けたサイクルの構築にあった。サラブレットは血の固定化、品種改良に必要であり、民間にその輸入を促進させ、軍馬以外にも多量の馬匹の需要を創出することが求められたのである。合議書中には、「観客これをもって爽快の娯楽と為し、相俟って爽快の流行を致

馬券黙許時代の東京競馬会の馬券

出所：馬の博物館蔵

しその盛況を極むる」と競馬の娯楽性についての言及も見られるが、勿論娯楽が主目的ではなかった[76]。そこには、日清日露戦争で見られた兵卒の劣悪な馬匹取扱いを是正する為の馬事思想涵養手段としての目的も含まれている。馬券は直接的には馬匹改良にとって有益であるが故に黙許されたのであるが、間接的にも国民に馬事思想を広め、戦時の軍馬の取扱いに少しでも理解を深める効果を持たせたいと期待されていた。このように、日本の馬券は観客が間接的に競馬に参加して楽しむ「遊び」ためのものではなく、誕生時からあくまでもツールであり、そこには軍事的な性格が含まれていた[77]。

合議書で実質上の馬券発売の担保を得て、明治39年（1906）には閣令第9号で産馬奨励規定中に競馬会に関する規定が設けられた。この競馬会は民法第34条による法人（社団法人）で、馬匹改良上有益と認められるものに褒賞を授与するものである。同月の閣令第10号「競馬開催ヲ目的トスル法人ノ設立及監督ニ関スル件」では、1マイル以上の馬場や施設の整備、毎年の新馬導入、年二回以上の開催等が義務づけられた。単なる利益追求目的の競馬開催を禁じ、あらかじめ定められた条件に合致する施設をもつ団体にだけ、馬券を伴う競馬施行の権利を与えた。この馬券発売を黙許される競馬会が民間会社なのを忘れてならない。現在の競馬が「収益事業」のような国家100%出資の特殊法人や政府直営で営まれているのとは大きく異なる。当時の競馬制度と現行競馬制度の間には、制度面の連続性は見られない。その変化はいつ、いかにして生じたのか。本書では、その過程を追って解明していく。

このように、この時期には競馬の直接効用が期待され、そのツールとして競馬、馬券は振興された。競馬倶楽部の益金は馬事振興に供すべく定められたが、現在のように利益を他に転用すべく期待してではなかった。当時、馬券の控除率や収益の使途の規定は見られず[(78)]、余剰金の幾分かを産馬奨励に使用するとだけ定められていた。こうして日本の「近代競馬」は、娯楽・レジャーとしてではなく、軍事的目的の手段として再び歩み始める。

2　馬券の興隆と弊害

明治39年（1906）11月、東京競馬倶楽部池上競馬場で日本人倶楽部による馬券発売を伴う記念すべき第一回の競馬が開催された。設立当初、馴染みのない近代競馬がどうなるか懸念されたが、競馬場は大盛況だった。明治40年春季４日間の競馬売上げは当時の巡査の月給が15円の時代に、池上競馬200万円、川崎競馬190万円、全競馬場で1340万円にも上った[(79)]。当時の馬券はアナ[(80)]が１枚５円、ガラが10円と極めて高価だった。馬券発売が実際に儲かることが判明すると競馬会設立申請は濫立し、馬券黙許以来の２年間でその数は200余件に及んだ。日本各地に15の競馬会[(81)]が新規設立された。根岸競馬もニッポンレースクラブを経て日本レース倶楽部となり、民法に基づく社団法人格を持つ競馬会となった。

しかし、これに着目した馬匹改良を目的としない不良施行者が濫立する。競馬規則では競馬開催は非営利団体だけが可能なのに、別の営利会社等が非営利会社を設立して施設所有者に祭り上げた。馬券売上から賃料名目で多額の資金を流用して暴利を貪る主催者が続出し、競馬は世間の非難を浴びた[(82)]。

メートルと呼ばれる馬券票数表示の疑惑や、投票締め切り後に競馬会役員が馬券を持ち出すなどの疑惑が新聞で非難された。騎手や馬主の不正行為も明らかになり、高配当となったレースで騎手が勝負服のまま払戻しを受ける光景も目撃された。

当時は観客、施行者ともに競馬に不慣れで、騒乱事件も頻発した。東京近辺では、馬券発行に手慣れた横浜の外国人に発券業務を請け負わせて大過なく競馬開催が行なわれたが、新潟や京都では馬券の計算を間違って大紛争が発生した。これは両面性を有し、「横浜競馬では以前から馬券を発行したが、わが邦人のあいだには、さまで注意をひいた模様も無かった。その理由の一つは、横浜地方の人々は馬に対してなんら興味をもっていなかったこと、競馬の方法がそれ自体整備していたので番狂わせの競走も少なく、したがって勝馬の配当金も人々の注意をひくほどの多額にのぼらなかったからであった。ところが池上競馬では、出場馬匹の資質が非常に雑多で、番組の組み合わせも職員の不慣れから公平でないものもあったので番狂わせが頻発し、はなはだしいのは、一枚五円の馬券で数百円の配当を得たものもあったほどであった[(83)]」ように、興味を喚起する要因ともなった。

馬券黙許に際しては、当然のように弊害が生じた。馬券購入が無制限であった為、賭けへの熱狂で身を持ち崩す人間が増えた。当時の新聞によれば、「何等馬匹を鑑定する素養のない者が、一時の僥倖を期して馬券に熱中し、勝てば更に買ひ、負ければ自暴自棄になって罪を傾け、場内に酒をあふつて芸を食とする夫人と狂ひ、遂には身を誤って所謂競馬ゴロに堕落し、或は必勝を希ふの余り騎手を買収せんと試み、以外に得た払戻しの大金を一夜に遊蕩に費やすなど、成程良識者の眉を顰めそうな弊害や犯罪がかなり頻と生じた[(84)]」という状況だった。賭けに熱中し過ぎて破産する者が現れ、新聞に大々的に叩かれた[(85)]。日本社会もまだ近代文明社会への過渡期であったために国民の教育水準や馬事思想の普及も不十分[(86)]で、その結果として競馬で破産するものが続出した。

ついには国会でもこれを見過ごせず、競馬の弊害が議会でも問題とされた[(87)]。

政府も対応策を取らなかった訳ではない。明治39年（1906）にはガラ馬券を禁止した。これは馬匹の鑑定眼に依らない全くの偶然によるもので、先の司法省の論理からすれば賭博に該当した。その結果、黙許される馬券はアナ馬券のみとなった。明治41年（1908）には、馬券を一枚５円から10円に値上げした。庶民がうかつに手を出さなくすることで射幸心増長の弊の抑制を図り、同時に入場料を高額にさせて中流以下の階級を排除しようと試みた[(88)]。また馬政局通達を発し、従来は競馬をできるだけ多く開催させるために開催回数を年二回以上としていたのを逆に春秋の二回に限定して、それで狂乱の拡大を制御しようとした。しかし、日露戦争後の民意弛緩と初めて登場した“国家公認の博打”の出現とによって、国民の競馬熱狂は止まなかった[(89)]。馬主や騎手の不正行為も少なくなく、最初は将校を競馬に出場させていた陸軍もこの風潮では協力しづらくなっていった。軍人が賽を背にしつつ競馬をしている風刺画が新聞に掲載される等、社会の批判が一定の水準に達するに及んでは、競馬から将校を引きあげざるをえない状況に陥る。

このように、馬事改良の特効薬として発売された馬券は、国民的熱狂と悪評、社会禍を生むこととなった。これは、法官弄花事件で見られた賭博への嫌悪感を更に強化させることとなり、これらの醜聞に対して司法省から警告が発せられる[(90)]。この後、新刑法公布を迎えて、産声を上げたばかりの日本の競馬は大きな曲がり角を迎える。

（１）日本中央競馬会編『競馬百科』（みんと社、1976）P59〜の定義による。

（２）AllenGuttmann, *GAMES&EMPIRES*, Colombia, University Press, 1994. 谷川稔他訳『スポーツと帝国—近代スポーツと文化帝国主義—』（昭和堂、1997）Ｐ３〜。

（３）世界の古式競馬、我国の古式競馬については、萩野寛雄「日本型収益事業の形成過程〜日本競馬事業史を通じて〜」（2014年早稲田大学博士学位提出論文の第三章第二節、第三節を参照）。

（４）山本雅男『ダービー卿のイギリス：競馬の国のジェントルマン精神』（ＰＨＰ研究所、1997）P12。

（５）同書、P12。

（６）Norbert Elias and Eric Dunning, *Qut for ecitement : spt and leisu in th*

civilizin pes, Blackwell, 1986（大平章訳『スポーツと文明化：興奮の探求』（法政大学出版局、1995）P200〜、P220〜。
（7）増川宏一『賭博Ⅰ』（法政大学出版局、1980）に詳しい。
（8）例えば、長島信弘『競馬の人類学』（岩波新書、1988）P30〜42。
（9）Blousson, Eduardo S., *El caballo de cara en el mundo.*（日本中央競馬会訳『世界の競馬と生産：サラブレッドの誕生および各国における発展と現況』日本中央競馬会、1978）P７〜８。
（10）Blousson, Eduardo S. 前掲書、P21。
（11）ステークスの範囲を３頭以上に広げ、第一着の者が積立金を総取りする賭けのこと。
（12）1804年にブライトンに誕生したのが起源であるとする説もある。フェデリコ天塩「日本競馬の歩み ２」『週刊競馬ブック』（1985年７月13・14日号）。
（13）小林章夫は、この時期を賭けに熱中する人の数でエポックメイキングだとする。その原因として「人々の生活レヴェルの向上」「ピューリタニズムからの解放」「南海泡沫事件の与えた影響」「賭博環境の整備」をあげている。小林章夫『賭けとイギリス人』（筑摩書房、1995）P53〜。
（14）山本、前掲書第１章参照。また山野浩一は、賭け好きなイギリス人は、未知のものに対する判断を自分で行い、それに賭けると同時に賭けた自分も責任を負う国民性を持つ。そこからデモクラシー思想の根元も生まれると主張する。山野浩一『サラブレッドの誕生』（朝日新聞社、1990）P93〜。
（15）山野、前掲書P97〜。
（16）例えばフランスは1776年に常設競馬場を設けたが、大革命で競馬自体が崩壊する。それを復興したのはナポレオンで、内国産馬改良のツールとしてであった。フランスではその伝統から、長い間特定レースから外国産馬を除外してきたが、同じように日本でも長年に渡って外国産馬を除外してきた。
（17）立川健治「日本の競馬観（一）〜（三）」『富山大学教養部紀要』24巻１号、２号、25巻１号（富山大学教養部、1991〜２）。
（18）馬匹が高価だったことや当時の馬の気性の問題もあり、騎乗戦闘よりは下馬戦闘が主流であった。また決定力を有するほどの数量を確保するのも困難だった。
（19）立川の競馬に関する業績は、序章で触れた学術論文の他にも、雑誌『書斎の競馬』に連載した一連の「失われた競馬場を訪ねて」『書斎の競馬』第１号〜14号（飛鳥新社、1994〜2000）や『競馬の文化村「もきち倶楽部」メールマガジン』連載の「文明開化に馬券は舞う」をまとめた立川健治『文明開化に馬券は舞う―日本競馬の誕生（競馬の社会史）』（世織書房、2008）等がある
（20）“YOKOHAMA AND ITS CHANGES” Japan Weekly Mail, March. 23, 1872には、1860年当時の回想記事として「日本にやって来ている外国人たちが集まり、最初の競馬大会が開催された。馬蹄形のコースが、堀川（creek）の向こう側に作られた」旨が書かれている。従来は、この翌年の文久元年の州干弁天社裏での

競馬が最古のものとされていたが（早坂昇治『競馬異外史』（中央競馬ピーアールセンター、1987）P14等多数）、この新聞記事や日高嘉継・横田洋一『浮世絵明治の競馬』（小学館、1998）P８～に引用されるフランシス・ホールの日記での「今日は、日本における西洋文明伝播の歴史の上で、初めて競馬が開催された日として記録されるだろう」との記述から、1860年を初回とするのが正しい旨を立川健治が検証している。立川健治「文明開化に馬券は舞う第38回」『競馬の文化村「もきち倶楽部」メールマガジン』。ホールの日本滞在日記は1992年にプリンストン大学から発刊されている。

(21) F. H. Terner, "Origin of the Yokohama Race Club", *THE NIPPON RACE CLUB; YOKOHAMA RACE CLUB* 1862-1912.（鈴木健夫『日本レース・クラブ50年史』（日本中央競馬会、1970）所収。

(22)「横浜居留地覚書」横浜市編集『横浜市史資料編３』（横浜市、1964）収集。

(23) 芝田清吾『競馬』（東文堂、1924）P52。

(24) 陸軍省としても、「軍人ことに乗馬兵種の者の馬術の奨励となり、これによって国民をして軍に親しませ、馬に関する関心を誘発して軍の発展を支援せしめた効果は決し少なくなかった」と考えていた。佐久間亮三、平井卯輔編『日本騎兵史（上)』（原書房、1970）P395。

(25) 明治14年（1881）６月、12月、明治15年（1882）６月、12月、明治16年（1883）６月、12月の計６回に渡って行幸があった。

(26) 大友源九朗『馬事年史（三)』（原書房、1985）、復刻原本は（日本競馬会、1948）P145～147。

(27) 立川健治「失われた競馬場を訪ねて４　戸山競馬場」『書斎の競馬』第４号（飛鳥新社、1999）。

(28)『東京日日新聞』明治12年12月３日付、『安都満新聞』明治13年４月24日付、『有喜世新聞』明治13年８月19日付等には競馬番組の条件や距離、勝馬名や騎手名等と当日の様子が報じられている。

(29) 立川、前掲「失われた競馬場を訪ねて４　戸山競馬場」。

(30) Guttmanの「日本人もまた『スポーツ』に入れあげることによって自らの近代性を証明する」との表現からは、これが意識されよう。Allen Guttmann、前掲書P２。

(31) 新聞、雑誌には、かつてもてはやした鹿鳴館レディーや女学生を低俗に誹謗中傷する記事があふれた。（例えばBacon, Alice Mabel, *A Japane inir*.（久野明子訳『華族女学校教師の見た明治日本の内側』（中央公論社、1994））P170～を参照。これ以降、自立や闊達を強調された女性教育は教育内容を転換し、「高等女学校令」に定められた良妻賢母の養成へと変化していく。

(32) 早坂、前掲書、P13。

(33) アーネスト・サトウの日記には、「1862年10月１日（文久２年閏８月８日）「競馬の日だが暑い。賭けには加わらなかったが、わたしは会員になっていたので、特別観覧席に陣取った」との記述が見られる。萩原延壽『遠い崖　アーネスト・サトウ日記抄』（朝日新聞社、1980）P148～。

(34) ロッタリーについての記事は、当時の新聞を見れば至る所に見られる。このロッタリーはダブルセリングロッタリー（double selling lottery）と呼ばれるもので、第一回目に売却された総てのくじから、出走頭数分のくじを抽選機を回して選び出す。この時点で選ばれなかったくじは外れとなり、第二回目にはその選ばれたくじがどの出走馬に該当するかを抽選で決める。このように、自分がどの馬の馬券を買ったかが分からない性質のものである。そして再度、レースの前日にオークションが行なわれ、自分の割り当てられた馬が不満の場合はオークションにかけることが出来る。本命馬の場合は価格が競りあがるが、人気薄の場合はくじの購入価格を下回る可能性も生じる。但し当該馬が敗れた場合は価値がゼロになる為、落札価格が券面割れしても売却することもあった。抽選機を回す時に「ガラガラ」と音がする為、通称「ガラ」と呼ばれた。

(35) 例えば*Supplmnt to THE JAPAN HERALD, Feb.4th, 1865.* にはギャリソン競馬の予想が乗せられ、ブックメーカーによる最新単勝式オッズが掲載されている。

(36) 明治13年には栃木県で「競馬取締規則」が施行され、「金銭物品を賭けその遅速をもって輸贏を決する等のことあるべからず」とあるように、祭典競馬等の至る所で賭博は行なわれていたことが推測できる。日本競馬史編纂委員会、前掲『日本競馬史第　2巻』P160～162。

(37) Japan Gazette, August 21st, 1879. を参照。

(38)『郵便報知新聞』明治22年11月11日には、「共同競馬会社が春秋二季上野不忍池畔に於て催ふす大競馬も近年は兎角不繁盛にて、既に昨日の如き日曜の休暇にも拘はらず構内縦覧人少なく、楼下の桟敷も観客マバラにて至て淋しく、同所前の芝生も僅に外国人が三々五々此所彼所に相組んで勝敗を賭するあるのみ」との記事を見る。

(39) 須藤南翠の『緑蓑談』P279～。同書P309～では、馬主として獲得した賞金を地方自治制度確立という自説を理論武装する為の「地方遊説の政治活動」という視察費用に充てる設定になっている。競馬の金を不浄の金とする視点は、まだ存在していなかった。

(40) 増川宏一『賭博Ⅲ』（法政大学出版局、1983）P256～。

(41) 内務省警保局編『庁府県警察沿革史　1』（原書房、1973）P411～。

(42) 増川、前掲『賭博Ⅲ』P307～。

(43) 名古屋事件と博徒に関連して、博徒の取り込みや大刈り込みについては、長谷川昇『博徒と自由民権名古屋事件始末記』（中公新書、1977）に詳しい。

(44) 増川宏一「ギャンブルの社会史」（谷岡一郎、仲村祥一編『ギャンブルの社会学』（世界思想社、1997収集）。

(45) 大江は、こうした道徳観を藩閥政府が一貫して国民に注入してきたことを指

摘する。大江志乃夫『明治馬券始末』（紀伊国屋書店、2005）P221。

(46) 増川、同論文。

(47) これが形成される以前には、スポーツを賭けの対象にすることが「スポーツを汚す」という発想はなかった。近代スポーツは、賭けと共に確立したものである。語源的にも初期の「sport」は「気晴らし」の意味であり、当初は「競馬」を指していた。しかしこの形成の後、賭博は「内面」から律される問題となった。現代における、サッカーくじ導入の際に行なわれた「賭けの対象にすることは、スポーツを汚すことだ」という種の主張（例えば田中里子「『さっかーくじ』阻止できず“拝金”文部省に怒り心頭」『日経ビジネス』1998年6／8号」等に見られる）は、スポーツと賭けが共存していた明治初期には見られない。

(48) 例えば、先の須藤南翠『緑簑談』。

(49) 井上馨の後を受けて条約改正にあたった大隈重信も、大審院判事に外国人を任用する条件で交渉を進めるが、それがロンドンタイムズに露呈することで世間の反感を浴び、玄洋社員・来島恒喜の爆弾テロで片足を失うことになる。この様な蛮行に対し、世間は寧ろこの犯人に喝采を送るような事態であった。

(50)「上野不忍の競馬ハ、去る七八の両日に行はれぬ。此催しハ、元と良馬の養成を励ます趣意より出で、始めハ宮内省陸軍省など力瘤を入られ、ガラと唱ふる一種の賭博も、此場所限り黙許の姿にて、頻りに其賑いを助け給へど、（中略）されバ其賑はす賭事の素情も追々下りて、今ハ純粋の賭博に変じ、横浜の或る外国人の馬見所の此方に一日五円の地料を払いて仮に葭小屋を設け、十二の馬画ける車の、俗にドツコイドツコイと云へるに似たるを備へて、洋妾に堂取らすあり。又在来のガラ師は彼処此処をかけ廻りて、賭博の連中を集むるなど不体裁狼藉極る有様と云うべく、其賭博に拘はる人々を目察すれバ、馭者馬丁あるハ旦那待ちの車夫、横浜上りの商人など多く、特別券もて馬見所の貴賓席に列なる嬋妍の美人連また同伴の下男に嘱けて賭札買はすもあるハ、馬骨に錦着せたる狼ものと思われて可惜色を消しぬ。馬見所の状、大凡斯くの如くにて此の境に入るもの半バ馬を見、半バ賭場に集りて、馬の品評ハ馬耳の東風ほども耳にかけねバ、警察官も稍や之を悟りしものと見え、日本人の企てる賭博ハ、時によりて解散すべしなど言はれたるよしにて、ガラ師ハ案外閉口の様子に見え、競馬の場所忽ち馬賭の場所と変じたるが如し」（『読売新聞』明治25年5月9日）のように、場内の賭博を問題視する視線がこの頃には生じるようになっていた。

(51) 大津事件で著名な児島惟謙大審院院長らの大審院判事が、待合いで芸者を交えて賭博を行い、大審院内でその勝ち負けを挨拶代わりに話題にしているとの噂が報道された。児島らに辞職を勧告した「怪文書」が出回り、検察当局が柳橋芸妓18名を取り調べたことから社会の注目を浴び始め、政治問題ともなった。太政官布告は明治22年（1889）に廃止され、刑法でも現行犯以外では賭博犯は犯罪とはならない。現に懲戒裁判でも児島らは無罪とされていた。

(52) 例えば『東京朝日新聞』明治25年4月30日「之醜事件、果して事実なりや否や、未だ之を確知すべからずと雖も、若し其現行犯ならざるの故を以て罪なしと謂はん歟。刑法上の罪は之なからんと雖も、懲戒法上の罪を奈何。否公徳の上に於ける其罪を奈何。司法官なる者は、最も信用を保たざる可らず。今回の事件の如き最も信用を失する所以ならずや」、『毎日新聞』明治25年5月7日「裁判官の職に在る者にて賭博を為すが如きは、司法権を蔑如し大審院を汚したるものなり。速やかに辞職すべし」、『読売新聞』明治25年6月19日）「抑々金銭を賭して、骨牌を弄するが如きは、固と市井無頼の儕輩が好んで為す所の遊戯にして、士君子の苟も手に触る可らざる所のものなり、況んや身、非違を訊すの職に在り、官、司法の最高等に居る大審院の判検事にして」等の記事に、その様な意識を見ることが出来る。

(53)「共同競馬会社設立趣意書」でも述べられていた、「競馬なるものは、徒に一場の勝敗を争い、賞与の厚否を望み、快を一時の遊観に取るものにあらず」というような競馬観のこと。代わって支配的となったのは、「進て以て国勢を張翼するに於て、興て力あるや決して尠少にあらざるなり」というツールとしての競馬観である。娯楽性に競馬の効用を認めた考え方としては、後に京浜競馬倶楽部の会頭にもなった板垣退助の「(競馬場の広大な空間は心身を爽快にさせる故に)競馬は其状の観を為し、多数の人を娯しませるの点に於いて、大規模なる国民的の交際娯楽機関として最も適当なるものと謂わざる可からず」というような見方も存在した。板垣退助「競馬論」（板垣守正編『板垣退助全集』収集）（原書房、1969）P762〜。この文の掲載されている原稿は明治35年となっているが、立川健治によれば、馬券に関する記述内容から判断して明治42年のものと推定されるという。

(54) 江戸時代の乗馬法が馬体を収縮させて前軀の動作に重きを置いた為、自然後軀の方は閑却されて推進力の乏しい体型に変化していた。その様な馬が繁殖に供される事が体型が固定化し、前軀本意の馬が普及していた。武市銀治郎『富国強馬ウマからみた近代日本』（講談社選書メチエ、1999）P34。

(55) 人間についても、「血」の概念に基づく「家」制度の成立は明治31年（1898年）の民法を待たねばならないし、馬籍が確立するのはもっと遅く大正10年（1921）の馬籍法制定によってである。それも、戦時に馬匹を動員する為に罰金付で強制的に登録させて、ようやく実行できたものである。

(56) 帝国競馬協会編『日本馬政史（四）』（原書房、1982）（原本は昭和3年刊）P841。

(57) 佐久間亮三、平井卯輔『日本騎兵史（上）』（原書房、1970）P27。

(58) 帝国競馬協会編、前掲『日本馬政史（四）』P843。

(59) 同書P844。

(60) 武市、前掲書、P50〜。

(61) 帝国競馬協会編前掲『日本馬政史（四）』P845。

(62)『明治二十六年陸軍、農商務省合同馬匹現況調査要項』、日本競馬史編纂委員会編纂、前掲『日本競馬史　第４巻』Ｐ２。

(63) 今井吉平「日本馬政論（其の十九）」『日本之産馬』第二巻第十一号（産馬同好會、1912)。

(64) 武市、前掲書、P263〜。

(65) 帝国競馬協会編、前掲『日本馬政史（四)』P846。

(66) 佐久間亮三、平井卯輔、前掲『日本騎兵史（上)』P93。

(67)『共同競馬設立文』（日本競馬史編纂委員会編纂、前掲『日本競馬史第２巻』収集）にある「すなわち千里の驥蹄あるも馳駆せざればそのよく千里なるを知らず。ゆえにこれをして馴駆競走せしめ、その度の遅速緩急を算し、初めてもってその駿駑を弁ずることなり。これすなわち欧州諸邦においてもっぱら馬を験するの方法となす。ここをもって競馬の挙たるや、文明国人の傾向熱心して、いやしくもやむべからずとなすゆえんなり」等のように、競馬の効用としてこの点がよく指摘される。

(68) 武市、前掲書、Ｐ８。

(69) 野村晋一『サラブレッド』（新潮社、1985）P89。

(70) 当初、加納久宣は日本体育会の付帯事業として競馬を行なおうとしていた。しかし、いざその資金を出資する段になると、出資を約束していた事業家達は出資しなかった。次に競馬クラブを興そうと政府に掛け合うと、農商務省や財閥が資金を供出する旨を請け負った。しかし彼等も実際に資金を出そうとはしなかった。フェデリコ天塩「日本競馬の歩み　26」『週刊競馬ブック』1986年２月８・９日号。

(71) 日本競馬史編纂委員会、前掲『日本競馬史　第２巻』P204〜。

(72) 現行犯や公衆賭博以外は罪に問われなかった旧刑法に代わって、賭博一般を禁ずる現行刑法に通じる刑法改正案が明治33年（1900）には作成され、34、35、36年に議会に提出されている。明治22年の大日本帝国憲法発布に伴って、憲法違反の恐れのある「賭博犯処分規則」は撤廃され、賭博取締まりは一般的に緩和されていた。しかし、日清戦争以降の帝国主義政策の伸張にとって、博徒勢力は国内の危険分子であり、また一般庶民に対しても、賭博の風教上の弊害は国家資本主義の発展にとってマイナスであった。更に資本主義経済の発展に伴い、自由民権運動に代わって労働運動が高揚し始め、その意味でも賭博への取締まりが求められていたのである。現に刑法改正案の審議過程で、司法省は黙許状態の競馬も賭博罪に該当すると断言していた。（明治40年３月２日、貴族院予算第一分科会における倉富勇三郎の答弁。『帝国議会貴族院委員会速記録明治編19』（東京大学出版会、1987))。また同省としては、「賭博犯処分規則」や欧化主義政策への反感を巡って形成された、「賭博を反社会的・反道徳的行為として嫌悪、忌避する風潮」に対するホコロビを国家で自ら作ることにも反対であった。（立川健治、前掲「日本の競馬観（一)」)。

(73) この文書は、馬券発売黙許の担保として加納久宣子爵が強硬に文書化することを当時の農商務大臣であった清浦奎吾に求めた為に作成された。当時、公開はされなかったが、後の馬券禁止の際に競馬倶楽部側からこの文書が提示されることとなる。フェデリコ天塩「日本競馬の歩み　22」『週刊競馬ブック』1986年1月18・19日号。

(74) 帝国競馬協会編、前掲『日本馬政史（四)』P578。その為、「馬券はすべて黙許」ではなく「馬の体格により勝敗に就いて自己の主張を確保するが為に些細の金品」においてのみ黙許されるのだと司法省は主張した。これによれば「馬券」は「賭博」ではないので黙許するのであり、「賭博」を公認するという法律上の矛盾も回避できる。実際、「ガラ」はこれに該当しないものとされ、間もなく禁止された。後に馬券の弊害が目立ち、「些細な金額」で無くなった際にはこの規範から逸脱する為、馬券自体も検挙対象であると司法省は主張したのである。

(75) 日本中央競馬会編『競馬百科』(みんと社、1976) P61。

(76) 競馬の「娯楽性」に利点を見出す論調も散見するが、何れも「日本の志気を喚起」「青年の気性を活発たらしむ」「勇壮無比」「闊達なる遊戯」「尚武の競技」等、軍事的効用と関連するものが殆どで、レジャーとしてそれ自身に単独で価値を見出すものは、この時点では少なくなった。

(77) 例えば柳田国男は皮肉を込めて、「馬を国民が愛育しなければならない必要は、陸軍が最もこれを深く感じている。競馬は軍隊に要もない騎乗法であるが、こうでもしたならば、国民の馬事思想は盛んになろうかという想像で、日本でたった一種の公開賭博場を設立した」と言っているが、確かにその性格も含まれている。柳田国男『明治大正史世相篇』(東洋文庫、1931) P400〜403。

(78) 当時の競馬規則はイギリスのジョッキークラブのものと同様に、馬券のことは触れられていなかった。「アナ」と呼ばれる馬券の控除率については、『日本競馬史　第2巻』の記述中（P127）には「約一割」とあるが、新聞記事から判断して25%以上控除していたようである。「ガラ」(ロッタリー）の場合、控除率は通常は10%であった。フェデリコ天塩「日本競馬の歩み　25」『週刊競馬ブック』1986年2月8・9日号。

(79) 神翁顕彰会編集『続日本馬政史（二)』(神翁顕彰会、1963) P560〜561。

(80) 馬券販売の窓口は中が見えず、手だけを差し入れて馬券を購入する構造になっていたので「穴場」と呼ばれていた。「アナ」馬券は「穴場」に手を入れて自分の選択した馬の馬券を買う、現在の単勝式馬券と同じもの。

(81) 北海道競馬会（札幌)、函館競馬会（函館)、越佐競馬会（関屋)、総武競馬会（松戸)、武州競馬会（小山)、日本競馬会（目黒)、東京競馬会（池上)、東京ジョッキー倶楽部（板橋)、日本レース倶楽部（横浜)、京浜競馬倶楽部（川崎)、藤枝競馬倶楽部（藤枝)、京都競馬会（島原)、鳴尾速歩会（鳴尾)、関西競馬倶楽部（鳴尾)、東洋競馬会（戸畑)、宮崎競馬会（宮崎)。

(82) 曽弥馬政局長官は、競馬会創設時に競馬に必要な諸設備を完成させるには、営利会社でなければ到底困難だとわかっていた。そこで、数年の間だけは倶楽部に相当の資金を得させ、その後に該当会社を買収させようとした。また競馬施行のための運転資金を準備するまでは、倶楽部の数を減殺することは不得策であるから、しばらくの間は現行の状態で継続実行する方針だった。当時、我国の産馬は農業の副業にすぎず、大規模牧場は少なかった。優良馬匹生産には合理的な牧場経営が必要な為、競馬倶楽部に付属する営利会社にこの牧場を経営させるのが当局の目的だったと推測される。当時の競馬には、出場馬の水準に対して勿体無いほど多額の賞金が供されたが、これも馬産奨励の趣意であった。その為に、馬産地の当業者は努めて、優良な馬の生産を競争したという。日本競馬史編纂委員会、前掲『日本競馬史　第2巻』P130～、P206～。

(83) 同書、P126～。

(84) 芝田、前掲書、P63～64。

(85) 例えば明治41年9月25日の東京日々新聞は、「みだりに人民の射幸心を挑発し、その結果社会の善良なる風俗の破壊を意味する事実は、すでにこれを拒むあたわず。その甚だしきに至っては、婦女子また盛んに競馬場に出入りし、賭博行為を行って恥じざるに至る」と競馬を非難している。東京朝日新聞は馬券を禁止された翌日（明治41年10月7日)、「国法を無にし、道徳をないがしろにしてさえも、跳梁を極めたる競馬党も正義の刃に敵せずして、ここにギャフンと言ったるぞ笑止なる」と報じている。また大阪朝日新聞は、「既に競馬場にあらず賭場なり。しかも官許の賭場なり。これに出入りするものは例えその身分陸軍中将たり、銀行会社の重役たり、病院の院長たるも、一個の「ばくち打ち」たるは相違なし。倶梨伽羅紋々の無頼漢と同類にして、その兄弟分なり」と断じている。『大阪朝日新聞』明治41年9月13日。

(86) 明治40年5月の「馬券取締まりに関し司法内務両大臣、馬政長官等会同に関する覚書にて競馬場の下品な様を司法省に問題視された際、曽弥馬政長官も「それは日本人の人格が未だそこに到達せざるをもって已むを得ざるべし」と答えている。同じく『日本競馬史第2巻』では、馬券熱狂の原因として「郊外遊戯の訓練の無いわが国民にたいし、突如とした競馬の勃興は場内の整理を困難にし、しばしば喧騒騒乱の醜態を引き起こした。これはつまり、競馬当事者が業務上の経験が足りず、また国民に馬券の経験がなかったことによるものである」と指摘する。馬政当局関係者談話では、「このとき競馬場内に充満した観覧人の多くは中流以下の人であって、競馬会が馬の趣味を普及せんがために最も歓迎せんとする上流階級の人々は多くはこれに接近を避くるの形勢であった」という。当時の新聞でも「他日もし外国の競馬の如く一般に静粛に且つ風教上の害もなく馬券が行なわれる時代にまで世間が進歩したならば、あるいは馬券も許されるであろう」（東京日日新聞明治41年3月1日）とあるように、民度の問題も多分にあったと思われる。

(87) 明治41年2月27、28日の貴族院予算委員会で、競馬の弊害について何人かの議員によって質問されている。その中で柳原義光伯爵は、人々が分不相応な金を賭けるから問題が起きるのであって、上流階級以上の人間以外は手を出せない様にすべきであると主張している。『帝国議会貴族院委員会速記録明治20』（東京大学出版、1987）P79～83、P91～92。

（88）この思想は、後に曽祢馬政局長官が馬券禁止に至った理由を語った中にも見出せる。当時は、上流階級に観客を限定することで場内風紀や破産等の問題を避けようとしていた。

（89）明治39年秋期には4日間開催で96万円を売り上げたが、翌明治40年春期には開催日が増えて7日間開催となって売上も約2倍増の188万円になった。同年秋期からは開催日が再び4日間に制限されたが、売り上げは158万円とそれほど下がらず、一日平均売り上げが大幅に伸びた。ピークを迎えた明治41年の春期開催では、4日間開催で202万円を売り上げている。開催日を制限しても、一日平均売り上げや一人当たり購買額が約二倍となっただけだった。

（90）例えば、明治40年5月「馬券取締まりに関し司法内務両大臣、馬政長官等会同に関する覚書」では早くも「司法省の意見」として、「横浜の如く上品に行えば可なるも池上等は下品にして風俗を害し易し」として問題視を始めている。日本競馬史編纂委員会、前掲『日本競馬史第2巻』P182。

第三章　競馬法制定

はじめに

軍事目的のツールとして再び活況を呈した競馬だが、それも長くは続かなかった。ツールとしての競馬は、更に別のツール、即ちスケープゴートとして利用される。政治権力がギャンブルをスケープゴートとするのは、歴史の常である。自由民権運動弾圧過程でも、政治権力は「ギャンブル」を「博徒」と同一視させてスケープゴートとした。欧化政策への反感の中で、「上流階級」「政府」への反感は「競馬」「ギャンブル」に向けさせられた。今回、表面上は厳しく禁止されていたギャンブルが馬券黙許によって公然と行えるようになった結果、庶民の塞き止められていた射幸心は爆発した。明治政府は当初、競馬場を欧州のような上流階級が集う場所と想定していた。ところが実際には中流以下の観客も殺到し、様々な弊害が現れて社会問題化したのは前章で触れた次第である。

日露戦争後、帝国主義政策を効果的に推進するために政府は、傲慢尊大、華美浪費に向いていた世の風潮を沈静化する必要があり、競馬はその象徴とされる。桂内閣の民意弛緩対策は明治41年（1908）の戊辰詔書で完成する。その思想に連なる政策の一つとして、馬券は禁止された。またもや競馬はスケープゴートとなった。現在、日本人を内面から規制している賭博嫌悪感は、この頃には定着する。ギャンブルをスケープゴートとする手法は、昭和の革新自治体による公営ギャンブル廃止運動においても、再び繰り返される。

しかし明治末に馬券を禁止したにもかかわらず、政府の財政状態の悪化や帝国主義化の進展は、再び競馬をツールとして利用せざるを得なくさせた。軍事目的を効率的に達成するには、馬券に頼る以外になかった。その結果、特別法たる「競馬法」を制定して刑法の違法性を阻却し、合法的に馬券を発売する現在も続く枠組みが確立する。この枠組みは戦後も継承され、更に戦後に各種公営競技が競馬を雛形にして新たに誕生したことで、「収益事業」全般に及んでいる。序章で示した「収益事業」の特徴の二点目は、この馬券禁止から競馬法の制定過程において形成されたものなのである。

第一節　馬券禁止

1　スケープゴートとしての競馬、馬券

明治41年（1908）に桂太郎内閣が誕生すると、貴族院から馬券禁止を強く求められた。陸軍は「馬券がなければ競馬は到底成立つものではない、即ち馬券を禁止すれば競馬はなくなる。競馬がなくなれば馬政事業に大打事を興えることになるから馬券禁止は不可能である(1)」との立場だった。しかし司法省側は「新刑法実施の暁には馬券は性質上明白に富籤に該当するものであるから、どうしてもこれを禁止せねばならない(2)」との強硬姿勢だった。貴族院も「馬券によって風教を害する如きは忍ぶべからざることであるから、競馬は馬産業に有効なりとするならば他に適当の財源を政府より支出するがよいという意見(3)」が支配的だった。折から新聞紙上では馬券の弊害がスキャンダラスに報道され、馬券禁止を求める意見が強かった。藩閥内閣という批判に加え、自由主義的な西園寺内閣を倒したことでも世間の評判が悪かった桂内閣は、世論動向にも敏感だった。馬券への批判が内閣や陸軍省内の長州閥批判に利用されるのは避けたかった。桂内閣には組閣の代償として、貴族院から競馬反対派閣僚の岡部長職法相や平田東助内相が送り込まれていた(4)。桂の権力基盤である貴族院で反対が多い馬券をこのまま放置はできなかった。その結果、新刑法施行に合わせて馬券禁止令が交付され、馬券は僅か三年で消えていく。立川は、この背景に戊辰詔書に象徴される体制を指摘する(5)。日露戦争後に国民が戦勝気分で傲慢不遜となり、賭博や投機に現を抜かした結果、戦後の国家財政は3倍近くに拡大する。政府は予定された大博覧会を延期するなどの緊縮財政を敷き、更に馬券販売禁止等の改革を実行した。こうした改革の集大成として、明治天皇による国民への直接の訴えという形で「戊辰

詔書」[6]が発せられたのであった。競馬はまさに、奢り高ぶり、退廃した風潮のスケープゴートとされた。鳴尾速歩会では、主催者が賭博開張罪で馬券禁止の直前に検挙されたが、禁止後には「馬券発売禁止となりし以上は追求の必要なし」[7]と不起訴にされている。賭博開張罪ならば、明確な犯罪であるので証拠固めの後に起訴すべきである。敢えてそうしない点に、この逮捕が見せしめだと窺い知れる。大江はこれを指揮した小山松吉検事正が後に日糖事件、大逆事件に関わることに絡め、検察が藩閥の拘束を脱して天皇制官僚としての独自性を発揮し始めることとの関連を指摘する[8]。馬券禁止の発表を意図的に遅らせ、当時悪評の高かった松戸競馬（主催者は江東の親分格）を新聞に批判[9]させたのにも、競馬にスティグマを負わせて葬ろうとの政治的意図があると立川は指摘する。戦勝気分で社会が浮かれ、その結果で競馬が流行した因果の矢を逆にし、競馬の風潮が社会一般に伝播した結果として投機、奢侈の傾向を生じせしめたとの印象が強化された。

これをもって、鹿鳴館時代以降、順次形成されてきた賭博感＝「賭博忌避感」が完成する。同時に「競馬＝賭博」という、現存のイメージも形成された。序章で定義した「収益事業」特性の第一点、「①人間の本能ともいえる「ギャンブル」を刑法により全面的に禁止し、私人間の一般賭博に及んでも権力で厳しく取り締まる。社会でも、「ギャンブル＝悪」の規範意識が内部から国民を拘束する」は、こうして形成された。明治初期以来の競馬の報道姿勢は、この明治41年（1908）から急激に転換している。戦後も、革新自治体による公営ギャンブル廃止に同様のシンボル効果を狙った政策が見られた。ギャンブルがこの様な贖罪の山羊の役割を担わされ続けて来た歴史については、増川宏一が既にまとめている[10]。この馬券禁止以降、我国の競馬にはある種の「いかがわしさ」[11]が付与されることとなった。この「競馬観」「賭博観」は、「収益事業」に不可欠である。抑圧が極めて困難な賭博の欲望、射幸心を法的（私人間の楽しみにまで及んで）にも、規範意識的（個人の内面に形成される賭博忌避感）にも厳しく戒める構造を確立することで、ホモサピエンスの半ば本能ともいえる射幸心は矛先を失い、内面に奥深く沈殿されていく。その一方で、政府は塞き止められた欲望の唯一の合法的解消先、即ち政府公認の合法ギャンブルを創設する。政府公認という品質保証、お墨付きによって、内部化された規範意識による罪悪感をもある程度中和することが可能となる。人間の半ば本能をレントシーキング的に利用する「収益事業」の枠組みの一条件がここに完成するのである。「競馬はツールとして有用であるが故の必要悪」との意識が固定化されるが、これはこの時期に確立し、それが強化され、現在に至るまでその構造は変わらない。

2　競馬の効果

以上のように馬券発売は禁止されたが、競馬が馬匹改良に果たした効果も無視できない。第一は量的側面である。競馬開催により馬匹価格は上昇し、生産を刺激した。外国の良馬の輸入も10倍以上に増加し、特に牝馬を奨励したことで牝馬輸入が増え、それらが繁殖牝馬となって馬匹増産に大いに貢献した。馬匹改良が官のみで達成できないことは、今までの馬匹改良の遅れから明らかだった。官有馬の100倍近く飼育されている民有馬を如何に改良に参加させていくかが馬政の要諦であり、競馬はそれを実現した。第二は質的側面である。能力ある個体を選抜して繁殖に残すことで、更に能力の高い個体を生産するための能力検定の場として、競馬に勝るものはなかった。馬匹は外観からだけではその品質を十分には判断できず、選別には競馬が必要だった。第三に、競馬は調教方法、馴致方法を研究する絶好の機会ともなった。日本では旧来、一般的に馬事文化の伝統が薄かったため、軍馬馴致の為にも訓練技術を開発、普及させる必要があった。第四には、特に都市住民のように馬と接する機会の少ない国民への馬事思想啓蒙効果がある。競馬には、勇壮活発なる郊外遊戯として国民を楽しませる効果と同時に、「近代性の象徴」でありステータスシンボルたりえる競馬によって国民文化を育成する効果も持ち合わせていた。(12)

第二節　補助金競馬

1　馬券再開に向けた動き

明治41年（1908）の馬券禁止を受け、政府は競馬存続のために閣令で「競馬規定」を定める。馬券禁止下でも馬匹改良は不可避であり、競馬に勝る手段は無かった。競馬規程に適う競馬会に政府が補助金を交付し、そこから賞金を供出して競馬存続を図った。軍馬改良だけを目的とする競馬会を正当なものと承認し、補助金を与える公認競馬とした。競馬規則第9条では「年明け3歳以下の馬匹及び改良増殖上稗益なき馬匹は競走に使用することを得ず」とされ、馬匹改良上役立たない去勢馬等の出走が禁じられた。また馬券禁止原因となった風俗の乱れを正すべく、第20条では場内風紀を正すよう定められた。

明治41年度の競馬は、突然の馬券禁止で各倶楽部とも混乱したが、馬政局が予備費を割いた臨時予算で14万2千円の補助金を交付して何とか開催された。[13] しかし、地方の一部の競馬場を除いて[14]、都市部の大競馬場などは大打撃を受けた。馬券を伴わない競馬は一般大衆の興味を引かず、入場人員は激減し、競馬関係者や馬主とその関係者以外は殆ど見かけられない状態となった。池上競馬では、馬券を売った春の開催では16,900人の観客を集めていたのが、馬券禁止後の秋の開催は20分の1の837人にまで激減し、殆どが関係者であった。馬券黙許時代には池上競馬単独でも半期開催だけで7～80万円の売上があったので、各競馬会の財政は極端に悪化した。

各競馬会は、「馬匹の速度力量技能その他に関する知識の優劣を争うための確保手段として多少の金銭等を賭ける如きは刑法にいわゆる賭銭賭博の行為にあらざるものと信ぜられる」という明治38年馬券黙許の四大臣議定書での「付箋」を盾に、「馬券は賭博に非ず」と司法に提訴して対抗した。政府の要望に応えるために国策として開始した競馬を一方的に突然に打ち切られたので、これも納得である。しかし明治44年（1911）の東京控訴院判決では、「競馬の勝負に賭けるは、刑法に規定する賭博である」との判断がなされて

全国公認競馬倶楽部聯合会通知文

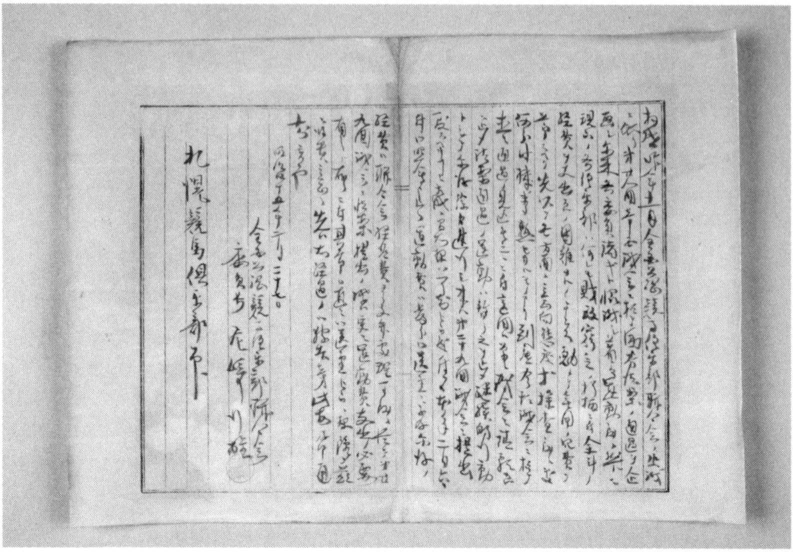

出所：JRA競馬博物館蔵

しまった。かくして、この線での馬券を伴う競馬再開はほぼ不可能となった。

当時、衆議院には板橋競馬倶楽部会長の尾崎行雄はじめ、競馬関係の有力議員が多かった。そこで遡って明治42年（1909）には、馬券復活のための競馬法案が議員立法で提出された。特別法を設けて違法性を阻却する、現在と同一の枠組みである。これは馬券黙許の際、万が一の馬券禁止時の対応について協議している際に平沼騏一郎司法省民刑局長から提案されていたものだった。当時は、競馬法の議会通過への懸念から馬政長官が強く反対したため、この構想は消えていた[15]。馬券禁止を受け、合法的馬券発売の唯一の術がこれとなった。その内容は、従来の閣令第10号「競馬開催を目的とする法人の設立及び監督に関する件」を土台に、その後に馬政局が出した通達や項目を反映させ、馬券に相当する「馬票」の種類、金額、購買枚数等や、様々な認可は馬政長官が定めるとしていた。そこには、控除率は10％でそこから５％が倶楽部収益となり、５％が馬匹改良費として馬政局に納付される規定も盛り込まれた。この法案は衆議院で大多数を持って可決されたが、風教上の影響を懸念する貴族院がこれを握り潰した。そのために明治42年の馬券を伴なう競馬開催は不可能となり、入場者等は惨憺たる数字となった。

2　軍馬改良のための補助金競馬

翌43年（1910）、政府も馬匹改良目的から競馬廃止は不可能なために46万円の補助金を計上し、競馬会も補助金競馬に応じた。15の競馬会で総額たった46万円[(16)]の補助金を原資に競馬を開催した。馬政局は補助金交付先決定の際、従来の15の競馬会を11の「競馬倶楽部」に整理統合し、それに財源として20ヶ年償還の無利子債券発行を許可して、営利会社から借用していた諸施設を買い取らせた。馬券発売禁止の結果、利益目的のみの競馬会は撤退し、競馬の公益を思う団体のみが残った。

補助金競馬時代の13年間は、一競馬場につき毎年ほぼ春秋２回の開催が行なわれた。開催日数は１回につき３～４日で、全競馬会合計で70日、競走数は年間通算で520～564競走だった。賞金はほぼ全額、政府からの補助金で賄われたが、その総額は１年平均で僅かに21万円である。補助金競馬体制の陣容がほぼ固まった明治43、44年度の水準と黙許時代に競馬会が出揃った明治41年度の水準とで比べると、賞金は３分の１となり、その影響で競走回数、出走頭数共にほぼ半減してしまった。

この時期の競馬は先に記したように完全な軍事目的で、税金を用いた国家事業だった。明治43年（1910）には、行政改革の一環で馬政局が内閣直属から陸軍省管轄に移される。その結果、競馬への陸軍省の影響も更に強化された。出走馬匹規定にも、その性格が良く表れている。補助金競馬時代には各競馬場で供する新馬にも制約が加わり、色的に目立ってしまって軍馬に不向きな「月毛葦芦毛河原毛」が導入できなくなった。騸馬（去勢馬）は新馬導入のみならず、出走自体が禁ぜられた。品種改良の原種たる種牡馬の養成・選別を目的とするため、馬匹改良に貢献する所のない去勢馬は無益とされたからである。その結果、明治の日本競馬発祥以来の伝統をもつ支那馬競走は絶滅する。財政の裕福だったニッポンレースクラブは補助金を返納してでも横浜の伝統である支那馬競走を行いたい旨のお伺いを立てたが、それも拒絶されている。これは現在の牡馬クラシック競走での去勢馬出走制限という形で残存し、「鉄床で鍛え上げられた馬事文化」の連続性をよく表している。[17]

明治44年（1911）、馬政局は全国の優勝内国産馬を集めた連合競走を開催した。そのシーズンの新馬の中から新馬戦で1、2着した優秀な内国産馬を集め、競馬会の枠を越えて競走させた。当時は、馬主の所属競馬会に出走が基本的に限定（有力馬主は複数の競馬倶楽部に加盟）され、全国の有力馬が一堂に会する機会はなかった。同年秋には東京競馬場2マイルコースに全国から優駿が集まり、本格的に連合競走が行われた。後にこの競走は「連合2マイル」という人気競走となり、今のクラシック競走の原形となる。この競走は非常に人気を集め、産馬上の刺激となった。各倶楽部も、これに向けて優駿を選択するようになる。この競走が2マイルという厳しい長距離、重い斤量で行なわれたのは、軍馬に求められるスタミナ能力と気性を検定する為であった。このように、連合競走も軍事ツールとしての競馬の性格を非常によく表している。[18]

馬券黙許時代に各競馬会間の相互連絡機関として設けられた「競馬連合会」は、馬券禁止時代には協力し合って馬券復活運動に努めた。大正10年（1921）にはこれが社団法人「競馬協会」（競馬法制定後の大正12年（1923）以降は「帝国競馬協会」）となる。競馬法案は毎年のように議会に提出されたが、都度、貴族院で否決された。陸軍を筆頭に競馬の必要性を認める関係者は多かったが、馬券黙許時代の弊害が甚だしく、その印象が残存するが故に早急な馬券発売再開の見込みは薄かった。

この時期の競馬を支えたものに、馬券の代替品である「勝馬投票券」（現在の勝馬投票券とは異なる）がある。明治42年（1909）、内務省令第20号で「懸賞または富籤類似その他射倖の方法を用いんことを提供し、または投票を募集するの行為にして公安または風俗を害する虞ありと認むるものは、庁府県長官（東京都においては警視総監）においてこれを禁止しまたは制限することを得」と定められた。これにより公安や風俗を害さなければ「福引籤付」的な入場券の発売が可能となった。大正元年（1912）秋季に宮崎競馬場を訪れた有吉忠一県知事は、福引に熱心な観客の姿を見て、「福引を行って景品を配るよりむしろ一着馬を選ばせて的中者を賞する方が馬事思想の普及に役立つだろう」と考えた。宮崎地方裁判所と協議し、「対価物以下の価格を標準とする場合には、射倖行為として刑法に抵触しない」という判断を得た。これを受け翌大正２年（1913）から、単なる福引券ではなく、予想の要素を含ませた「景品券」を導入した。入場券50銭を購入した入場者１人に１枚の投票用紙を配って勝馬を投票させ、的中者に景品（この時は反物など）を供するという、現在のイスラム国家の競馬に類する制度だった。勝馬投票は地方長官の裁量による為、導入したくとも不可能な競馬場もあった。勝馬投票によって入場者は多少増加し、経営改善にも僅かだが寄与した。公認競馬・地方競馬双方において勝馬投票が平静に行われたことは、馬券再開時の懸念を減少させることとなった。また、各倶楽部は勝馬投票を実施することで、馬券発売類似業務の経験を積むことができ、その経験は馬券再開後の「一人一票制」の実務上に際しても有効であった。

それでも、勝馬投票券は根本的解決とは程遠く、以前の水準の観客を取り戻すことはできなかった。警察の目がある以上、開けひろげに複数枚の投票券を用いる訳にも行かなかった。更に、一人あたりの投票用紙が非常に少ないので、全競走を楽しめる訳でもなかった。全ての倶楽部で、これを導入できた訳でもない。何も無いよりはマシであるが、馬券の効用を満たしてくれるものではなかったのである。

3　馬券の効用と弊害

明治末期の混乱のため、馬券再開にはその弊害のクリアが必要だった。そこで本項では馬券の効用と弊害を整理する。効用としては、まず国民の競馬観覧の興味を深め、参加意識を高める効果である。馬券抜きでは検討も等閑で、馬事思想普及も望み難い。次に、競馬施行の厳正化効果である。馬匹改良が重要課題である以上、正確な能力検定は必要不可欠である。馬券を発売しない場合は、馬主同士、競馬関係者同士の談合によって勝利を分け合う恐れがある。馬券を発売すると、多数の観衆が馬主や審判と同じ立場に立って競走を熱心に鑑賞し、厳格な監督を行うので不正が困難になる。騎手等も緊張感を持って常に全力を発揮するように努め、真正な能力検定が可能となるのである。そして最大のものが、競馬の経済を好転させる効果である。馬券発売に依らない場合は、十分な賞金を得る為には多大の補助金を要する。馬券を発売すればその補助金を要しないばかりか、広く公益に用いられる収益が得られる可能性も有る。実際、馬券は地方の馬産を大いに活況化させていた。

一方、弊害としては、競馬を営利目的に利用した不良施行者の存在があげられる。馬匹改良という公益目的の事業の中に営利事業の要素を含んだが故に、射幸心という人の弱みに付けこむ馬券販売が行われた。競馬法を制定する際には組織を厳格に分離し、営利要素を極小化することが求められていた。競馬倶楽部に競馬場施設を買収させたのも、この改善策であった。次に、近代化して間もない日本人自体の民度の低さに加え、日露戦争後で人心が軽佻浮華に傾いた時期という要因もあげられよう。馬券購入金額に制限がなかったことが、この時代背景及び公認賭博の誕生という安堵感と合わさって国民の射幸心を甚だしく増長し、様々な弊害を生んだ。更には、競馬会を多く公認した為、東京だけで３つの競馬会が存在したような濫立状態もある。再開に際しては、競馬場数制限が不可欠であり、補助金対象競馬会を整理統合したのには、この改善目的もあった。

馬券禁止は、様々な影響を及ぼした。営利目的の競馬会撤退という利点もあったが、デメリットも大きかった。最大のものが、産馬業界に与えた影響である。馬券発売禁止による賞金暴落で、馬匹需要は激減した。賞金減少によって馬匹購入資金の回収が困難になった結果、とりわけ高品質の外国産馬の輸入・出走が激減した。明治41年（1908）には659頭見られた外国産馬が、大正９年（1920）以降は１頭もいなくなり、馬匹改良という点から大きな支障を来たした。特に明治末期以降は、動力化の進展もあって一般的な馬匹需要自体が減少している時期であり、その結果として国内総馬数も減少していった。しかし、第一次世界大戦等の結果から見て、近代総力戦に必要とされる馬匹数は寧ろ増大していた。それを確保するには、常時、民間に品質の高い馬匹を繋養させる必要があるのだが、馬券廃止でそれが困難になった。更には、競馬場入場者数の減少で、期待された国民の馬事思想涵養も難しくなった。この様な状況を改善する必要性は、競馬倶楽部、陸軍のみならず、政府内でも強く認識されていて、その最善策として競馬法の制定が試み続けられていたのである。そこで以降では、いよいよ「収益事業」の原形とも言える（旧）競馬法成立の政策過程と時代背景を辿っていくが、その前に我国のもう一つの競馬である「地方競馬」について言及する。

第三節　地方競馬の成立

競馬法成立過程を取り扱う前に、公認競馬以外の競馬である「地方競馬」の成立について、手短に触れておく。直接的な地方競馬の誕生は、明治41年（1908）の馬券禁止に際して設けられた「競馬規程」第一条の但書き「但し祭典等に際しもっぱら娯楽のためにするものはこの限りにあらず」による。古来より、神社において祭礼時に競馬が行なわれる例は多く、賀茂競馬を筆頭に各地の神社では競馬が奉納され、地域住民の娯楽ともなっていた。明治43年（1910）には「競馬規程」に第23条の規定が追加され、これにより各地の産牛馬組合（大正４年からは畜産組合）は、地方長官の許可があれば「競馬規程」に関係なく競馬を開催する道が開けた。第23条の「地方長官」とは各県の知事であり、ここに戦後の地方競馬が地方自治体によって営まれている遠因を見出せよう。前述した公認競馬の勝馬投票と同様に、戦前の競馬に対して地方長官の持っていた力は絶大だった。

この地方競馬の主催者には馬匹の生産者団体があたったが、これは公認競馬同様に民間団体だった。その結果、各地に多くの競馬主催者が出現したものの、馬券を発売できない補助金競馬だったので経営が厳しく、多くは消滅していった。重要な地区では政府が補助金や賞を贈るなどして援助した為に[19]存続し得たが、それ以外は廃場になったものも多い。

これを救ったのが、先に触れた大正2年（1913）に公認競馬の宮崎競馬倶楽部で発明された「勝馬投票」である。これが地方競馬の静岡競馬でも大正12年（1923）に導入され、大人気を集めて競馬場経営を改善した。以後、勝馬投票は全国108場で行われたが、地方長官による取締りの裁量性が強くて開催できない地方競馬場もあった。また、既述のように、性質上も馬券の代替たりえなかった。[20]従って同年に公認競馬に競馬法が施行されて馬券発売が許可されると、地方競馬は公認競馬に対して大きく遅れをとることとなる。

また地方競馬同士の情報交換も不十分で、組織横断的機関が求められていた。大正15年（1926）、勝馬投票券を発売する主催者間で馬や騎手の登録事務にあたる「帝国馬匹協会」が自治的統制機関として設立された。この組織は、分立しがちな地方競馬の統一的発展に寄与することとなった。

第四節　競馬法の政策過程

1 「政策の窓」モデル

二章六節と三章一節で既述のように、僅か3年で馬券は禁止された。明治44年（1911）の控訴審判決による司法判断で馬券が新刑法の賭博に該当するという判決が出された以上、馬券発売再開には刑法の違法性を阻却する特別法たる「競馬法」の制定以外に道は無くなった。しかし、賭博禁止、馬券禁止で形成され社会一般に内在化していった勤労的淳風美俗に連なる賭博観、競馬観は、富国強兵政策を内面から支える効果が強いために廃止し難かった。以前のフランス的旧刑法と異なるドイツ刑法をモデルとし、権威的で犯罪対策に有効な法規として作られた新刑法は、同様にドイツをモデルとする絶対主義的天皇制を維持するためにも重要な役割を果たしていた。その体制の中から、如何にして賭博を実質的に公許する競馬法が成立し得たのであろうか。本節では、その成立過程をKingdonの「政策の窓」モデル[21]から分析してみる。

Kingdonは、「問題」(Problems)、「政策代替案」(Policy Primeval Soup)、

「政治」（Political Stream）の3つのプロセスが相互連関しながらも、独立して展開作用するとする。「問題プロセス」とは、無数に存在する様々な諸問題（行政需要、政策課題、社会問題等々）の内のどれか1つあるいは複数が、政策決定者集団の注意をたまたま引きつけ、政策アジェンダに浮上する過程である。無数の問題の中から、何故その一つが注意を浴びたのか、その過程を解明する。問題がアジェンダに浮上する要因として予算の影響は強く、通常の場合、予算は制約として働くことが多い。

「政策代替案プロセス」とは、国会議員や官僚、官民の研究所、研究者、圧力団体、市民団体等により常時無数に提言される政策の集合である「原子スープ（Primeval Soup）」から、任意の一つの政策が「問題」への解決策として浮上する過程である。そこでは、「実現可能性」（Technical Feasibility）、「（政策コミュニティーメンバーの価値意識との）整合性」（Value Acceptability）、「予期される制約」（Anticipation of Future Constraints）が課題となる。「実現可能性」は、その案が細部に至るまで技術的に検討され、現在の技術や予算、期間で実現可能かどうか確認、合意されているかである。「（政策コミュニティーメンバーの価値意識との）整合性」は、実際に政策決定する集団のイデオロギーや価値序列にマッチしない政策は採用され難いということである。「予期される制約」とは、政策決定や実行に当たって必要とされる様々な制約条件のことで、例えば世論や族議員、官僚、イデオロギーグループの承認獲得や予算の制約等の条件を意味する。無数に常時存在する政策の「原子スープ」の中から、これらの3条件に合致する政策のみが浮上しうるのである。

最後の「政治プロセス」とは、実際の政治における様々な流れ、潮目である。首相や大臣の交代、選挙結果、連立組替え等から、各種政局、国民的ムード、利益集団や政治エリートの活動、更には政策決定に関わる重要人物の交代、天変地異やスキャンダル、政策取引など、多様なものが含まれる。

政策の窓モデルでは、以上の各々独立しながら相互連関して進む3プロセスが、ある時（基本的に「政治プロセス」の変化で）合流（Coupling）して「政策の窓」が開放され、それにより政策が実行に移される（法案化される）とする。「政策代替案」は常時無数に存在しているが、その中から時局にたまたま適合し、それを必要とする「問題」に出会い、且つ「政治」の流れが向いた「政策代替案」だけに「政策の窓」が開放され、「政策」になる。

競馬法の政策過程をこれで考えると、「問題プロセス」では馬匹改良の必要性という帝国主義時代の国力に直結する重要な問題、需要があった。当初はこれはあまり重要ではなかったが、帝国主義化の中でその重要性を増していった。しかし、その必要性はまだそれほど一般的ではなかった。その結果、より重要な問題の前に、馬券は禁止された。それは新たに、馬券禁止で馬匹改良が停滞し、その対応策を時々の内閣は求められるという新しい問題プロセスを生じさせていた。「政策代替案プロセス」では、後に触れる競馬法の内容の変遷や他の産馬奨励策との比較が見られる。ここでは、馬券の弊害除去と馬匹改良を両立させる「実現可能性」が求められた。政策決定者の意志との「整合性」を得るは、内閣が馬券の必要性を認識し、プライオリティーを上げて貴族院や司法省を説得することが不可欠だった。「予算」は通常は制約として作用するが、競馬法の場合は予算こそが主要な推進要因であった。「政治プロセス」では、競馬法の場合、その15年にも及ぶ策定過程内に幾度かの政権交代を経ている。大正中期以降は、どの内閣でも競馬法の必要性は痛感されており、政局面の変化は推進要因ではなかった。競馬法の場合、官僚組織の編成替という広義の政治も契機になったと思われる。以上のような点から、競馬法成立に至る過程を時系列的に概観していく。

2　競馬法の政策過程

既述のように、競馬は馬匹改良の手段として必要であるとの観点から、馬券禁止後も政府補助金で開催は細細と続けられた。政府補助金を受けて開催する競馬会を意味する「公認競馬」の流れは、ここに始まる。しかし馬券の無い競馬は人気も無く、政府からの少額の補助金では満足な賞金を供せない。その結果、馬主の馬匹購買は減少、馬産は衰退した。これが問題プロセスの背景となるが、詳細は既述なのでここでは省略する。

「馬券は刑法によるところの賭博」との司法判断が東京控訴院で下されたため、馬券復活には刑法の違法性を阻却する特別法制定が不可欠となった。司法判断がある以上、諸外国の例や国防上の必要性を引く馬券再開の請願運動には明らかに限界があった。そこで競馬関係者や陸軍からは、競馬法制定という根本的な解決が求められ、それが問題プロセスを動かしていく。

競馬法策定の中心は、陸軍だった。馬券禁止前に馬政局が内閣から陸軍省に移管され、馬政は陸軍省担当だった。帝国主義遂行にあたって陸軍力増強に馬匹改良は不可欠だったが、補助金による馬産振興は効果が薄かった。陸軍はかねてから、馬匹改良の最良手段である競馬の有効活用を主張していた。馬券を発売すれば、補助金を交付せずとも競馬の経費を支弁できるし、入場者も増えて国民に対する馬事思想の涵養も可能となる。補助金競馬では一般国民は殆ど来場しないので、国民意識改良の効果も望めない。

しかし、陸軍も当初から馬券に賛成していたわけではない。馬政局は内閣直属の組織だったので、馬券禁止時の馬政長官寺内正毅を始めとし、政府方針には従う姿勢が主流だった。競馬法一回目の提出は、既述のように馬券禁止翌年の明治42年（1909）である。馬券禁止を断行した桂内閣が競馬法を提出する訳はなく、競馬法は議員立法の形になった。これは衆議院を圧倒的多数で通過しながらも、風教上の害を懸念する貴族院によって否決された。鹿鳴館時代には上級階級の修養とされた賭博であるが、この時点では既に上流階級に嫌悪される存在として確立していた。この時点では陸軍の協力も得られていない。「問題のプロセス」が陸軍内でもそれほどには共有されず、その深刻さも理解を得られていない。

その後、競馬法は当分の間は不可能との諦観の中、政府補助金による補助金競馬時代が続いた。明治43年（1910）以降は政府補助による補助金競馬が恒常化する。補助金では不十分な賞金しか供出できず、競馬は活気を失い、馬産にも影響を及ぼした。その中、明治44年（1911）に成立した産馬組合の全国組織である大日本産馬会も、馬券復活運動に参加する。

ここに動きをもたらしたのは、問題プロセスの中の「予算」だった。日露戦争後の戦後不況下で緊縮財政を強いられた山本権兵衛内閣は、公認競馬への補助金交付が厳しくなり、大正2年（1913）秋には補助金が減額された。インフレによる金銭価値下落の中、補助金カットは競馬会の死活問題だった。この復活要求過程で、浅川敏靖馬政長官から「馬券を復活すると仮定して、1人1枚に制限し、官営制度としても差し支えないか」[(22)]と前向きの質問がされた。これは陸軍省が同年9月にまとめた「馬券公許に関する研究」での「多額の奨励費を国庫より支出する事を要せずして、競馬を発展し馬産改良の目的を達するため、すみやかに馬券公許の法律を制定する必要を求む」[(23)]との方針に基づく。政府も、緊縮財政を強いられる中で競馬補助金が重荷となっていた。

だが、それでも政府内で意見統一ができる程の合意は未形成だった。政権は桂内閣から山本内閣に代わっていたが、まだ馬券弊害の印象が強く、司法省、貴族院も反対だった。更には、長州閥の連なる陸軍省の競馬推進派との関係もあって、薩摩閥の山本内閣は競馬法提出には前向きでなかった。そこで今回も議員立法での競馬法案となった。大正3年（1914）提出法案では、馬券を競馬倶楽部会員に限定した。これは、馬券弊害は分不相応な者がおこした風俗の乱れや破産によるもので、当初の構想に従って競馬場を上流階級のものとすれば弊害は起らないとの思想であった。しかし、この法案は政局で不成立となる。法案提出直後の3月にシーメンス事件が発覚し、更に4月に貴族院で海軍予算案が否決された結果、内閣は総辞職に至って国会が閉会してしまった。

その後、第一次世界大戦が勃発し政府も青島出兵を行った。ここでも陸軍は馬匹性能の劣悪さに苦しむ[(24)]。これは陸軍省に競馬法の必要性を一層強く認識させ、問題プロセスが進んだ。次の大隈重信内閣には、東京競馬倶楽部会長尾崎行雄[(25)]が法務大臣、松戸競馬倶楽部会長河野広中が農商相として入閣した。後に日本競馬の父と呼ばれる安田伊左衛門や前回の大正3年の競馬法案の代表者である広沢弁二も与党所属議員であり、競馬法案に適した環境だった。また安田伊左衛門の政友である田川大吉朗[26]が司法省参政官であり、司法省を説得する好機でもあった。まさに「政治プロセス」の窓が開きつつあった。大正5年（1916）の大日本産馬会の国会請願は結果的に貴族院に握り潰されたものの、その貴族院請願委員会での応答では司法省見解に大きな変化が見られた。田川参政官は「先年行なわれたる程度の馬券発行には反対なり。適当なる方法によりてこれを制限し、害を防止するにおいては、競馬法の制定さしつかえなからん。しかれどもかくのごとくすれば、馬匹改良の目的に副わざるにあらざるやを危ぶむ。しかして司法当局においては、はたしていかなる程度を制限すべきやにつき成案を有せず[27]」と、初めて馬券公許の可能性を窺わせた。これには、天皇制国家が警察国家的絶対主義から、家族国家観に基づく後見的福祉国家的絶対主義へと移行する国家観の転換があった。政策的には、安定した犯罪状況を背景に、犯罪対策が強権的姿勢から恩情的姿勢へ転換していた。政策代替案プロセスの「整合性」も揃いつつあった。

かくして司法省も、条件次第では賛成の目処が立った。厳しい財政状況及び馬匹改良の必要性に関する認識、問題プロセスも広く高まっていた。最大のネックは、風教上の懸念を表明する貴族院であった。貴族院は、基本的に政府提出法案は否決しない為、貴族院通過には議員立法ではなく政府提出法案とする必要があった。競馬倶楽部連合会、大日本産馬会、陸軍省等では、如何にして政府に法案を提出させるかの方策が練られた。そんな折、安田伊左衛門が元代議士で日本弁護士会会長の磯部四郎（後に京都競馬倶楽部会長）宅を訪問した際に、当時の首相の原敬についてアドバイスを受けたという。その案は、「原は私の親しい友人で、彼のやり方は私が一番良く知っている。彼は何か世間を喚起するか、もしくは委員会でも設けてその決議を示してやるのが一番よい[28]」だった。原と同郷の貴族院議員兼東京府知事阿部浩を訪問した際、阿部も同意見だった。そこでこの方策が、田中義一陸相に持ち込まれた。大正8年（1919）には大日本産馬会の「官民合同の馬政調査会設置の件につき建議」を受け、「馬政委員会」が誕生する。委員長には日本騎兵の祖「秋山好古」が迎えられた。委員会では翌9年までに計13回の審議が行われ、第４回馬政調査会で馬政局より５種類の競馬法案[29]が提出されるなど、「政策代替案プロセス」も進んだ。それは、一人一枚に限定して弊害を減少させる案や、寄付行為とみなして賭博行為でないとする案、勧業債券類似案、会員制案、従来型の勝馬投票案等であった。

だが知恵を絞ったこれらの案も、司法省からは全て賭博とみなされた。法案成立の為には、小手先の理論よりも具体的な弊害予防策（諸規制）が司法省からは求められた。「政策代替案のプロセス」での法案内容、「政策実現性」がまだ不十分であった。更に、競馬法関連審議の段になる直前に福島競馬で事件が起きる。本来なら一人一枚に限定される入場券を複数購入したファンが拘束され、福島競馬倶楽部の常務理事が賭博開帳罪で起訴されたのである。これで、「政治プロセス」によって政策の窓が閉められた。その結果、委員会答申も大きく後退する。答申は前半部分で「馬匹能力の向上及び優良馬匹の生産を奨励するのは国防上の急務に属するをもって、その奨励の一法として競馬法を制定し極めて厳密なる監督の下に馬券の発売を許すことは、欧米諸国の実績とわが国馬産界の現状と照らし事情やむを得ざり」と馬券の必要性を全面的に認めている。しかし後半では、「今や世界の平和僅かになり大戦の余響民心には道を及ぼさんとするの秋に当たり、この種の制度を設くるは最も慎重の考慮を要するにより、その方法並びに時期に関しては更に廟議を尽くされんことを望む[30]」と、実現を先送りした。最終的には競馬法案に代わって、小手先の対応策である補助金の増額、軍馬購買予算の増額、祭典競馬の復活及び保護が答申されたに留まった。当時の馬政委員会発言から見れば、これは法案の実質凍結に近いものだった。それでも、この答申で競馬法が基本的には可と認められたことで、実現に向けて道がほんの少しだが切り開かれた。この頃、シベリア出兵で陸軍はまた馬匹の性能に苦しんでいた。[31]問題プロセスが更に進んでいく状況にあっては、陸軍省を含む政府全体としても競馬法成立に積極的にならざるを得ない状態となる。

その後、「問題プロセス」が更に一層強まった。第一次世界大戦の概要が判明するに及び、近代総力戦での兵器としての馬匹の必要性が増大し、総需要量が飛躍的に伸びることが判明したのである。[32]先の青島、シベリア出兵での苦い体験に加え、馬匹改良が更に大きな行政需要、軍事需要と化した。また戦後不況による政府財政悪化は、競馬補助金を一層の重荷とした。補助金額は、馬政委員会答申による競馬法凍結の代わりに補助金増額が答申された大正10年度のみ増額された。それも、次年度以降は再び削減される。明治41年（1908）の馬券禁止以降、消費者物価が3倍近く上がったのに、補助金額は30％以上も減少した。政府はそれすら支弁する術が無かった。

問題プロセスとしての予算、即ち財政事情にも後押しされ、競馬法を可とした馬政委員会答申を背景に、政府も競馬法成立を期すようになった。その変化を可能とした原因としては「問題プロセス」に加え、「政策代替案」の改良によって「実現可能性」が高まったことが指摘できる。馬券が非難された要因は先に触れたが、それぞれに改善策が見られた。馬券枚数が無制限だった件では、法律に基づいて金額や枚数制限が設けられた。競馬開催の裏面にあった買収その他の忌むべき行為に対しても、騎手等の関係者が馬券を購入できない規則を定め、罰則も整備した。競馬会の濫立や競馬会と競馬会社との不明瞭な関係も、補助金交付の段階で15の競馬会を11の競馬倶楽部に再編成し、更に競馬法案ではその数も厳しく制限した。以前は背後に営利会社があった故に必要以上に馬券購買を先導する主催者もいたが、これも倶楽部認可の時点で営利目的の法人を排除して対策した。更には、馬券禁止以来10数年を経て、富国強兵策が実って列強の仲間入りを達成した結果として、国民教育水準、経済水準も向上していた。社会的にも民度が成長した為、従来は批判勢力だった新聞の対応も変化した。[33]日露戦争、第一次世界大戦後は犯罪も減少していた。これらの諸条件が改善された結果、馬券を解禁しても以前ほどの弊害はなさそうだった。残された課題は、一人当たりの購入枚数制限と、払戻し上限の制定等の射幸心抑制策であった。競馬法でこの規定が設けられ、確たる対策が講じられるならば許可されそうだった。馬券代替案の「勝馬投票」が大過なく施行されていることから、賭金を少額に限定して配当上限を制限するならば、弊害もそれ程ではないことが証明されていた。

加えて陸軍省馬政局が廃止され、農商務省畜産局にその事務を移管する期限が迫りつつあるという「政治のプロセス」もあげられる。陸軍省提案ならともかく、農商務省主導では貴族院通過は困難な見通しだった。陸軍省としても、逼迫する馬産振興の課題に応えるべく、早急な競馬法成立に駆られた。大正９年（1920）、馬政局長官が浅川敏靖から石光真臣に代わると、再び事態が展開する。田中義一が「競馬法制定には最適任者」として選任した石光は司法省次官の鈴木喜三郎と協議に入る。司法省に持ち込まれた馬政局の競馬法草案では、「勝馬投票券に関する規定は主務大臣これを定む」とのみ記され、購入制限は具体的に明文化されていなかった。これでは省令によって簡単に制限を緩和・撤廃できる為に、司法省は納得しなかった。そこで配当制限を設けることで折り合いをつけた。石光は更に大木遠吉法相も説得し、陸相からの提案で他大臣も多く賛成しているものであれば、法相のみが反対という態度はとらないとの言質を得る。翌大正11年（1922）には、司法省から一部条文を修正の上、競馬法案に同意するとの内示を得るに至った[(34)]。最終的には、馬券の発売金額「20円以内」とあったものを「５円以上20円未満」として最低購買額を高め、不用意に馬券を購買できなくした。「勝馬投票券の発売は、競馬一競走につき一人一枚を限るものとす」とされ、購入金額の制限も明文化された。また「払戻金は勝馬投票券の券面金額の十倍を超ゆるを得ず」と配当上限も定めて、射幸心抑制を図った。更に「一般入場者よりは一定の入場料を徴収すべき事を法文に明らかにすること」とし、公然賭博の様を為さない配慮がなされた。加えて競馬関係者の勝馬投票券購入を禁じ、同時に「未成年者は勝馬投票券を購入することを得ず」とあったものを「学生、生徒または未成年」と改めた[(35)]。司法省と協議の上で様々な制限を設け、法律の条文に明言することによって、ようやく競馬法成立の目処が立った。

しかし、「政治プロセス」によって再び政策の窓は閉じかかった。山梨半造陸軍相は、競馬法案提出で陸軍が貴族院の反発を受け、他の重要課題に影響することを恐れて法案提出を躊躇する。陸相個人としては、自らの威信に関わり兼ねない面倒な競馬法案を棚上げし、後に農商務省に提案させようと考えた。しかし政治工作の結果、陸軍にとっての馬政の重大性を認識する寺内正毅元首相や本郷房太郎大将から様々な圧力がかけられ、また新聞報道の非難もあって競馬法案提出が決まる[(36)]。以降は、最大の難関、貴族院対策としての啓蒙資料作成や議会工作が繰り広げられた[(37)]。また内閣法制局で法案をチェックし、農商務省と内務省とに内示して、了解を求めた。

そして大正12年（1923）3月3日、加藤友三朗内閣によってついに政府提出法案として競馬法案が提出された。今回は、委員会審議で一人も反対者を出さずに貴族院にプレッシャーをかけるという戦略に基づき、東京競馬倶楽部専務理事でもある広岡宇一朗が委員長として審議を一日で終わらせた。翌日の第二回目の会合では、満場一致でこれを可決した。本会議でも圧倒的多数で可決された後、3月9日に法案は貴族院に送付された。貴族院では、10日に従来からの反対派である土方寧や湯浅倉平による反対の大演説が行なわれた。湯浅の論拠としては、風教一般公序良俗を破壊する、馬匹改良は他にも術が存在する、現在制限を加えても後には必ず緩和される恐れがある、競馬は馬匹改良には直結しない、配当制限による利益が生じるので倶楽部による不正の恐れがある、学生生徒の識別が不可能等々であり、一時間半に及んで反対の論拠を展開した。その後、法案は委員会審議にかけられ、5日間に亘って質疑が行われた。最終的には貴族院としての修正案が加えられ、第2条「年三回以上競馬ヲ開催セントスルトキハ主務大臣ノ許可ヲ受クベシ」を「競馬ノ開催ハ年二回ヲ超ユルヲ得ズ、タダシ主務大臣ノ許可ヲ受ケタル時ハ年三回開催スルコトヲ得」に改めて開催回数制限を厳格化し、また附則に第2項「本法ニヨル競馬ヲ行フ法人ノ数ハ当分ノ内11以内トス」と、競馬場の濫立への歯止め策が提案された。23日には委員会採決が行われ、11対5で原案を可決、同時に修正案も可決された。24日には本会議に上程され、再び土方寧や湯浅倉平らとの間に論争が繰り広げられた後、記名投票を求める動議によって記名投票が行なわれた結果、175対50の圧倒的多数で法案は可決された。続いて修正案も可決されて衆議院に再送付され、即座に同意する旨が決議される。かくして大正12年（1923）3月24日、競馬法は馬券禁止以来

15年を経て成立し、同年7月1日をもって公布されることとなった。現行競馬法は、多少改正があるものの、基本的にはこの枠組みを継承している。

第五節　競馬法の内容

こうして馬券は初めて合法となり、特別法制定で違法性を阻却する国家公認賭博、合法ギャンブルが誕生した。「特別法制定の法理によって合法ギャンブルを創出する。『政府及び準ずるもの』が独占的立場を付与されて、合法ギャンブルを自ら経営する」という「収益事業」の特徴の「政府及び準ずるもの」以外の部分はここに完成した。現在の「収益事業」は、全てこの枠組みで施行されている。

競馬法制定には陸軍の尽力が大きかったが、後に陸軍馬政局は廃止され、代わりに農商務省に畜産局が設置される。競馬監督の事務は農商務省に移管された。農林水産省が監督官庁という現行制度の原型は、ここに形成される。だがこの時点で成立した制度は、現在の「収益事業」とは異なる点も非常に多い。従って以降の章でも競馬事業の変遷を時系列的に追いつつ、他の「収益事業」の特徴が形成されていく過程を明らかにしていく。

大正12年（1923）成立の競馬法に基づく競馬事業は、馬券禁止を招来した弊害への反省を踏まえ、また貴族院、司法省への配慮や両省との協議もあった結果、その内容は規制・制約の極めて大きな制度となった。[(38)] 再開には厳しい制約が不可欠だったのでやむを得ないが、この厳しい制限や規制は、後に競馬事業を戦時体制に改革していく上で、政府に大きな力を与える。

競馬法の内容で注目すべきは、第1条で「馬ノ改良増殖及馬事思想ノ普及ヲ図ルコトヲ目的トスル民法第三十四条ノ法人ニシテ主務大臣ノ認可ヲ受ケタルモノハ本法ニ依ル競馬ヲ行フ事ヲ得」とされ、馬匹改良のツールであると謳われたことである。そして「民法三十四条に定める法人＝非営利団体」のみに競馬施行を許し、競馬の営利目的での利用は厳格に禁じられた。この方針は明治以来不変で、この時も競馬は財源ツールでは無かった。

第6条では「但シ其ノ金額（払戻シ金）ハ勝馬投票券ノ券面金額ノ十倍ヲ

越ユルコトヲ得ズ」と定められ、最高倍率を10倍に制限することで射幸心の高揚、風教悪化に対する歯止めとしていた。馬券金額も通常は一枚20円以内に制限され、大金を失わない配慮がなされた。当初の馬政局案では20円以内で発売可能で、最高配当も30倍の設定だったが、司法省修正で射幸心抑制の見地から上限を10倍に下げ、うかつに手を出せぬよう最低金額も５円とした。これらの一瞥、厳し過ぎる制限が設けられたのは、馬券禁止の反省を踏まえた再発防止策であり、馬券黙許以来、常に反対勢力だった司法省及び貴族院への配慮だった。競馬法案は大正３年以降、毎年衆議院を通過しながら貴族院で阻まれ、貴族院通過には自己規制が不可欠だった。その結果、後に競馬会はこれら制限の緩和を求め、それが政府に利用されることともなる。

第８条では、「勝馬投票券ヲ発売シタルトキハ命令ノ定ムル所ニヨリ、其金額ノ百分ノ一以内ニ相当スル金額ヲ政府ニ納付スベシ」と、収益金の国庫納付が初めて制度化された。今までの競馬は、競馬開催による能力検定機会の確保や馬匹市場の形成、馬事思想の涵養といった競馬の直接効用を目的として振興されていた[(39)]。この度の競馬法に基づく馬券をともなう競馬開催の目的も、「馬匹改良」が第一義だった。収入も賞金等の競馬運営費を賄う意図が趣旨で、他目的への財源に期待したものではない。これは第９条の「主務大臣ハ第一条ノ法人ニ対シ馬ノ改良増殖及馬事思想ノ普及ノ為メ必要ナルニ施設ヲ命スルコトヲ得」という規定や、競馬法施行規定第７条「馬ノ裨益ナキ馬ハ之ヲ競走ニ用イルコトヲ得ス」等からも見て取れる。国庫納付規定が入ったのは、競馬法が基本的にフランス競馬法規に範をとったからである。イギリスの競馬では、基本的に主催者は馬券を発売しない。競馬をツールとして振興する大陸型のフランスでは、馬券収益もツールとして用いられる。当時フランスの控除率は10％で、その内２％が大蔵省に慈善事業費として、１％が飼育費として農業省に、残り７％が主催者収入とされていた。国庫納付金については、更に使途も決められていた。主催者収入で経費に余剰がでた場合も、馬産振興に用いるよう定められていた。日本の競馬法では、控除率が総売上の15％以内、農林省にその内の１％が入り、残りが主催者収入とされた。日本では国庫納付は国家による競馬会の監督費（前回の反省を踏まえ、国家が厳しい監督を加えることで司法省や貴族院の了承を得られたため）の側面が強く、収益に期待したのではない。馬券売上が十分に期待可能ならば、馬産振興資金財源をそこに求められよう。しかし日本では、諸外国と比して余りにも制限が大きいので売上げ予測がつかなかった。そこで倶楽部財源への配慮からも、これが１％に抑えられた。１％しか徴収できない状態では、監督費を差し引いたら余剰が生じる確証もなかった。政府答弁でも、フランスと異なり使途の定められていないこの国庫納付金は博打場のテラ銭では無く、監督に必要な経費であり、余ったら馬匹奨励に充てると曖昧にされた。使途を馬匹奨励に明文化しないのは、馬匹奨励費が競馬納付金枠内に制限される恐れがあったからである。この１％分はあくまで監督費であり、投票券発売の特許の許可料的意味合いは二義的だった。しかし国庫納付は、序章で触れた「収益事業」の三番目の特徴「合法ギャンブル独占供給の地位を与えられたものから政府納金を徴収」の第一歩だった。

議会の法案説明では、国庫納付についての説明のニュアンスが少し変わり、「競馬監督のみならずあまねく産馬奨励上の経費に充当」するとされた。今後売上が伸びて倶楽部財政が好転した際には、馬産奨励費に相当する額にまで国庫納付を増額する可能性も示唆されている。この国庫納付は、競馬に財源という新しい側面、即ち「収益事業」の萌芽を持ち込んだ。後に、これに関して競馬事業は変容していき、戦後に存続するようになったのである。

競馬法の主旨は、全体として「競馬＝馬券＝悪」であり、その「悪」を制限することで善導するという後見的精神に基づいている。競馬法は「競馬取締法」的性格だった。「競馬＝馬券＝悪」の思想の下に、競馬法で定められたのは殆ど馬券に関する事項であった。だが、競馬に対するこの思想も、この後は大きく転換していく。競馬会を取締まる方向だった司法省ですら、逆に競馬を保護する方向に転換する。その革命的な競馬観転換の過程は、昭和に入ってから進展していく。それは、ここで導入された国庫納付を通じてである。こうして達成された馬券再開によって、競馬場はかつての活気を回復し、産馬界も息を吹き返した。そして昭和を迎えると、今度は競馬の好調さ故に、次章で触れるような変化、競馬事業の変容が訪れるのである。

第六節　地方競馬の発展

大正12年（1923）の競馬法は11の「公認競馬」に属する競馬倶楽部を対象とするもので、「地方競馬」はその適用から除外されていた。地方競馬は数が多すぎたこともあって国の統制が強くは及ばず、１人１枚に制限されている「勝馬投票」への不正や不祥事等も多発していた。国の統制が薄く、主催者の数等に制限も無かったため、関東大震災の復興財源として県下に八つも競馬場を設けた神奈川県のような過密状態が生まれた。

そこで政府は、昭和２年（1927）に農林省令で「地方競馬規則」を定め、従来の「競馬規則」を廃した。これにより、以前の公認競馬と同様の「勝馬投票券」が正式に認められ、「地方競馬」として準公認扱いの競馬となった。同時に、様々な統制や制限も加えられた。地方長官の許可を必要とすること、都道府県ごとに一定数に限ること等の監督を受け、また公認競馬に準ずる一定の基準と手続きを行なうことが義務付けられた。ここに、競馬法による「公認競馬」と地方競馬規則による準公認競馬である「地方競馬」との、二元的施行者制度の雛形が確立された。

政府としても、馬券を発売できない点で不利な立場にある「地方競馬」には、「公認競馬」とは別の意味合いたせる必要があった。そこで繋駕競走を充実させて、国民にそれを広める役割を持たせた。また、より軍馬に適したアングロアラブ種の競走を実施する旨が、農林省や陸軍省から要望された。地方競馬は、その競馬場で走った馬が競馬場の存在する土地で繁殖にあがり、当地の馬匹改良に貢献するという要素があった。その為に、馬匹購入にあたっても、その土地の用途に適した品種を選ぶべきとされ、地方競馬ではサラブレッド競馬は行なわない方が好ましいとの考えも存在した[(40)]。この規則は翌年に改正され、軍馬として実践的に役立つ速歩競馬を増やし、また地方競馬の特色を出すために３カ月以上その地方に滞在していない馬の出走を禁じる

地方競馬「目達原競馬場」

出所：「全国地方競馬場写真帖」 馬の博物館蔵

といった対策も行われた。

「勝馬投票券」の控除率は30％以内と定められ、景品の上限も公認競馬に準じて入場券の10倍迄に制限された。しかし、地方競馬はあくまで「準公認」であり、「公認競馬」のように特別法を設けて合法的存在になった訳ではない。その意味で両者は対等ではなく、現行制度とも異なるものだった。だが、両者の壁も日本競馬会以前は厳たるものではなく、名義上は禁止されていたが人馬双方の交流も行われていた。地方競馬が盛んになり、羽田競馬のように公認競馬よりも売上の大きなものが出現すると、地方競馬の規定が省令であって法律でないことにより、馬券が発売できないことへの不満が起った。地方競馬関係者は、公認競馬同様に合法的に馬券を発売できるよう、地方競馬法制定を求める運動を始めた。この動きは、次章以降で触れる戦時体制において、劇的に進展していく。

（1）帝国競馬協会編『日本馬政史 第4巻』（原書房、1982）（原本は昭和3年刊）P583。
（2）同書P583。
（3）同書P583。
（4）安田伊左衛門「競馬百話」長森貞夫編『東京競馬会及東京競馬倶楽部史』（東京競馬倶楽部、1937）。
（5）立川健治「日本の競馬観（一）～（三）」『富山大学教養学部紀要』第24巻1～2号、第25巻1号（富山大学教養学部、1991～2）。
（6）「戦後日なお浅く庶政益更張を要す。宜く上下心を一にして忠実業に服し、勤倹産を治め、惟れ信惟れ義、醇厚俗を成し、華を去り実に就き、荒怠相誡め自彊息ざるべし」（戊辰詔書）
（7）東京日日新聞明治41年10月8日。
（8）大江志乃夫、前掲『明治馬券始末』（紀伊国屋書店、2005）、P223-。
（9）『東京朝日新聞』明治41年10月4～6日。
（10）例えば、増川前掲『賭博Ⅰ』『賭博Ⅱ』『賭博Ⅲ』『賭博の日本史』など。
（11）立川、前掲論文。
（12）安田伊左衛門『馬匹改良論』（非売品、1917）P31～、P76～。
（13）ニッポンレースクラブのみは、財政に余裕があったことおよび外国人の娯楽的性格から、補助金を得ずに開催を行った。これは、他の競馬会が開設から1年足らずで発売禁止を受けたのに対し、治外法権時代から馬券を発売していた為に財政状態が裕福であったからである。しかし、関係者を除けば、観客は極僅かであった。
（14）宮崎や函館等では、馬券禁止によって入場料を下げた為に、却って入場者数が増加した。従来は入場料が高いために場内へ立ち入らなかった層が入場した為である。場内からしきりに結果を電話する者がいた旨が記録に残っている為、私的な賭けを行っていたのは明らかである。
（15）日本競馬史編纂委員会編纂『日本競馬史 第2巻』（日本中央競馬会、1967）P206。
（16）ここから賞金の他に、各種経費も支弁せねばならない。明治41年には、15の競馬会の賞金金額だけでも57万円であった。
（17）競馬のレジャー化により撤廃されたが、2008年度までは天皇賞競走にも去勢馬の出走制限が存在した。種牡馬選別競走としての性格を持つクラッシック競走においては、依然として出走制限が続いている。
（18）現在でも春の天皇賞競走が、時代遅れとも言える2マイルの長距離、重い斤量で争われているのは、この連合2マイル競走の名残であると言える。（秋の東京競馬場での天皇賞は昭和57年度より1・1/4マイルに短縮されている）
（19）奨励金が出された地区は青森、岩手、福島、鹿児島、静岡、高知の畜産組合総合会と日高、十勝、秋田、仙台、上川の畜産組合である。

(20) 勝馬投票は馬名を書き込む等の手間もあり、また商品券は裏では80％程度で換金されていたとはいえ、現金ではなかった。また投票券は１枚１円程度であり、１人１枚の建前であった為、少額しか賭けられなかった。

(21) J・W・Kingdon, *AGENDAS, ALTERNATIVES, AND, PUBLIC POLICIES* 2／e（Longman, 1995）P90～. 用語等の訳に当っては宮川公男『政策科学入門』（東洋経済新報社、1995）を参考とした。

(22) 日本競馬史編纂委員会、前掲『日本競馬史 第４巻』P24。

(23) 同書P114。

(24) 敵と戦う前に、軍馬との事故で死傷者を多数出す有様だった。武市前掲書、P107～108。

(25) 尾崎は、帝国飛行協会・大阪朝日新聞社主催の晩餐会に参加した際に、「飛行機、潜水艦に300万円は必要である。そこで全国の競馬倶楽部に馬券を許したならば、300万円位は喜んで政府に出してくれるだろう」と発言している。財源として競馬を利用とする考えは、当時はまだ一般的では無く、極めて進歩的な考えであった。フェデリコ天塩「日本競馬の歩み64」『週刊競馬ブック』1987年５月16・17日号。

(26) 本書一章五節一項参照。

(27)『帝国議会貴族院委員会速記録　第37回議会（１）請願委員会第四分科会議事録第六号』（臨川書店、1981）P180～。

(28) 日本競馬史編纂委員会前掲『日本競馬史 第４巻』P58～。

(29) その中の多くの案が、主催者収益金の使途として公益事業、慈善事業をあげている。この諸案は馬政局が作成したものであるが、当時既に欧米に習って競馬収益金の使途に公益事業を含むことが想定されていたことがわかる。

(30) 日本競馬史編纂委員会、前掲『日本競馬史 第４巻』P79～80。

(31) 武市、前掲書P108～110。

(32) 第一次世界大戦は近代兵器の展示会となったが、そこでも馬匹の需要は寧ろ増大した。飛行機の飛べない夜間や見通しの悪い森林地帯では騎兵による偵察が必要だし、機械化部隊が進撃不可能な山路や不整地での追撃には騎兵が欠かせない。物量戦になると多くの輜重駄馬を必要とし、火器の大型化で砲兵部隊でも馬匹の需要は高まった。完全な機械化軍は良好な道路網の存在や確実迅速な燃料補給が無ければ機能せず、その意味で全て機械に代えることは不可能であった。武市前掲書P110～112。取り分け日本軍が活動を予想される地域においては、馬匹の需要は欧州以上と思われた。

(33) 競馬法制定前の大正12年２月27日『東京日日新聞』には、「余りに馬券の害を誇張するのは、むしろ日本国民をみくびるものである」との記事が載っている。

(34) 大正６年辺りに既に、馬券１人１枚限定、しかも会員制に限るとの方針で馬政局は司法省と協議を行っていたが、その時点では実を結ばなかった。このことから、競馬法成立には、配当制限という「政策代替案プロセス」だけでは政策の窓が開かなかったことが理解されよう。

(35)「親の脛を齧って賭博をするとは」との倫理的配慮から、この規定は加えられた。当時、大学院生は極少数であり、生涯教育という思想も無かった。しかしこの規定は平成まで残存し、社会の実情と齟齬を生んだ結果、2005年から本規定は廃止された。

(36) この辺りの経緯は日本競馬史編纂委員会、前掲『日本競馬史 第4巻』P138〜に詳しい。山梨陸相が競馬法案提出を決意したのは、馬政局資料の日付から判断して大正11年（1922）9月であると思われる。

(37) 中山競馬倶楽部もこの一環としてか、清浦奎吾の四男清浦敬吉を会長に選出する。

(38) 競馬法制定時の議論や経緯、その結果としての規制、制限については、前掲『日本競馬史 第4巻』P1〜や堀田至廣『競馬及競馬法史』(帝国競馬協会、1936)に詳しい。

(39) 勿論、早くから競馬収益金の財源利用を考えた者は存在する。先の尾崎行雄の晩餐会での談話の他にも、大正9年には先の馬政委員会答申を受けて、夏の特別議会で「競馬法制定に関する建議案」が提出される。衆議院本会議でのその審議の場で、新潟競馬倶楽部会頭でもあった丸山嵯峨一郎代議士は、「年来希望している国家社会政策、それに必要なる経費のごときものも国税によらずして、漸次にこの種の財源（筆者注、国庫納付金のこと）よりして支弁することができるように相なるのであります」と、競馬財源の社会政策への活用を指摘している。フェデリコ天塩「日本競馬の歩み78」『週刊競馬ブック』1987年10月17・18日号。

(40) 神翁顕彰会『続日本馬政史 第1巻』(神翁顕彰会、1963) P868〜。

第四章　競馬事業の戦時体制　その1
―救護法とのカップリングによる財源化の開始―

はじめに

前章までで、本邦近代競馬の受容から競馬法制定による確立までの歴史を整理した。日本の競馬はイギリスのように内発的に発展したのではなく、単独で発展できる土壌を欠く。競馬に不可欠な賭けも政治権力に管理され(1)、その庇護、保護、監督の下以外での発展はなかった。競馬は、政治権力のツールとして有効であるから、許され、守られ、そして育てられた。日本の競馬は今に至るまでツールである。しかし今まで辿ってきた日本の競馬事業（社交、軍事ツール）と、今の我々が目にしている競馬事業（財源ツール）とには断絶がある。

本章と次章では、戦後に競馬事業が「収益事業」のコンテンツとして市営事業の収益主義的経営に代置され得るようなった変遷過程を整理する。競馬以外の公営ギャンブル事業は、戦後になって競馬事業を擬似して形成された。宝くじやtotoも、ギャンブルをコンテンツとした租税外に財源を求める枠組みという「収益事業」の性格では、競馬事業と同じである。その意味で、競馬事業の変遷過程は即ち「収益事業」と「合法ギャンブル」の形成過程なのである。

経済史では「1937年以降のみが戦時経済として捉えられるのであり、1932年から36年までの満州事変期は経済に対する軍事の影響はなお小さく、基本的には平時経済(2)」とされる。競馬事業の本格的統制の契機も、昭和12年(1937)の日本競馬会設立である。しかし競馬事業の場合、軍事目的に直結するため、その影響はもう少し早くから見られる。そして、この本格的な戦時体制以前の変容、即ち昭和初期の競馬法改正は、競馬事業の戦時体制への前提、ひいては現在の「収益事業」の基底部分の前提となるものであった。

本章は、競馬事業の本格的戦時体制、統制体制の前段階となる昭和４年と６年の競馬法改正を扱う。この時期は、競馬が従前の軍事的役割（直接効用）に加え、新たに財源的役割（間接効用）を期待され始める時期でもある。この新たな役割は、競馬事業を一気に発展させる。それは社会福祉政策である「救護法」との関連で達成された。競馬法制定時の競馬は取り締まられる対象で、厳しい制限を課せられていた。その緩和は、救護法との合流抜きでは不可能だった。この背景には、市営事業の収益主義的経営でも想定されていたコングロマリットの思想が見える。競馬事業には昭和初期のこの時点で既に、社会福祉的貢献が期待されていた。もっと言えば、その源泉である市営事業の収益主義的経営の目的から見ても、「収益事業」は社会福祉を目的の一つとして成立したとも言える。その意味で、「収益事業」が導入された目的を再確認することは、現在の各種「収益事業」と「合法ギャンブル」のレゾンデートルを模索する上でも役立つ。

昭和初期、日本経済は長い不況に陥った。関東大震災の震災手形を抱えたまま金融恐慌を迎え、労働争議、小作争議も頻発した。社会問題化した貧困を解決すべく救護法が制定されるが、財源が見つからずに実施は棚上げされていた。一方、再開された競馬は大いに賑わった。貧富の差は激しく、貧困に苦しむ人々があふれる一方で、現在に換算すると１枚６万円以上もした馬券は飛ぶように売れた。その状況で、競馬に財源としての目が向けられる。

第一節　救護法成立までの公的扶助の流れ

国家制度としての公的扶助の流れは律令制にまで遡る。大宝元年（701）の大宝律令「戸令」に基づき、唐の制度の影響下に始まったのが発端とされる(3)。封建社会では、貧民救済は専ら為政者の仁政と考えられていた。貧困は専ら個人的責任に転嫁され、その救済も家族制度や地域共同体の責任だった。幕末から明治維新の混乱期に至っても、この考えは変わらなかった。江戸時代末期には、商品経済進展により自給自足体制が破壊される。これは貧富の差を広げ、海外資本主義国の来朝もこの流れに拍車をかけた。併せて幕末期の連年の天災、幕藩財政困窮による収奪強化は、百姓一揆や打ち壊し、逃散を引き起こし、間引きや堕胎といった悲劇を生む。貧困の流動化は、治安悪化のみならず、封建制度自体の危機を招来する。その為に幕府も幾度かの人返し令を発布し、慈恵的救貧政策を行なったが、その流れは変えられなかった。

明治維新達成時、新政府は貧窮化した農民の流動化や都市部の貧困の集団化に対応する必要があった。大都市に滞る大量の貧困者の存在から明らかだが、当時の貧困は封建的貧困の特性である個別性を超え、貧の集団化を引き起こしていた(4)。加えて幕藩体制の崩壊は，封建制度終焉による政治貧民を新たに生み出し、明治政府はこの問題も抱えた。然るに明治政府の貧困政策は、旧態然たるものだった。五箇条の御誓文や五榜の掲示には窮民救済の方針が見られるし、民部官の新設など、新国家体制構築の上で救貧政策の必要性を踏まえたものもあった。しかしその実は旧各藩の慣例に従うものが多く、全国的統一性にも欠けた。従来の県治条令に基づく救貧政策は、各府県の稟議に許可を与え、それを各府県領域に限定して施行するものだった。そこで全国統一的な基準が求められ、明治7年（1874）に恤救規則が定められる。

恤救規則制定により、貧困政策を国内全般へ一律的に適用する道が開かれた。しかし、恤救規則も封建制の名残を残す前時代的な制度で、近代的救貧法とは言えなかった。明治政府の当初の主な支出項目としては封建的諸制度・諸勢力との妥協的清算費用、近代国家機構の整備費用、常備軍の建設・充実・維持の費用、近代産業の移植育成の費用などが見られ、西南戦争の戦費は更にこれを重くした(5)。これらの費用を賄うための不換紙幣乱発は、インフレを惹起した。経済は悪化し、その沈静化目的の松方デフレ政策は窮民層を更に苦しめた。これは地方農家を直撃して馬産も影響を受け、明治初期の競馬での馬匹不足を引き起こした。地租改正や禄制改革等による苛酷な税負担、商業資本による圧迫下での貧困は、封建時代の貧困要因だった個人的要因や摩擦的失業を通り越していた。この時期の貧困問題はもはや封建時代の貧困ではなく、資本主義進展に不可欠な資本の本源的蓄積過程の貧困の色を帯びつつあった。[6]

だが恤救規則に代表される当時の救貧制度は、封建的慈恵性から脱していなかった。大久保利通ら維新中枢では、貧困を個人的責任に帰する従来の貧困観が主で、救貧制度の如きは国民の勤勉性を損なうと考えられた。幕府の負債清算と早急な富国強兵を進めねばならない新政府には、財政引締めこそが急務で、自業自得の惰民救済は濫救の弊害を生むのみでなく、護るべき勤勉層に悪影響と思われていた。手本としたエリザベス救貧法が、劣等処遇と救援抑制の二つの原則を掲げていたのも影響した。[7] 恤救規則は平時の恒久的一般救済法規であったが、前文で明らかな様に封建的要素を多分に含んでいた。封建的血縁共同体と地縁共同体を土台とし、家族制度による親族扶養と明治元年（1868）まで存続していた五人組による隣保扶助との「人民相互の情誼」による救済を第一にしていた。救済を受けられるのは、貧窮の苦しさを告げ逃る所の無い「無告ノ窮民」に限定され、給付水準も極めて低かった。[8] 家族扶助・隣保扶助という近代化初期の日本を支えた封建的血縁・地縁結合に対する執着と前時代的な貧困観は、後に救貧行政と時代の要請とにタイムラグを生ぜしめる。

1880年代にはじまった松方デフレとそれに起因する米・生糸の暴落は、農村の困窮を更に悪化させた。その結果二章四節で部分的に触れたように、貧困農民の都市流入が進んで自由民権運動を激化させた。政府は旧来の仁政の延長たる恤救規則ではなく、市町村を基盤とした義務的救助の趣旨を明確化した「窮民救助法」案を明治23年（1890）の議会に提出した。しかし、この法案は富国強兵政策に基づく制限主義「日本型」劣等処遇[9]に反し、社会に弊害をもたらすと否決された。当時の議会では、窮民援助は「隣保相互の情誼」に任せて支障なしとされていた。[10] 前時代的な貧困観に基づく以上、救民問題は封建制度の遺産に任せればよく、救済を進めればかえって惰民を増長させ、勤勉性を奪い、淳風美俗の麗しい日本の伝統精神を破壊すると考えられた。以後、恤救規則に代わる新たな一般救護制度が政府からは提出されることはなく、恤救規則の適用変更や特別救護制度で対応された。

その後、日清戦争を経て、軽工業分野での産業革命が達成される。独占資本が形成されて都市にも賃金労働者や下層民が現われると、資本主義の弊害も目立ち始めた。その対策として、議員提案の形で「恤救法案」「救貧税法案」等が提出されたが、多数を占めるには至らずどれもが廃案となった[(11)]。その後の資本主義の更なる発展と幾度かの恐慌は、新なる困窮農民の離村と都市流入を生み、都市部を中心に貧民救済事業の必要性を更に高めた。

当初より問題を抱えていた恤救規則は、何故かくも長く存続したのだろうか。山崎巌は前時代的貧困観の共有の他に、救貧制度を棚上げした上での防貧優先策、濫給弊害の強調という恤救規則の性格が、当時の政府の思惑と一致していたからとする[(12)]。吉田久一はこれに、個人主義的権利性の否定が当時の政府を利したからと加える[(13)]。これらは富国強兵政策や儒教思想にも合致し、家族制度、隣保扶助という当時の国家の中心概念とも一致した。貧困の社会性を認めない貧困観の基では、恤救規則は政府の支出を抑える上で好都合だった。また、貧民＝惰民とする観点に立つならば、富国強兵政策の遂行上、貧民救済自体に問題有りとせざるを得なかった。社会の後進性を温存しつつ、それを利用して中央政府の支出を抑制し[(14)]、財源や国家諸権能を帝国主義政策に特化することが当時の国家目標だった[(15)]。天皇を中心とする父権的家族国家観に基づく恩寵的慈恵制度である恤救規則は、安価に国民統合を果たすための重要なツールの一つであった。かかる事情の下、恤救規則は長きに渡って存続したが、資本主義の進展と社会状況の変化による貧困問題の深刻化はこれを許さず、時代の要請に適応した救貧制度が求められる。

第二節　救護法成立の時代背景

日清・日露戦争を経て形成された我国の独占資本主義体制は、必然的に労働者の貧困化を伴い、また独占資本形成の主原動力である寄生地主制は農村の窮乏化を進めた。この状況は明治末期以来の慢性不況下で決定的になり、関東大震災の後、戦後恐慌、金融恐慌、昭和恐慌下で更に深刻な社会不安をもたらす。大正10年（1921）の日本労働総同盟、大正11年（1922）の全国水平社、日本農民組合、大正14年（1925）の日本労働組合評議会結成等にみる階級闘争、活発化する労働争議、小作争議を政府は治安維持法で取り締まるが、弾圧の一方で救済の必要性も認識していた。米騒動に代表される社会状態を政府も放置できなかった。生活困難を含む社会に蔓延する広い不安、芥川龍之介の「唯ぼんやりとした不安」を払拭しないと、共産主義思想流入の危険もあった。

公的救済制度に向けた動きは、大正６年（1917）の第４回全国救済事業大会での決議「恤救規則及之ニ関スル法規ノ改正ヲ建議スル件」を第一歩とし、同年初めての公的救助義務主義に基づく特別救護制度である「軍事救護法」が成立する[(16)]。同時且つ大量に生活貧困者が発生するに及んで、個人的努力のみでの貧困克服の困難さが広く認識され、貧困問題は広く社会化されていく。当時の時代状況は、小手先の恤救規則改正で対処できるものではなかった。一章四節でも触れたように、政府は労働力を有する者には失業対策事業、職業紹介事業等の防貧対策を施し、公益質屋、公設市場を設置するなどの経済保護事業を行った。しかし、それでも不十分だった。恤救規則や一時的、制限的、個別的な私的社会事業では多数の困窮者の救済が不可能なだけでなく、社会不安をむしろ増大させることに政府も気付き、打開策を模索した。

世界の情勢が封建的救貧法体制を脱して社会保険体制へ向かいつつある中、日本は未だ失業保険制度すら欠いていた。それでも、労働能力を有する失業窮民への対策は不十分とはいえ、多少はあった。しかし労働能力を欠く貧民層対策は全く不十分で、前時代的恤救規則を適用する他なかった。この状況で新たな救貧制度が求められた結果、大正15年（1926）、内務省社会局に社会事業調査会が設けられた。その「社会事業体系ニ関スル特別委員会」において、浜口雄幸内閣の諮問に対する答申「一般救護に関する体系」がまとめられた[(17)]。その報告で政府側代表の内務省社会局は、次のような見解を述べる。まず「社会事業の趨勢は救貧より段々防貧の方向へ進み、恩恵より権利に、私的社会事業より公的社会事業にと移って行く」「（これは）何処の国でも社会上の進歩発達に順応して経験したところである」と時代の流れを認めた。

そして、「貧困であって疾病廃疾老年幼弱であるが為に自活する能力のない者」と「失業者、労働忌避者」の区別の必要を主張し、後者を貧民とは別の制度で対処すべきとした。ただし失業者でも社会保険の目から零れる者もいるので、救貧制度の必要性は残るとする。根本主義を人民相互扶助・隣保扶助の情誼に置き、市町村の任意救助主義をとる恤救規則に、「現代の資本主義的経済組織の下に於ける貧民増加の趨勢にある今日に順応したる制度であると云ふことができるのであろうか」と疑問を呈し、その上で「任意主義を捨てて、義務的救助を認めなければならない時代に来ているのではないか」との姿勢を示している。恤救規則の問題点として、救助資格に就いて極めて制限的で目的を達し得ないこと、救助の義務者及び経費の負担の分界が不明であること、救助額が非常に少ないこと、救助方法が分明でないこと、監督機関・救貧機関・その他の法律関係が明確でないこと等があげられた(18)。これらを踏まえ、社会局は答申案に基づいて「救護法」案を作成する。

救護法案が政府に取り上げられ、議会で可決されて法律となったのには、当時の社会不安増大という問題プロセス以外にも幾つか要因が求められる。一つはラウントリーやブースによるロンドン、ヨーク調査に影響を受けた一部の新官僚や社会政策学者の存在である。社会連帯思想に基づき、天皇制家族国家観の中に有機的に社会政策や救貧制度を組み込んだ彼等によって、資本主義先進国での社会福祉概念が合理的に導入されたのである。金井延らの学者や後藤新平に始まり、長岡隆一郎、田子一民、山崎巌らに至る内務官僚がいたからこそ、政策代替案プロセスでの政策決定者との「整合性」が得られた。その努力抜きに、救護法実現は不可能であった。二つめは、後に救護法実施促進運動の主体となる方面委員を中心とした民間社会事業家の存在である。民間社会事業が統制を欠いて乱立した当時の状況で、救護の最前線に立つ方面委員等の篤志家からは、政府による統一的、体系的救貧政策が強く要望されていた。中央社会事務協会を中心とする救護法制定促進運動による政府への活発な陳情誓願運動は広く世論を喚起し、大きな影響を及ぼした。三つめは昭和3年（1928）の総選挙で政友会と民政党の勢力が伯仲し、実業同志会がキャスティングボードを握った政治プロセスである。政権運営のために武藤山治率いる実業同志会との連立を余儀なくされた政友会は、政策協定項目に地租及び営業収益税の地方委譲と救護法案の国会提出を明記せざるをえなかった。政治要因としては、普通選挙導入も見逃せない[(19)]。

かくして昭和4年（1929）3月6日、望月圭介内相から田中義一首相宛で閣議請議案「救護法制定に関する件[(20)]」が提出される。そこでは、国民生活の深刻化と窮民の著しい増加に対して、「防貧的施設の普及を図るべき」「一般的救貧制度の整備を期するは国民生活の不安を殳除し思想の動乱を防止する上に於いて最も喫緊の用務なり」とされた。3月16日には救護法案が衆議院に上程され、委員会で「昭和5年よりこれを実施すべし」との付帯決議が付けられた後に衆議院、貴族院を通過して成立の運びとなった。

第三節　救護法の内容と問題点

救護法は、貧民増加による社会不安増加という社会問題に際し、主に失業政策等では救済されない労働力を持たない貧民層への救済策として、恤救規則に代わって成立した。具体的には、老衰者、幼弱者、妊産婦、不具廃疾者に1日30銭の生活費が支給された。以前の恤救規則の問題点は、社会事業調査会での社会局書記官富田愛次郎による「現行救貧制度の不備と制度確立の必要[(21)]」で体系的に述べられている。受給資格が極めて制限的な点、救助義務者及び経費の負担区分が不明な点、救助額が非常に少ない点、救助方法が明らかでない点、監督機関、救貧機関その他法律関係が明らかでない点などである。富田は社会事業が「恩恵から権利」に、「私的事業から公的事業」へ移行している時代の趨勢を述べながら、家族制度崩壊という時代の流れでは任意主義、特に隣保主義を捨てねばならないと主張する。この改善のために社会事業調査会答申では、救貧対象者の資格範囲を拡大し、市町村の義務によってこれを救助すること、社会保険制度を確立・拡充すること、失業者対策を講ずること、即ち救済制度、社会保険制度、失業対策の確立を促した[(22)]。

救護法の特徴を以下に整理する[(23)]。まず、申請主義ではあるものの公的救護義務を確立したこと、救護の種類を拡大したことがある。特に生業扶助の創設によって、救護法は単なる救貧制度だけなく、対象者の経済的自立をも視野に収めた。また、公的救護義務規定と表裏一体だが、費用負担区分が明確にされた。更に、社会事業の体系化が図られていることがあげられる。今まで、任意的、非合理的で統制を欠いた民間社会事業が乱立していたものをまとめあげ、明治以降の諸規則をも包摂したものとなった。このように、恤救規則で問題とされていた対象・主体・方法がここでは明確化された。

しかし近代救貧制度と比較した場合、救護法にも問題が多い。まず法の思想的根拠である。提案理由にも明記され、国会での望月内務大臣の説明でも明らかなように、救護法の目的は家族制度・隣保扶助を尊重しながら、国民生活の不安と思想の動揺を防止することにあった。「思想ノ動揺ヲ防止セン」とは、普通選挙制度実施後の無産政党や日本共産党の活動の活発化が念頭にあった。天皇制支配組織の末端である家族制度の維持と社会運動を押さえることとが表裏一体となっており、その意味で懐柔的治安政策であった。

次は、第2条「救護ヲ受クベキ者ノ扶養義務者ガ扶養ヲ為スコトヲ得ルトキハ之ヲ救護セズ」に具体的に表されている点である。その趣旨は家族制度の維持と濫給防止にあるが、これは財政引締めと表裏の関係であった。生活困窮者が多数存在するにも関わらず、あくまでも生活不能者のみを対象とした点にも、制限主義が強く表われている。そもそも救護法は、家族制度崩壊で収容されなくなった貧民層への対応のために設けられた。然るに、この制度では従来以上に人民相互の情誼に強く依存することとなる。その為、公的義務主義と家族制度維持とを同時に扱うが故の矛盾もあった。(24)

救護法に公的義務主義が取られたことは、確かに貧困の社会性を認めたことであった。しかしそれも、思想的に大正デモクラシー期の新しい思想を背景としたものではなく、依然、恤救規則に残存した古い思想を継承したものだった。劣等処遇的性格は明確であり、生活扶助の水準にしても「生活維持の為要する最小限度の衣食住の費用」とされていた。義務救助主義といっても申請主義で、法の反射的利益にすぎず、決して保護請求権といった固有の権利を認めたものではなかった[25]。また被救護者の参政権除斥原因とする欠格条項を有し、これが大幅に適用された。濫給防止のために、虚偽の申請等には厳しい罰則事項が設けられ、性行著しく不良や怠惰な場合の道徳条項や市町村長への服従の義務に違反する場合には、簡単に救護の取り消しや拒否を行うこともできた。更に、本制度は労働力を有する失業者は対象から除外することを前提として成立しているために、その救済には全く対応していない。

それでも、政府の職業紹介が不振であり、その上に失業保険制度を欠くように社会事業立法を余り持たない当時の日本では、救護法は画期的な制度であった。それ故、救護法には過重に期待が寄せられることとなる。

第四節　救護法実施促進運動

ようやく成立した救護法だが、実施への道は険しかった。当初から実施時期が明記されず、委員会審議で「昭和5年度より之れを実施すべし」との付帯決議がつけられたほどである[26]。放漫な産業保護政策や公債増発といった積極財政を伝統とする政友会内閣だが、山東出兵の軍事支出増大や不況による歳入減で、国会付帯決議にもかかわらず救護法の実施は遅れた。その後、満州某重大事件で政権は民政党へ移る。民政党の伝統的経済政策である経済建直しのために緊縮財政を標榜していた浜口内閣は、懸案の金解禁に向けて大幅な歳出削減を行った。この時期、アメリカに発した大恐慌が日本にも波及し、深刻な歳入不足を生んだこともあって救護法実施は財政上の都合から棚上げされた。

これに対して各所で、救護法早期実施を求める救護法実施促進運動が展開した。この活動については、柴田敬次郎『救護法実施促進運動史』に詳しい。昭和4年（1929）の第2回全国方面委員会議では、出席者一同によって救護法を「昭和5年度当初より実施せられんことを要望す[27]」との建議が提出された。六大都市の府県方面委員によって、救護法実施促進運動継続委員会も組織される。翌年の衆議院解散では、全国の社会事業者、方面委員が救護法実施期成同盟会を結成し、救護法実施に賛成する議員の支援を行った結果、38

人が当選した。その後も、各地の方面委員会の組織化、運動資金調達活動、政府に対する実施案請願や予算計上懇願発電依頼などの取り組みが続いた。[(28)]

この間も不況の影響は続き、失業、貧困問題は深刻化した。農村では更に状況が悪く、蚕、野菜、米の価格暴落に加え、帰農した失業人口が農家経済を圧迫した。農村人口の過剰は、小作料の更なる低落をもたらした。[(29)] 昭和5年（1930）には、先に記した方面委員を中心とする救護法実施期成同盟会が国会でも活動し、武藤山治が早期施行と予算計上を求める決議案を提出する。しかし、金輸出解禁と経済建て直しのための緊縮財政をとる民政党内閣を動かすことはできず、運動は頓挫を強いられた。

それでも、金解禁に世界恐慌の影響が加わって昭和恐慌が発生すると、中小企業の没落、労働者の失業、農産物価格下落等の一層の進捗によって、社会の不安は益々放置できないものになっていった。同年10月、期成同盟会は救護法実施促進大会を開き、昭和6年度からの実施を求める宣言を行って政府に建議した。しかし井上蔵相に代表される政府の緊縮財政政策は、それでも変わらなかった。当時の新聞論調でも、盛んに救護法実施を促す論説が登場していた。[(30)] この救護法実施促進運動は、昭和初期の社会運動としては成功を収めた特異なものだった。膨大に創り出されていく生活困窮者を相手に最前線で活動している方面委員は、状況を一刻も放置できない危機状況と認識し、ほぼ全国からの協力を得て救護法実施を求めた。彼らの意識は、近代的ヒューマニズムというよりは志士仁人的なものであり、彼らが庶民の貧窮を我が物として活動した篤志家であった故に、これらの運動は共感を得ることができて成功したと後に言われている。[(31)]

激しい運動の中でも、政府は依然として予算を計上しなかった。かくして昭和6年（1931）1月、方面委員関係者は、「いよいよ来る二十七日を期して当局の誠意ある回答を求め、而して尚曙光を確認し得ずば…（中略）請願書をその筋を通じて閣下に奉呈する」との声明を発表した。救護法問題がかくも社会問題、政治問題化した上に、上奏云々が問題にされるに及んでは、ついに内閣もこれを放置できなくなった。必死の実施財源探しが行われ、関連機関と折衝を繰り返した。しかし、それも直ぐにはまとまらず、具体的な回答ができないでいるうちの２月13日、代表者会議出席者達は上奏の手続きをすませ、方策尽きたと解散したのであった。普通選挙制度への対応や国民統合推進の観点に加えて、上奏という手段を取られた以上、政府は救護法を是が非でも実施する必要に駆られた。

ついに安達内相が２月24日の国会で、「救護法ハ実施致スノデアリマシテ、近キ中ニ追加予算トシテ提案致シマスカラ、其時分ニドウゾ十分御審議ヲ願ヒタウゴザイマス。而シテ其財源ノコトモ其時ニ御審議ヲ煩シマス[(32)]」と答弁するに至る。こうして実施に向けて動き始めた救護法であるが、政府財政は相変わらず厳しかった。折からの不況の連続や、世界を巻き込んだ大恐慌の煽りを受け、更に金解禁に向けた厳しい歳出抑制政策の前で、大蔵省の姿勢は「新規事業は予算を伴うものは一切認めない」との厳しいものだった。

第五節　民政党の緊縮財政政策

労働者や困窮層が斯くも厳しい状況に陥る中、浜口雄幸首相と井上準之助蔵相は頑として緊縮財政政策を変更しなかった。社会福祉の面から救護法を捉える場合、救護法の実施を棚上げする政府の政策を冷酷非情な資本家偏重と見る向き[(33)]があるが、これは大局的な理解とは言えない。救護法や社会事業も、大きな国家事業という全体の中の一部である。救護法を考える場合も、当時の政府がおかれていた立場の大局的検討が必要である。

浜口内閣の誕生は我国戦前の政党政治の最盛期であり、弊害が目立った時期でもある。第一次世界大戦でバブルに肥大化した日本経済は、戦後になって激しい不況に苦しみ、関東大震災はこれを悪化させた。大戦特需期の放漫な経営形態や消費形態は、戦後になっても適正な規模には戻らず、震災復興のための震災手形処理は基盤の脆弱な日本経済の脚をひっぱっていた。鈴木商店と台湾銀行の問題に端を発する金融恐慌が沈静化した後も不況はとまらなかった。輸出の滞りによる貿易の逆調は、正貨の流出を招いた。しかし、積極外交と積極財政を伝統[(34)]とする政友会内閣での不良産業保護政策や二度の山東出兵は政府財政や日本経済を更に圧迫し、既述のように救護法制定の必要性を増加させた。

その折り、満州某重大事件を巡って浜口雄幸率いる民政党内閣に大命が下る。緊縮財政と協調外交を伝統とする民政党内閣が課せられた政策目標は、日本経済のこの状態からの根本的脱出だった。そこで第一次世界大戦時に例外的に行なわれた金輸出禁止を解き、金本位制への復帰とそのプロセスでの産業整理（金解禁に関連しての合理化運動や産業統制については次章で扱う）や消費縮小を通じて国内物価を下げ、産業の対外競争力をつけることが不可欠だった。製品の海外輸出振興のためにも、また金解禁に向けて国際経済の協力を取り付けるためにも、国際協調が必要だった。

昭和4年（1929）7月、浜口内閣は政権につくとすぐに緊縮財政に取り組んだ。これは金解禁に向け、国内物価を下げて為替相場を金の旧平価に近付ける目的だった。既に議会を通過していた昭和4年度予算案を実行予算に組み替えて縮小し、政友会との間で予算審議権論争を引き起こす[(35)]。更に、実現には至らなかったものの、歳出削減と民間への消費縮小の波及効果、海外へのアピール[(36)]も兼ねて官吏給与減俸策を打ち出した。歳出削減は物価コントロールも目的とする為、翌5年度予算案でも新規起債は一切認めず、不況による歳入減に応じて各省に支出削減を求める厳しいものであった。救護法予算も例外ではなく、その実施は棚上げされる。安達謙蔵内相は民政党にあっての党人派の第一人者で、浜口内閣を支える中心人物であるため、この方針に協力せざるを得なかった。安達は、内閣の方針を伝えるために全国に遊説に赴く一方で、金解禁のためのクレジットを海外から得るためにも、徹底した予算縮小の姿勢を見せる必要があった[(37)]ために、内務省内の要求も抑える必要があった。翌昭和5年（1930）の海軍補助艦艇保有率を定めるロンドン軍縮会議も、そのような国際協調の一環として、また歳出削減の意図もあって調印を強行した。第一次世界大戦後の国際体制であるワシントン条約から脱退することは、日露戦争時の四分利英貨公債の借替や金解禁を控えて国際クレジットを必要とする前記の状況では得策ではなく、また建艦競争の激化は財政上不可能であった[38]。また条約締結の狙いには、軍縮削減分を減税して脆弱な日本経済の資本基盤を強化しようとの狙いもあった[39]。だが国防への影響を憂える海軍軍令部との協議の結果、条約対象外となる海軍補助艦艇補充予算に削減分の４分の３にあたる３億２千５百万円を充てさせられた為、効果は得られなかった。

浜口内閣の政策は日本経済の根本的再生と強化という意図であり、決して資本家偏重[40]の為だけになされたものではない。勿論、政党が内閣形成の有力基盤化し、また大隈内閣以来の選挙費用の増大によって政党が資金難に陥るにつれ、三井と政友会、三菱と民政党に代表される財閥と政党の関係は密接化していた[41]。制限選挙が長かったこともあり、選挙権を持たない層への配慮が相対的に弱かったのも否定できないが、それは主題ではない。輸出可能な有力天然資源が無く、また資本基盤も脆弱な経済体制において、国際競争力を付けて日本経済を安定化させるためには、絶対資本の保護育成を国家自らが行なう必要があった[42]。井上準之助蔵相自身は徹底したテクノクラートだが、労働問題にも関心を持ち、イギリス赴任時代には労働党党首とこの話題を話し込んだりするほどでもあった。浜口内閣は金解禁の影響を組閣時より懸念しており、就任時の十大政策の一つに解禁による経済の悪化からくる失業問題等に対応するための社会事業の充実を掲げていた[43]。しかし折り悪く大恐慌と金解禁が重なり、また日本経済の体力不足から、失業者より更に立場の弱い労働力を持たない層への対応策である救護法の財源を確保するに至らなかったのである[44]。

それでも、農村の窮乏、放置できない貧困層の増加、社会不安の増大、労働争議・小作争議の増加といった実施促進運動を招来した世間の状況、加えて普通選挙制度による無産階級の有権者化の下で、救護法実施問題は与野党双方から追求されて政治問題化する。政府としても、内務省社会局を中心に方策を求めざるを得なかった。この状況では大蔵省もついに折れ、実施財源として適当な恒久財源に目処がつけばということとなったのである[45]。問題プロセスが深化し、政治プロセスも政策の窓を開けようとしていた。残された唯一の問題は、政策代替案プロセスでの「政策実現可能性」であった。多くの政策の場合と同様、制約条件としての「予算」が残されたのである。そこで社会局としては、その枠内に予算が収まるようにすべく圧縮に努めると同時に、何としても財源を確保すべく最大限の努力を行うこととなった。

第六節　競馬倶楽部の成長

ここで競馬に目を転じ、時系列を戻して競馬法施行後の競馬の様子に触れる。前章で扱ったように、大正12年（1923）3月に競馬法は成立した。これを受け、各倶楽部は秋季開催からの馬券再開に向けた準備を進めていた。ところが同年9月、関東大震災に襲われる。横浜の日本レース倶楽部は深刻な被害を受け、秋季は開催不能に陥った。倶楽部内紛が続いた中山と、競馬場移転中だった京都でも同様に開催が行なわれず、競馬の再開は寂しいものとなった。しかし各倶楽部の出揃った翌13年（1924）以降、競馬の売上げは急上昇する。競馬法制定時には、厳し過ぎる制限条項から売上が心配されたが杞憂に終わった。京都競馬倶楽部の淀の新競馬場建設、東京競馬倶楽部の府中移転もこの時期である。日本社会の産業化、都市化の進展により、都市部の競馬場は大幅に売上げを伸ばした。上位五倶楽部（東京、中山、日本、京都、阪神）とその他の倶楽部との経営的な格差が目に付くようにもなった。

競馬の順調な再開を受けて、最大目的だった馬産振興にも早速影響が見られた。市場での馬匹の購買価格は高騰し、馬産は大いに刺激された。競馬への出走頭数も年々増加した。[(46)] 競馬が馬産に及ぼす効果はかくも絶大で、かつ即効性を有した。だがこの活況は、競馬に用いる競走馬に限られた。その為に馬産界は歪な発展を遂げ、国内総馬数自体は減少していく。[(47)] この状況の改善策として競馬は更に利用されるが、それは次節以降で扱う。

本章前半で触れたように、この時期は社会一般的には不況の嵐が吹き荒れた時代である。救護法を必要とする窮民が街に溢れ、それを救うべく方面委員が必死に奮闘する一方で、現代の価格にして一枚6万円以上もの高価な馬券が飛ぶように売れていた。政府部門の支出は厳しく抑制され、陸軍の軍事費も抑えられているのを尻目に、競馬は順調に業績を伸ばした。競馬に対し、財源としての目が向けられていくのもある種、必然であった。

三章五節に記したように、競馬法制定の際に国庫納付が１％に抑えられたのは、制限の多い我国の競馬の売上への懸念と、再開して間もない競馬倶楽部の財政状態への配慮だった。しかし再開後の競馬の好況を見るに、配慮は無用になった。こうして、競馬には従来の馬産への直接効用だけでなく、新たな間接効用、即ち財政的貢献が期待されるようになった。再開翌年には早速、競馬法制定に向けて競馬倶楽部と共闘していた大日本産馬会から倶楽部は助成金を求められ、合計８万円を支出している。そして昭和４年（1929）には、「収益事業」に繋がる競馬変容の第一歩が始まる。

第七節　昭和４年の競馬法改正

昭和４年の競馬法改正は、競馬再開により活況を呈したサラブレッド部門の馬産とは対照的に、国内の総馬数、特に農村部の馬数減少が問題とされたことに起因する。北海道を中心に競走馬市場が活性化された結果として、その年の生産馬匹数自体は増加したが、モータリゼーションの進展等で一般馬匹需要が減少したために国内の総馬数は減少した[(48)]。戦争遂行に当たって必要とされる馬匹総量を陸軍単独で常時繋養するのは不可能である。陸軍としては、平時には民間に馬匹を繋養させておいて戦時にこれを徴用し、然るべき調教の後に軍馬として使用する政策であった。従って、総馬数減少は非常に憂慮する事態だった。競馬再開は、あくまでも馬匹改良の進展と軍馬確保に向けたツールであり、競馬の活況は手段であって目的ではなかった。

そこで競馬再開の４年後になる昭和２年（1927）６月、山本悌二郎農林水産大臣から馬政委員会に、「本邦における馬の維持増加を図るため最も有効適切と認むる法策」が諮問された。それへの答申内容は、総需要増進に関する施設の拡充、農用労役馬の畜力化[(49)]、馬に関する国勢調査、馬利用の利益の宣伝、49の役馬共同利用共済組合の設置、役馬の奨励、馬政局の設置、種牡馬半数以上の国有化、馬疫に関する調査研究機関の設置、外国産馬の輸入制限、貸付予備馬の頭数増加と二歳駒の軍馬購入、馬事予算の増加だった。併せて希望事項として、競馬法を改正して速歩競走を中心とする競馬倶楽部を設置、現行公認競馬倶楽部の競馬番組中にアラブ、アングロアラブ系の番組を追加、の2点が加えられた。

農林省では次に、この達成のために東部北海道への種馬所新設、一般種付所の増設、馬匹の保険共済制度の設定、馬疫検査所の設置、馬事の振興奨励、競馬監督官の新設などの政策を行うこととした。その費用を支弁する方策として、競馬の政府納付率引き上げ（従来の均一1％から1日平均売上による累進比例率で最大3％へ）及び開催日数制限の4日から6日への増加の二点を目的とする競馬法改正が企図された。同時に、陸軍省から要望の強かった、実践的に軍馬に直結する速歩競走やアラブ競走専用の競馬場増設も盛り込まれた。(50) 田中義一内閣は帝国競馬協会とも協議して、競馬法改正の骨子をまとめて議会に法案として提出した。この中で、開催日数増加と競馬場増設の2つについては馬匹改良の直接的効用を目的としたものだが、政府納付率の引き上げは馬匹改良に直接に貢献する目的ではない点がポイントである。

しかし時代はまだ、後の日本競馬会結成時ほどには逼迫していなかった。陸軍省としても、競馬法制定時の流れから風教上の弊害が有り得る問題（競馬場の増設）に関しては関与をためらい、傍観姿勢をとった。(51) 各競馬倶楽部でも、自分らの特権を脅かしかねない新規参入（新規競馬場増設）へのアレルギーは強かった。(52) これが、風教上の懸念から競馬場増設に根強い反感をもつ貴族院の反対姿勢と利害の一致を見た。新規競馬場認可は、かつての黙許時代の競馬場濫立を彷彿させるものであった。更には新聞各紙の反対もあり、結局、同法案は衆議院を通過したものの、貴族院で競馬場増設に関する項目が削除された。その歳入減の代償として、国庫納付率の上限引上げ枠が当初の最大3％から最大4％に修正されたのである。

この昭和4年の競馬法改正は、競馬事業における一つの大きな転機となった。この時点まで日本の競馬事業は直接効用、即ち競走の場の提供による馬匹需要の創出と選択的淘汰の為の能力検定、及び馬事思想涵養を目的として振興されてきた。馬券黙許時代にも、明治39年（1906）の閣令第10号で競馬倶楽部は収益を馬匹改良に用いるべく定められはしていたが、競馬開催の主題は直接効用であった。馬券黙許の目的は、競馬会に馬券の利益から賞金等の運用費を出さしめて、競馬事業への政府補助を廃止できること、賞金を高額にして民間の競走馬購買意欲を刺激し、以って産馬界に活気を与えること、民衆の興味を惹起して馬事思想を涵養することであった。競馬法制定に当って１％の国庫納付が定められた折も、それは競馬の監督に要する費用の支弁が主であって、競馬のテラ銭の上がりを主目的にしたものではなかった。[(53)]

だが今回の改正は、政府が如何に否定[(54)]しようとも明らかに財源を目的としていた。当初の政府納付率は、規制の多い再出発を余儀なくされた競馬事業が果たして順調に行くのかの見通しが立たなかった為に、低めに抑えられていた。[(55)]しかし、再開された競馬が大盛況だったため、財源として目をつけられたのである。開催日数の延長が選択制では無く、６日間の開催をほぼ強制的に行わせて政府納付金の増加を図る旨の指導がなされたことからも、それは明らかである。[(56)]国庫納付金の従来の方針は、「余剰が生じた際は馬匹改良に用いる」とあくまで補完的だった。それが今回は大きく転換し、競馬法制定時に大問題とされた競馬場数や開催日数の制限を緩和してまでも、競馬を財源として積極的に利用するという思想が生じたのである。今回の改正は、軍馬の全体的な質向上、供給を目的とする軍事的性格の強い改正である。しかしそれ以上に重要なのは、競馬事業が財源として利用される道を開いたことである。本来ならば国庫負担で供出すべき事業である馬政の財源を、競馬財源に転嫁するというシステムの第一歩をここに見ることができるのである。財源利用との意味では、広義には後の戦時体制の前提となるものだった。

続く昭和６年の改正は、これとは更に大きく異なる性質のものだった。その一大転換も他目的のツールとして行なわれたが、それは本章で触れてきた救護法実施財源に関連してだった。この救護法との合流は、日本における競馬の財源利用という意味、及びギャンブルと社会福祉の結合という二重の意味で画期的であった。先のKingdonの「政策の窓」モデルでいうと、昭和初期は、逼迫する貧困の社会問題化という「問題」を解決する「政策代替案」が懸命に模索されていた時期だった。それがこの時期に、競馬に対する諸規則の緩和を求める競馬倶楽部側の思惑と、財源を求める政府の思惑とが一致したことで両者が合流し、競馬法改正を見ることとなった。競馬法制定時の状況を考えるに、競馬法改正は救護法との合流なくしては、貴族院や司法省の高い壁を越えることは確実に困難であった[(57)]。次節では、緊急避難策として競馬事業と救護法が合流していく様を取り扱う。

第八節　競馬財源の登場と当時に至る競馬の流れ

内務省社会局では、五節末で述べた財政状況の下、救護法実施の為にまず費用の極小化に努めた。個別給付水準の切り下げや末端の費用単価に至るまで厳しい検討が加えられた[(58)]。最終的に、この件では支出可能予算枠に救護法予算を収めるという、一見本末転倒の措置が取られたが、これも救護法を是が非でも実施しなければならないとの厳しい要請によるものだった。かくして、救護法実施に本来必要と見積もられていた400万円の予算を個別給付水準や要救護者数の徹底的な見直しの結果、300万円にまで圧縮した。そして内務省管轄の警察費連帯支弁金見直しで120万円、大蔵省管轄の行財政整理で80万円までは確保ができた。しかし懸命の努力にもかかわらず、どうしてもあと100万円が足りなかった。不況下では歳入の自然増加は望むべくもなく、国際競争力等の関係から新たな増税は不可能であった。恒久財源を要するため、公債や軍縮削減分の充当は性質上問題があった。懸命に財源が探され、最終的に競馬財源が浮上する。

以前から競馬法改正を求めていた競馬倶楽部側と政府の利害が重なり、競馬法改正で100万円の財源を計上し、救護法実施財源にすることになった。これは昭和6年（1931）1月17日付の東京朝日新聞にスクープされているが、元農林省畜産局課長で東京競馬倶楽部の芝山雄三と内務省次田大三郎地方局長とで相談してこれを安達内相に献策し、これに財源確保に必死であった政府が飛び付いた[(59)]。これを可能としたのは、馬券黙許～馬券全面禁止～競馬法制定という一連の流れに基づく、政府側各種アクターと各競馬倶楽部の事情だった。

前章で触れたように、競馬法制定に当たっては前回の馬券禁止の反省を踏まえ、また貴族院からの強い要望もあった結果、１人当たりの馬券購入を１競走あたり１枚に限定した。競馬場の数（施行者の数）も厳しく11に制限し、配当倍率の上限も10倍に制限することで射幸心を抑える等の厳しい規制を加えて、初めて馬券再開が可能となったのである。競馬監督機関を農商務省と定め、この時に監督費用として１％の国庫納付制度が設けられた。この時点で、日本の競馬制度は他に無い厳しい規制を義務付けられた。その為に民間組織である各競馬倶楽部は、極めて厳しい制限の中で開催をせざるを得ず、その緩和（競馬場数の増加以外の）が懸案事項となっていた。ここに一種のレントシーキングが発生したのである。

再開された競馬が再び活況を呈したのは、既に触れた。馬券売上は予想を上回り、賞金や出走馬も増加して馬匹需要も増した。馬産は拡大し、今度は多くの生産馬に対して競走、能力検定の場を提供する必要が生じた。馬種改良面では、体高面での馬格の改良は第一次馬産計画の第一期18年で成功を得ていた。次は、競走を通じた能力面の向上が図られる段階に入った。その中で陸軍からは、スピードに偏したサラブレッド種中心の競走馬生産の風潮を改めて、より軍事目的に適う馬種の生産が求められるようになっていた。

第九節　昭和６年の競馬法改正

昭和６年の競馬法改正は、後の「収益事業」成立に向けてのターニングポイントだった。昭和４年の改正は、確かに競馬財源化への第一歩であった。しかし、その改正は馬政の一環であり、馬産や馬事振興の財源目的であった。だが昭和６年の改正は、その意味で全く異質である。それは、馬政に無関係な部門からの要請に基づく改正であり、競馬が純粋なる財源機関化する第一歩であった。既述のような救護法の政治問題化による懸命の恒久財源探しの結果、競馬財源が俎上に上がって内務省側で案を作ることとなった。(60)

競馬法の改正点は、以下である。まず、競馬会の利益になるために単勝式に加えて複勝式馬券[61]を導入して一人一票制を緩和し、一競走あたりの購買上限を実質２倍にした。次に競馬場毎の競馬開催１回あたりの開催日数を６日から８日に拡大して、競走数を増やした。また的中投票券の時効を設定して競馬会の負担を減らし、競馬に関する地方税附加も禁止した。加えて、日本の「収益事業」の特徴の三番目「合法ギャンブルの独占供給する地位を与えられたものから、政府納付金を徴収し、その権益を侵すものを国家権力が代わりに取り締まる」に該当する「ノミ行為に対する刑罰規定の設定」を定めた。顧客となる馬券購買者に対しても地方税附加を禁止し、顧客の利益となる特払い（的中者無しの事例）と制限超過（配当金が10倍を越えた場合）の払い戻し制度を設定して、顧客の権利にも配慮がなされた。その上で、馬券売上からの政府納付率を最大６％に拡大し、その使途に社会事業経費を追加した。

ところが、改正は簡単ではなかった。既述のように内務省としては、救護法実施に必要な財源300万円の３分の１にあたる100万円分を競馬財源に求め、競馬倶楽部が負担する国庫納付率の６％への引上を図った。同時に、複勝式の導入による１人１票制の緩和と開催日数の増加によって、売上自体の増加をも図り、これによって競馬会の利益を確保させ、国庫納付の更なる増加を試みたのである。だが競馬を囲むアクター間では、馬券発売禁止の悪夢が強く残っており、この改正に全面的に賛成していた訳ではない。１月17日にこのスクープがなされてからも、状況は二転三転した[62]。

この改正に、まず競馬監督主管省庁である農林省が反対した[63]。今まで陸軍省と共に苦心して育ててきた競馬を、内務省に都合よく利用されて自前財源を侵害されることに反対意見が強かった。同時に、陸軍省も反対であった。競馬法制定にあたり中心的役割を果たした陸軍省は、軍縮による行政改革で競馬の直接監督権を農林省に譲った後も、競馬に対して強い発言力を有していた。陸軍省は、競馬による馬匹改良が国防に資するを以って競馬振興に尽力したのであり、今回の法改正で社会事業費に競馬益金が割かれて馬匹改良予算が削減されることと、馬券禁止を引き起こした射幸心問題へ飛び火することで競馬自体の存続が再び脅かされることとを懸念したのである。陸軍省は先の昭和4年の法改正の際も、競馬益金の馬匹改良費への充当にすら反対していた。まして一般政費に充当するのは問題外と考えていたので、その主張は一貫している。陸軍省にとっては競馬の直接効用が大切であり、それが脅かされるのを一番懸念していた。特に馬券禁止以来の反対勢力である貴族院と司法省の対応を憂いていた。[(64)] これに対し内務省側では、諸外国が競馬財源で社会事業をやっている例を説き、両省と必死の交渉にあたった。

ここで大きな意味を持ったのが、馬券買得税だった。昭和4年の競馬法改正の最中、競馬界には一つの問題が発生していた。それは大正15年（1926）に北海道で建議された勝馬投票券購買者に対する地方税附加問題に端を発する。北海道の件は内務省が承諾しなかった為に流れていたが、昭和3年（1928）12月には福岡県が県会で課税を議決し、翌年には横浜市も課税を検討し始めていた。その結果、内務省は昭和4年（1929）5月、内務省令第14号、15号を持って府県税、市町村税として馬券買得税、同附加税を指定する。これは、勝馬投票券購買者から自治体が徴収するもので、券面の2.5％（額面20円の馬券に対して50銭）に相当した。福岡県では同年、小倉競馬倶楽部を同税の徴収義務者に指定したが、同倶楽部が設備その他の関係で税の徴収者となるのを辞退すると、直接に徴税官を競馬場へと派遣し、顧客一人一人から直接に税を徴収した。馬券買得税予納所という小屋を作り、そこに県と市の役人が出張して「予納券」を50銭で売り、馬券売場でこれを持たない観客を取り締まるものだった。これには顧客の不満が高まると同時に、一人一票制の施行によって混乱していた場内の混雑を一層増加させるもので不評が高まった。そこで止むを得ず、倶楽部は馬政局とも相談の上で、県と市に2万7000円を寄付し、徴税免除を得たのだった。同様の例は各地で起こり、その為に各倶楽部が国庫納付分の1/4に相当する売得金の1％ずつを県と市にそれぞれ寄付（但し、市に関しては市歳入の2割を超える分に関しては、超過分は県に寄付）することで、全国的に徴税を免除された。この形式での強制寄付分を含めるならば、昭和５年度においても政府への納付は既に合計６％（国４％、県１％、市１％）となっていたのである。昭和５年の全競馬倶楽部の売得金合計が4200万円であったので、額面通り徴収すれば84万円が獲得できる計算となっていた。

救護法の実施主体が内務省社会局であり、当時救護法実施財源に困っていた社会局に競馬財源をサジェストしたのが、内務省で地方財政を扱っていた地方局長の次田大三郎であることは偶然ではない(65)。かくして、競馬法改正の際に競馬関連の地方税附加を禁止する旨の規定を付けることで、農林省は賛成に回る。馬券買得税を考慮に入れれば、今回の改正では農林省財源も増えることになる。更に農林省としては、生産者団体である大日本産馬会からの要望でもあること、農村の窮乏を放置はできないこと、緊縮財政で棚上げされていた牧野法を実施できること等の要素からも、改正に同意した。

これを受けて陸軍省も折れる。陸軍省としても、前回の昭和４年の法改正案の中にあった競馬場増設問題が棄却されて棚上げとなっていたアラブ系競走や障害競走、速歩競走の施行のために、開催日数増加が必要であった。しかも良兵の供給源たる農村の窮乏は、広く国民統合、国防に影響する(66)。また今回の改正では司法省が協力的であること、馬政委員会答申によって収益の３分の２までは馬事関連に使用するよう明記されるようになったこと、貴族院が衆議院以上に救護法に熱心であること、などを勘案して賛成に回った。

今回の改正に際しては、競馬倶楽部、陸軍省、農林省いずれも損害は被らなかった。陸軍省は、念願だった障害競走、速歩競走、アラブ系競走が達成できた。その上に財源も競馬益金の３分の２を確保し、開催日数増加と一人一票制の緩和による売上の増加を換算すれば、総額としては明らかに増額となる。農林省も既述のようにマイナスにはならない。負担が増えるかに見える倶楽部も、競馬関連への地方税の附加が禁じられた結果、国庫納付率の引上部分は馬券買得税免除の代納であった特別寄付の額を充てることができ、更に購入制限の緩和と開催日数の増加で売上自体が増加するので実質的にはプラスとなった。更に、ノミ行為取締り効果も期待できた。末端の馬券購買者側も、今までは10倍の配当制限超過金や的中者無しの場合、特払いの掛金は競馬倶楽部に属していたのが、払い戻される利点があった。

今回の改正は、未だ市民権を得るには至っていない競馬法の改正を、救護法を契機に図るものであった。これは陸軍省や農林省にとっても、先の条件が担保される以上は歓迎すべきことであった。昭和４年の法改正時には想像もつかなかった一人一票制緩和や開催日数の更なる増加までもが、救護法との合流によって達成できた。この合流こそ、競馬の性格が一大転換する最大の要諦であった。今回の改正は、開催日数の増加と一人一票制の緩和という、従来なら司法省と貴族院が賛成する術もない内容であったにも関わらず、両者ともに目立った反対はなかった。司法省はむしろ、後押しをした程である。松村農林次官が第７回馬政委員会で引用した話では、司法省の泉二新熊局長も「かように政府納付金の用途を掲ぐることによって競馬法それ自身の本体が変わってくる、非常に結構なことである」と言ったという。明治41年の競馬全面禁止以来、常に反対勢力であった司法省の競馬に対する視線が、取り締り対象から180度方針転換し、「馬事振興の経費と社会事業の経費とを生み出す所の必要機関」として、保護すべき対象になったのだった。以前は、競馬の施行を邪魔するものがあったとしても、邪魔物退治は二の次で、競馬を行う人間を叱り付けねばならぬという思想の法律であった。それが、競馬の邪魔物をよく取り締まるという、競馬を保護する思想に変わった瞬間である。この変化は競馬の性質の大きな変容である。今回の法改正でも、投票類似行為（ノミ行為）に対する刑罰規定を設けるに当たって、畜産局から素人的な草案を司法省に回したところ、「これではいかぬ、競馬保護のためには出来るだけ有効にしなければならぬ」と司法省自身がノミ屋等の取締りを綿密に研究してくれた。競馬事業は納付金によって政府の必要機関となることで、競馬法制定以来の反対勢力であった司法省の保護監督をも受ける枠組みが構築されたのである。今回の改正の中で、馬券の時効規定や制限超過時や特払い時の払戻し規定等が整備されたのも、競馬を必要機関として正式に整備するためである。

このように、昭和6年の競馬法改正は、「ギャンブル収入の国庫（政府）納付」と「国家（政府）による保護監督」という枠組みの形成過程で重要なマイルストーンだった。その契機に救護法実施の逼迫性という緊急避難的、社会福祉的性格があったことを留意したい。このような財政的貢献は競馬の間接効用であり、従来は付随的なものとしか考えられていなかった。それが今回、この効用に政治権力が有用性を認めたことによって、競馬は弾圧される立場から転じて、庇護される立場へとなっていく。競馬法が“競馬取締の為の規定”から“競馬保護規定”に激変したのである。これは後の競輪や競艇といった「収益事業」「合法ギャンブル」成立に必要不可欠な前提である。後の「収益事業」の場合は、更にこの納付金の使途が広がって一般財源化したが、政府納付金の上納による必要機関化と政治権力によるギャンブルの許可、独占的地位の保証、保護監督という仕組みの根本は、この時に形成された。序章において扱った「収益事業」の特徴の3番目の性格（「合法ギャンブル独占供給の地位を与えられたものから政府納金を徴収」）はここに成立する。

これまでに述べた昭和6年の競馬法改正は、馬匹改良を謳いながらも競馬の間接効用に主眼を置いた改革だった。直接効用に関連するのは、開催日数増加だけである。それすらも、半分以上は売上増加を図るという間接効用を期待したものである。これは、厳密な意味では戦時体制とは言えないかも知れない。だが、現在との連続性ではこの間接効用が重要である。なぜなら、直接効用は第二次世界大戦の終了で基本的には消滅したからである（現象面に残滓を見るが、それには後に触れる）。

間接効用のための改革であったとしても、昭和4年度の改正はまだ軍備目的への貢献のためだったし、昭和6年度のものも国民統合の推進といった国防、戦時体制への意味合いも強かった[67]。また満州事変の勃発を受けて即座に国庫納付率の改正が行われたこと等を考えて、双方の改正を戦時体制への橋渡しとしてここに組み込んだ次第である。

第十節　議会での論戦

かくして、救護法実施予算確保の為、競馬法中改正案が第59回議会に提出される。最後に、ここでは議会での議論を拾ってみたい。

競馬法改正案の提出以前にも、2月19日の貴族院では浄土真宗の僧侶でもある貴族院議員の大谷尊由が救護法の質問に際し、「(救護法の財源が) 今其競馬法ノヤウナモノカラ出サレルト云フコトハ、我々道徳ノ上カラ考エマスト聊カ奇妙ニ感ジルノデアリマス」「浄ラカナ行為ヲ以テ (救護法の) 財源ヲ御作リ下サレマシタナラバ、如何バカリ国民ハ安心スルカ知レナイノデアリマス」と、財源の性格を問題としている。これに対し安達内相は欧州の例を引き、「(競馬益金は) 決シテ財源ニ於テ不適当ナ財源トハ私ハ考ヘテハ居リマセヌ」と答えている。衆議院への改正案提出を受けて3月10日の衆議院第一議会で質問に立った川島正次郎は、まず「競馬ヲ許可スル目的ト云フモノガ、馬ノ増殖デハナクシテ、政府ノ財政上ノ収益主義ニ偏シタト云フコトハ、馬政史上ノ一大罪悪ト言ハナケレバナラヌト私ハ考エルノデアリマス」と今回の改正における社会事業への使途拡大を追求した。川島はまた、「現内閣ハ博打ノ『テラ』銭デ社会事業ヲヤッテ居ルト言ッテ居ルガ、ソレドコロデハナイ其『テラ』銭ノ上前ヲ跳ネテ社会事業ヲヤルノデハナイカ」「是カラ出ル所ノ金ヲ以テ、社会事業ニ充当スルト云フコトハ、国民精神ノ作興上弊害アリト御考ニナラナイカ」と、ここでもその財源適格性を問題にした。これに対して町田農相は「欧米各国ノ例ニ依リマスト、欧米各国ノ最近ノ傾向ハ一面馬事振興ト同時ニ、社会奉仕ト申シマセウカ、社会事業ニ之幾分ヲ使フト云フコトハ、殆ド各国ニ於テ例外ナキ普通ノコトト相成ツテ居ルノデアリマス」と諸外国の例を引くと共に、「前内閣ガ百分ノ一カラ百分ノ四マデ納付金ヲ増ス案ヲ出サレタ、前内閣ノ当局者モ将来相成ルベキハ此一部ヲ社会事業ニ使ヒタイト云フ、希望ヲ持ツテ居ルト云フ意志ヲ表明サレタコト、私ハ承知致シテ居リマス」と競馬事業の社会事業への財源化が田中内閣に始まっていることを指摘した(68)。併せて、田中内閣で既に競馬財源160万円の内の20万円は一般財源に繰り入れられていることも明らかにしている。藤井達也は、陸軍省が当初この改正案に難色を示していたことから、「所謂競馬ノ最初ノ目的デアリマスル馬事振興費ノ方ニ充当セズシテ、却テ本法ヲ改正致シ、無闇ニ射幸心ト云フモノヲ奨励シ、誘導シナガラ収益金ヲ他ノ目的ニ使用スルト云フコトハ、言語道断沙汰ノ限リデアルト思ノデアリマス」「陸軍省ハ競馬法ノ目的以外ニ、此ヲ使用スルト云フコトハイケナイト云フ、盛ニ御主張ガアッタト云フコトヲ聞イテ居リマスガ又サウ云フコトガアッタカドウカト云フコトヲ、明瞭ニ承リタイノデアリマス」と攻撃した。これに対して宇垣陸相は、「国防ハ申スマデモナク馬事ダケデハアリマセヌ。即チ社会ノ施設ヲ改善シテ、ソレニ依ッテ国民思想ヲ穏健ニ導イテ行クト云フコトモ、是ハ国防ヲ堅実ナラシムル一大要素デアルト存ズルノデアリマス」と答弁した。堀部久太郎は、或る婦人連盟から救護法財源に競馬財源を用ぬべく陳情が来てる旨を述べ、公債による実施を提案するが、政府側は救護法は恒久財源を要するが故に公債によるのは不適切であると答弁している。

貴族院本会議でも3月21日、高橋琢也が「其財源ヲ求ニハ自ズカラ途ガアラウト思ウ。此ニ弊害ノ多イ……実際、是迄ノ競馬デゴザイマシタナラバ、弊害ガ之ニ伴フノハ極メテ大キナコトデアルサウデゴザイマス」と、代替財源として国有財産の売却を提案する。政府委員からは堀部への応答と同様に、それは一時収入であるので救護法には使用できないとの答弁がなされている。

議会ではこのような反論がなされたが、それを理解するには当時の政党政治の行き過ぎを念頭におかねばならない。憲本提携への報復として金融恐慌を更に悪化させた倒閣運動や、議会中心主義は天皇大権の蹂躙とする田中内閣の鈴木喜三郎内相の選挙干渉発言、浜口首相を死に追い詰めた登院強要、後に政党政治を終わらせる要因ともなる統帥権干犯問題や天皇機関説を利用した強引な政権転覆工作等、これらは全て政党政治の行き過ぎとも言える事例である。救護法実施においても、政友会森恪総務の「民政党内閣を壊して我党内閣になれば直ちに実施してやる」(69)発言に良く表れているように、政策論というよりは民政党内閣の責任追求、倒閣のための発言が多く、そのために財源適格性を問題とするきらいがあるのも事実であった。これは政友会内閣においてなされた昭和４年の競馬法改正と今回の改正との連続性や、救護法を作成したのは他ならぬ政友会内閣である点からも見て取れるであろう。

かくして、わが国初の一般的公的扶助制度としての救護法はスタートした。それは博打のテラ銭の上前で初めて実現した。ここには戦前の収益事業である「市営事業の収益主義的経営」や戦後の「収益事業」が成立したときの状況と類似性が認められる。即ち、時代の切迫する要請に対して、弊害を承知しつつも「緊急避難的」にとられた「租税外に財源を求める枠組み」である。社会的に、完全には認知を得ることのできないギャンブルが制度化されるには、このような御題目、隠れ蓑が必要だった。このプロセスを通じて「必要機関化」することによって、ギャンブル自体も性格を変えたのである。

常に何かのツールであることでレゾンデートルを得ていた日本の競馬事業は、社会福祉のツールとなることで一大革新を遂げた。現在に引き継がれる「財源」としてのギャンブル、「収益事業」が成立したのは、この救護法と合流した瞬間であった。“合法的馬券発売を伴う競馬”という意味での日本競馬事業は、大正12年の競馬法制定と共に誕生したが、この昭和４、６年の競馬法改正も、「収益事業」が誕生する大きな一歩であった。

（１）「賭け」の権力による統制、管理の歴史は、今までにも何度も紹介した増川、前掲『賭博　Ⅰ～Ⅲ』に詳しい。
（２）原朗『日本の戦時経済—計画と市場—』（東京大学出版会、1995）Ｐ５～。
（３）厚生省編『厚生省五十年史 記述編』（厚生省、1988）P239。
（４）日本社会事業大学救貧制度研究改編『日本の救貧制度』（勁草書房、1960）Ｐ３。
（５）同書Ｐ６。
（６）同書Ｐ６～７。
（７）厚生省編、前掲書P242。
（８）内務省社会局社会部『本邦社会事業概況』（内務省、1928）P44。
（９）吉田久一『現代社会事業史研究』（勁草書房、1979）P89。
（10）厚生省編、前掲書P245。
（11）明治30年には大竹貫一等によって「恤救法案」及び「救貧税法案」が提出され、また明治35年には安藤亀太郎等による「貧民救助労働者及び借地人保護ニ関スル建議案」が提出された。両法案の条文は、社会保障研究所前掲書P 8 ～11を参照。

(12) 山崎巌「救貧法要義」佐藤進編・解説『社会福祉古典叢書五 田子一民・山崎巌集』(鳳書院、1982) P257～258。

(13) 吉田、前掲書P89。

(14) 経済システムについて近代化を主導しようとした政治システムは、社会システムについてはその後進性と特殊性を利用して秩序維持機能を果たそうとした。つまり伝統的社会システムの持っている自立的秩序維持機能、言い換えれば地域共同体的統制によって秩序維持を図ろうとしていたのである。神野直彦「『日本型』税・財政システム」岡崎哲二・奥野正寛編『現代日本経済システムの源流』(日本経済新聞社、1993) 収集。

(15) 神野直彦「現代日本税制の形成過程 (一) (二)」『経済学雑誌』第88巻 2 ・ 3 号、5 ・ 6 号 (大阪市立大学経済学会、1987)。

(16) 山下憲昭「救護法の制定と実施」『大谷女子大学紀要』第26巻 2 号 (大谷女子大学志学会、1992)。

(17) 厚生省、前掲書P257。

(18) 内務省社会局社会部、前掲書P42～。

(19) 吉田、前掲書P216。

(20) 柴田敬次郎『救護法実施促進運動史』(日本図書センター、1997) P17～18。

(21) 内務省社会局社会部、前掲書P51～。

(22) 厚生省、前掲書P257。

(23) 救護法条文は、社会保障研究所編、前掲書P29参照。

(24) 中村幸太郎「救護法と家族制度」『社会事業研究』第20巻 5 号 (社会事業大学社会福祉学会、1981)。

(25) これは、社会局社会部「救護法仮想的質疑応答」より明らかである。寺脇隆夫「救護法の成立と施行をめぐる経緯 (上) (下)」『長野大学紀要』第19巻 4 号、第20巻 1 号 (長野大学、1998)。

(26) 田中内閣の救護法実施に向けての熱意の無さに就いては、寺脇、前掲論文に社会局側の国会審議に向けての準備体制等に触れて述べられている。

(27) 社会保障研究所、前掲書P35。

(28) 同書P36～43。

(29) 当時の農村の窮乏については吉田、前掲書P223～を参照。

(30) 当時の新聞報道の主なものとしては、東京朝日新聞昭和 5 年 3 月23日「不景気対策以上の急務」、中央新聞昭和 5 年11月23日「政府の社会政策的施策殆ど全滅」、東京朝日新聞昭和 5 年11月13日「救護法費の無い明年度予算」、大阪朝日新聞昭和 5 年 8 月17日「救護法の実現」等がある。

(31) 吉田、前掲書P229。

(32) 内閣官報局『帝國議會衆議院議事速記録 第18号』昭和 6 年 2 月25日P436。

(33) 例えば、柴田、前掲書のP125、「あの冷酷な政府当局者の中には恐らく救護法実施の如きは既に忘れ去った者もあったかもしれないのである」のような理解が多数みられる。

(34) 粟屋憲太郎『昭和の歴史（六）～昭和の政党～』(小学館ライブラリー、1988) P15～。

(35) 予算審議権論争については、大蔵省財政金融研究所財政史室『大蔵省史―明治、大正、昭和―（二）』(大蔵財務協会、1998) P22～を参照。

(36) 津島寿一『芳塘随想 第九集』(芳塘刊行会、1962) P202～や粟屋憲太郎『昭和の歴史 6 ―昭和の政党―』(小学館、1988) P262～には、管理給与減法策にはクレジット設定に向けての日本政府の努力姿勢をアピールする要素があった旨について触れられている。

(37) 津島の回想録のみならず、井上蔵相の演説にも同様の性質が述べられている。「経済更新会創立総会演説」井上準之助論業編纂会編『井上準之助論業第三巻』(井上準之助論叢編纂会、1935) P262～。

(38) 升味準之輔『日本政治史 三 政党の凋落、総力戦体制』(東京大学出版会、1988) P78参照。

(39) ロンドン軍縮条約に伴う減税計画については、大蔵省前掲書P40～を参照。

(40) 例えば、東京日日新聞昭和5年11月30日「政府の社会政策殆ど全滅、悉く資本家偏重政治」に報道されるような姿勢。

(41) 升味準之輔『日本政党史論第五巻』(東京大学出版会、1979) P377～。

(42) 同様の観点から、政府主導でカルテルやトラスト、企業合同が進められ、昭和6年には重要産業統制法が公布されている。

(43) 大蔵省、前掲書P22。

(44) 社会政策にも取り組んでいたが、その中では小作問題を第一に取り組み、結果として救護法が外された。寺脇、前掲論文。

(45) 同論文。

(46) 競馬法施行後の抽選馬の購買数とその平均価格の推移は、大正12年から昭和3年の僅かの間に平均価格で約2倍になり、出走頭数では2.4倍に至っている。

(47) 武市、前掲書P263。

(48) 我国の総馬数は、大正12年は159万頭、13年が156万頭、14年が155万頭、15年は148万頭と競馬再開にも関わらず減少し、第一次馬政計画の目標であった150万頭の維持枠を割ってしまった。

(49) 畜力：牛、馬など家畜の労働力。「えきば」：労役に用いる馬。

(50) これに関しては後に国会答弁において、真に有用な障害コースを設置するには、既存コースの改修よりは新設のほうがコストが低いことが説明されている。また既存競馬倶楽部に任せていたのでは、興業面を重視してサラブレッド偏重の番組編成を行なうであろうことは明らかであった。その為、特殊競走専用の競馬場を増設しないのには、十分な数の特殊競走が編成できないのを当局は把握していた。

(51) この改正案の内示を受けていた陸軍省内の意見としては、概ね次のようであった。「軌道に乗りかけている競馬を時期尚早な規制の緩和によって穏健な発達から逸脱せしめる恐れがある」「改正案は望ましいものの、予算的には多少の問題であり、国防上緊急性を有するものではない為、むしろ経費を得る為に法改正を行う通念を社会に与える事は、風教上の問題を深める」「競馬の国庫納付によって、政府が負担すべき費用を賄うことは、一般歳費としては問題外として、馬匹改良費といえども競馬法制定の趣旨に合わない」「マスコミも既に反対をし始め、これの緩和は困難」「貴族院の通過も困難」。日本競馬史編纂委員会、前掲『日本競馬史第4巻』P653〜。

(52) 昭和3年11月に行われた帝国競馬協会臨時総会での農林省と倶楽部との協議の席で戸田畜産局長は、倶楽部側から一人一票制や制限超過金の制度の改正を求められたが、この度の改正は最小限にする方針で、風教上の問題を惹起しかねない問題は触れない旨、回答している。また倶楽部側からは、競馬場増設には絶対反対の立場が表明された。

(53) 大正12年第46回議会における3月6日の衆議院競馬法委員会で、森下亀太郎議員による「(競馬法には) あたかも政府はばくち場の胴元の「テラ」取りでもするような規定があるのであります。すなわち馬券売上高の百分の一以内に相当する金額を政府へ納入を求める、これはどういうご趣旨でありますか」との質問に対して渡辺馬政長官は「これはちょっと考えますとただいまご質問のようなことに取れるのでありますが、この競馬をいたしますについては、また競馬に関して監督その他の施設を要することも将来できるのであります。その財源をまずここで得まして、なお余りましたならば目下の馬匹奨励に出しております国庫の金というものははなはだ少ないのでございますから、それをその方へ利用いたしましてこの奨励をなお盛んにいたしたいという考えでございます」と答弁しており、競馬の主目的がこの国庫納付ではないことを明らかにしている。

(54) 政府は国会でも、頻りに「税源目的の引き上げではない」旨の答弁を繰り返していた。

(55) 競馬法の原形が欧州、特にフランスに範をとったことから、競馬収益金を畜産振興に用いるという思想 (前章一節参照) は、導入前から念頭にあった。馬政局の競馬法草案の中にも、倶楽部収益金の使途として馬匹改良財源を明記している案も多かった。また競馬法案提出の際の議会説明でも、国庫納付金は第一に競馬監督の費用に用い、余剰が生じた折は馬匹改良の費用に用いる旨が説明されていた。しかし、既述のような制限の多い競馬が馬券を如何ほど売り上げるのかの予測が立たなかった為、また再開直後の倶楽部財政を懸念して1%に据え置いたのであった。

(56) 福島競馬倶楽部が昭和6年度の春季競馬を5日間で予算編成したのに対して、主務省は関係者を東京に呼び出して訓戒し、6日間開催として予算案を再編させた例からも、この狙いが見て取れる。日本競馬史編纂委員会前掲書、P693〜。

(57) 昭和４年の競馬法改正でも、先に触れたように一人一票制の緩和と言った改正案が競馬倶楽部側からは出されていた。しかし競馬法制定時の流れから、貴族院や司法省の同意が得られる訳もないとの考えによって、馬政局や陸軍省共にそれに関しては及び腰であった。日本競馬史編纂委員会前掲『日本競馬史第４巻』P663〜や田辺一夫「近代競馬への軌跡」中央競馬振興会編集『競馬法の変遷30年史』(中央競馬ピーアールセンター、1992) 収集。

(58) この辺りの社会局の動きについては寺脇、前掲論文を参照。

(59) 内務官僚だった山崎巌も、次田大三郎にサジェストを受けて自分が中心になって案を練り、その案を当時社会局長官の吉田茂が安達内務大臣に相談した旨の回顧をしている。厚生省社会局編『社会局参拾年』(厚生省社会局、1950) P37。

(60) 厚生省社会局、前掲書P37を参照。

(61) ３着までに入線した馬を的中とする馬券。以前、京浜競馬倶楽部で導入が図られたが当局の許可が出ずに流れたことがあった。従来は単勝式のみで一人一票制であったので、１人は１競走に20円までしか購入できなかったが、複勝式の導入で１人が１競走に単勝式１枚、複勝式１枚で計40円まで購入できるよう、規制が大幅に緩和される。

(62) 時事新報１月29日「救護法の財源依然見込立たず、競馬法の改正には農林省が同意せず」、東京朝日新聞２月12日「救護法は実施難、競馬法改正気乗り薄」等を参照。

(63) 救護法実施記念懇談会の席でも安達内相が、「所が之れには町田君（筆者注、町田忠治農林大臣）が反対し始めた。『そんなウマイことをしたって駄目だよ、他省の財源で自分の方の仕事をするなんて虫が良すぎる』と云ふ具合でね」と語っている。柴田、前掲書P407。また農林省の反対の姿勢については、昭和６年２月12日東京朝日新聞「救護法は実施難、競馬法改正気乗り薄」にも報ぜられている。

(64) 陸軍省側の意見としては、万朝報昭和６年２月４日「救護法の財源に、陸軍の横槍」や日本競馬史編纂委員会、前掲書P710〜を参照。安達内相の後日談にも、「陸軍省が割合に理解が少なく同意を得るに困難をした」とある。柴田、前掲書P407。

(65) 昭和６年２月22日の第７回馬政委員会での松村真一郎農林次官の説明中に、「内務省からのご相談は地方の方では別に財源を考えているから、現在地方に寄付金をいたしているものを政府の納付金の方に移して農林省の方の取扱としてその財源を救護法の方に回したいという話があったものであります」とあり、内務省同士の身内である地方局と社会局との協力で農林水省に働き掛けた様子がわかる。日本競馬史編纂委員会、前掲書P716。

(66) 競馬財源を転用される事に対して、快く思っていないはずの陸軍大臣から政府提案への反対を引き出そうとした質問者に対して宇垣一成陸相は、「国防ハ申スマデモナク馬匹ダケデハアリマセヌ。即チ社会ノ施設ヲ改善シテ、ソレニ依ッテ国民思想ヲ穏健ニ導イテ行クト云フコトモ、是ハ国防ヲ顕実ナラシムル一大要素デアルト存ズルノデアリマス」と答弁している。昭和6年3月10日帝国議会衆議院競馬法中法律案第一議会。

(67) 先の宇垣一成陸相の答弁や、救護法の主要な性格の一つが国民統合の推進のための懐柔的治安政策であることなどから、戦時体制に向けての要素が無いとも言えないと思われる。

(68) 昭和4年2月8日の競馬法中改正法律案委員会にて砂田重政農林参与官が、「御承知ノ通リ競馬ノ倶楽部ト云フノハ、利益ヲ目的トシナイモノデナイカラ、将来収入ガ馬事ノ振興ニ充テ、余ッタモノハ一般ノ社会事業ニ之ヲ投ズルコトニナルベキ本質ニナッテ居リマス」と答弁していた。「競馬法中改正法立案委員会議録（第二回）」『第36回帝国議会衆議院委員会議録』（衆議院事務局）。

(69) 柴田、前掲書P407。

第五章　競馬事業の戦時体制　その２
―日本競馬会成立と財源化の進展―

はじめに

競馬事業は、救護法実施財源という社会福祉のツールと化すことで変容を遂げた。明治39年（1906）の馬券黙許以来、常に競馬の反対者だった司法省すら、救護法財源の為に競馬法改正に尽力した。競馬法制定時に競馬に付された諸規制の緩和は、競馬施行者の側からは不可能だった。救護法実施が時代の急務と成る程に緊迫したからこそ、馬券の弊害を認識しつつも昭和６年の競馬法改正は実現した。そのため、競馬法制定時にあれだけ必死に設けた様々な制限を覆せねばならない所に、「緊急避難」的な性格を感じずにはいられない。

かくしてこの改正は競馬の財源化というパンドラの箱を開けた。この財源化した競馬こそ、我々が親しんでいる現行制度である。しかし、昭和６年の競馬法改正はその端緒に過ぎない。その後、戦時体制への移行で軍部の発言力が大きくなり、「鉄床で鍛え上げられた」競馬事業の色彩が強まっていく。昭和10年代には、陸軍省の意向により本格的な戦時体制へと組み込まれることで競馬事業の変容は更に進み、戦後へ連続する為の条件を満たすのである。

本章の構成としては、まず競馬事業の変容過程を整理するに際して、戦前・戦後の連続と断絶という性質に注目する。序章での定義を今一度繰り返せば、「租税外に財源を求める枠組み」として、収益事業の制度自体は連続している。しかし一方で、そのコンテンツは断絶している。市営事業は現在、収益主義的に経営されていない。競馬事業も、戦前と戦後では断絶している。今の競馬は、軍事目的のツールではない。収益事業の戦前のコンテンツだった市営事業が断絶する様は、二章で扱った次第である。競馬事業は、昭和6年の競馬法改正から敗戦までの間に、明治以来の性格を変容してそれ以前と断絶し、現在との連続性を持つ。本章は、野口悠紀雄の「1940年体制」モデルを用いて、競馬事業が戦時体制の中で変容していく様を時系列的に追い、競馬事業の「1940年体制」の構築過程を明らかにする。戦時体制への本格的移行に伴って競馬事業も変容を強いられ、現行制度の礎が形成されていく。序章で扱った「収益事業」を特徴付ける極めて高率な控除率の原型はこの「1940年体制」にあり、その「転移効果」は今も現存しているのである。

第一節　戦前・戦後の連続説と非連続説

1　戦前と戦後の連続と断絶

日本の現行制度を語る上で問題となるのが、戦前と戦後の連続性である。(1)一般的には、敗戦を機として両者は断絶して、非連続とされる。GHQの行った統治政策によって、日本の再軍事化を阻止すべく様々な民主化政策がとられた。最大の変化としては、大日本帝国憲法を擁する大日本帝国が消滅し、日本国憲法と日本国が誕生した。「朕ハ爾等国民ト共ニ在リ、常ニ利害ヲ同ジウシ休戚ヲ分タント欲ス。朕ト爾等国民トノ間ノ紐帯ハ終始相互ノ信頼ト敬愛トニ依リテ結バレ、単ナル神話ト伝説トニ依リテ生ゼルモノニ非ズ(以下略)」で知られる人間宣言に代表されるように、神だった天皇は人間となり、代わって主権者は国民になった。戦争の原動力となった巨大な陸海軍組織は解体され、憲法第9条により軍隊自体が存在しなくなった。軍国主義国家を支えたリーダー達は東京裁判で裁かれたり、パージされたりした。その範囲は極めて広範囲で、中央官庁の局長以上や国策会社の重役等にも及んだ。天皇の官吏だった官僚も、国民の奉仕者たる公僕と化した。国内を広範に強く支配していた内務省は解体され、権限も広く分散された。治安維持法や特別高等警察、秘密警察制度といった、国民を不断の恐怖に曝してきた諸制度は廃止された。言論出版の取締まりや機密保持に関する法律も廃止され、言論思想の自由が確保された。戦前に大学を追われた共産主義、自由主義系の学者も相次いで復職した。思想犯や共産主義者を含む政治犯も釈放される。

中央政府の握っていた警察力も、自治体警察として市町村に委ねられ、また消防も移管された。選挙管理委員会や公安委員会、教育委員会等の行政委員会が地方に設置され、教育委員の公選が導入された。

社会面でも、教育改革で軍国主義教育、全体主義教育は廃された。個人の権利を重視する自由主義教育、民主主義教育が行われ、学校制度も6・3制に再編される。民法改正で男女平等が達成され、女性にも参政権が付与された。併せて家長中心の家族制度が改められ、親権も制限された。長男の家督相続も廃止され、女性解放が進んだ。憲法でも、基本的人権が保証される。

地方自治でも、憲法に地方自治の規定が盛り込まれ、地方自治法が整備される。天皇制支配を末端にまで至らしめるツールだった官選知事は、直接公選知事によって代わられ、国の後見的監督は廃された。府県が完全自治体となり、市町村と対等になった。地方議会の権限が整備されることで、地方政治の役割も増大した。地方財政でも、地方自治体の行政能力を強化する為に従来の附加税中心主義が改められ、シャープ勧告に基づく市町村中心、自主財源中心の地方財政制度が整備された。

経済面でも改革が進み、財閥解体や持株会社の禁止、極めて厳しい独占禁止法の制定等によって、戦前の軍国主義を支えた体制が破壊された。農地改革が行われ、戦前の体制の一翼を担っていた地主層も解体された。民主主義を支え、同時に反共産主義勢力を育成する観点からも、自作農の育成が行われた。また共産党が合法化され、当初は労働組合、労働運動も奨励されて、労働三法に繋がる。これらの一大変化の結果、大日本帝国は消滅し、全く別の平和国家として日本国は再生したとされる。これら諸変革はその後の「逆コース」で後退した面も多いが、それでも基本的には戦前の諸制度と戦後のそれとは全く別の断絶したものであり、非連続であるとされる。

2　公法学、行政学での連続説、非連続説

公法学的見解からは、両者の断絶を説くものが多い。田中二郎は、戦後の行政法の哲学を大陸型からアングロ・サクソン型への転換と捉えている。そ

こでは、中央集権主義から地方分権主義へ、官僚中心主義から民主行政主義へと、各分野での断絶があげられている。地方分権とは、団体自治に加えて住民自治を保障することであり、国の事務の徹底的な地方委譲や自主立法権の拡大、地方財政の確立、国の監督の極力廃止であり、戦前のそれとの断絶を意味する(2)。また政治学でも、村松岐夫は従来の連続論を垂直的行政統制モデルとして、官僚の影響力に力点を置き過ぎとする。このモデルの問題点としてその前提、即ち、主要な決定は中央省庁の官僚によって発議・決定されて議会・政党の力はあまり重視されない、中央省庁は府県の関係部局や更には市町村の関係部局に政策を下ろしてまで実行しようとする、地方は「上位」政府に対して従順である、地方は中央からの技術的、財政的、手続的援助が無ければ行政を行うことができない、などのこうした前提が実態と異なるとする。村松は、正当性が天皇制から国民主権に転換した断絶面に注目し、議会主義に基づく政治過程即ち政党と利益集団の活動を統治の実質部分とみなす。その上で、従来の垂直的統制モデルに加えて水平的競争モデルを提唱し、戦前とは断絶された新たな中央地方の相互依存関係の解明を試みる(3)。

しかしこれらの見解とは異なり、戦後の日本の諸制度が戦前のそれの影響を受けた「連続」性の強いものであるという説も政治学、行政学には存在する。例えば、辻清明が地方自治制度に関して用いた「官僚的拘束の残存(4)」のようなものである。辻は新しい地方自治法が、中央による煩雑な監督規定を大幅に切り捨てていることと、地方自治体に対して自治性を強化していることを評価し、これは「まさしくアングロ・サクソン的色彩に粧られた近代的地方自治の理念をその一身に体現するもの」「いいかえれば、それは『知的集権』と『権力的分権』の見事な結合の象徴」になったとする。しかし実態に関しては、内務省廃止によって逆に分離型中央官庁の出先機関による多元的統制が増したこと、副知事や助役等が元内務官僚によって占められているように人事的な統制が存続する恐れがあること、地方警察が地方自治法の例外として地方公務員とされない為に完全な民主的統制がされにくいこと、といった様相に反映されている戦前からの連続、即ち「官僚的拘束の残存」をあげている。高木鉦作は、公選知事導入の政策過程において、当初頑強に公選知事に反対していた旧内務官僚がこれを受け入れた理由として、機関委任事務を用いて公選知事を従来通りに国家目的遂行の手段として組み込めるという判断があったとする[5]。公選知事制度も、中央政府の政策遂行手段という戦前の性格を実質的に引き継いでいるという点では両者は連続したものである。このように連続説では、逆コース以前から戦前との連続性が存在し、それが現行制度を規定している面を多々発見できるとする。

3　経済学での連続説と非連続説

経済学では、戦後日本の諸制度が戦前の制度の影響を受け、実質的には連続性が見られるという説が多い[6]。政治学、公法学からの連続・非連続説の観点は、通常、敗戦を挟んで行われる。しかし、経済学では第二次世界大戦直前の体制（戦時体制）と戦後体制との比較を問題にする。即ち、戦前と戦後の制度は非連続であるが、その断絶の契機となるのは通説のように敗戦によるものではなく、第二次世界大戦前の一定期間によるものとする。この場合、昭和12年（1937）～昭和16年（1941）の間（戦時体制）に起きた変化は、明治以来の制度とは大きく「断絶」するが、その一方でこれらの変化は戦後には「連続」する点が指摘されている。例えば中村隆英は戦後への制度的連続性として、制度面では下請制度の発達、金融系列と呼ばれる企業グループの成立、産業界に対する行政指導、日本銀行の金融統制の強化、職業別労働組合から企業別組合への転換、健康保険や年金制度の拡大をあげ、更にこの時期の影響として企業での所有と経営の分離の確立、食糧管理制度の開始、配給制度を通じての国民生活の均一化と平等化、生産力の拡充、といった諸点をあげている[7]。断続説を説く先の村松岐夫も、この点から日本の行政を最大動員システムとして定義し、「官僚が省庁ごとにではあるが行政組織をこえた、民間組織を含むネットワークを作ることによって、社会全体のリソースを最大動員しようとしてきた」とし、その戦時体制との連続を説く[8]。「一九三〇年代から戦争終結までの間、軍部支配の時代を迎える。この時期、行政ではいわゆる革新官僚の台頭があった。これら革新官僚は、より広く『革新派』が優勢になる統治潮流の中で、一部には国家社会主義を標榜しながら、乏しい資源を国家と軍事体制の為に動員し、国民をこの統制システムの中に封じ込めようとした」のである。官僚はこの「強固なシステムの運営に参加するのであるが、全体としてはわき役だった」ものの、「戦後は官僚が独自の合理性を追求する機会を与えられた。戦前の統制の手段を引き継いだ」のである。連続・非連続の軸を戦時体制に置くとするならば、ここにも「戦前の統制の手段」の連続性を見出せると村松は主張する。持田信樹は、財政調整制度の地方分与税を生んだ1940年税制改革の戦後との断絶を指摘する藤田武夫の「明治以来の日本の中央集権的な地方財政構造は、ここにいちだんとその集権制を強め、自治財政としての形態も実質も失った[9]」との見解に疑問を呈している。持田は、「戦時下に形成されたという特殊性、したがってまた1940年改革と戦後との『断続性』を強調する議論には、疑問を提出せざるをえない」とする。大きな断絶が横たわっているのは「戦中の『地方財政の中央集権化』と戦後のそれとの間[10]」ではない。「明治地方自治制と戦時地方財政との間に構造的断絶があるのであって、1940年改革と戦後の地方財政はむしろ連続面をもつというべきであろう」とする[11]。

4　1940年体制論

野口悠紀雄は、これを「1940年体制[12]」論と命名し、戦前の中でも特に1940年前後に行われた総力戦体制への制度改革こそが、戦後日本の基底部分に影響を及ぼしてきたとする[13]。総力戦体制を効率的に遂行するための最大動員システムとして作られたこの体制で創出された諸制度は、戦後にも残存して高度経済成長を支えてきた。日本経済システムの特徴としてよくあげられる、第一に終身雇用と年功序列賃金を軸とした日本企業形態、第二に企業単位の労働組合、第三に銀行を中心とする間接金融体制、これらの「日本型」とされるものの多くは、この総力戦体制の下で形成された[14]。株主中心から従業員中心の企業形態への変化は、昭和13年（1938）の国家総動員法によってなされ、戦後の社会保障の政府負担を小さくした。重点産業への傾斜配分を目的とした間接金融制度は、高度成長に際して大きな役割を果たした。金融政策に国家が強く関与する体制を整えた日本銀行法も、昭和17年（1942）に制定された。同年の借地借家法や食糧管理法は各々、戦後の地主層解体に伴う産業化に不可欠だったし、戦後に続く農業保護の流れを形成した。地方財政調整制度や所得税を中心とする税制システム等の諸制度は、戦時中の転移効果とともに戦後に継承され、様々な諸相に影響を及ぼしてきた(15)。これら諸制度は、分割占領を回避して旧体制を利用しようとする連合軍の間接統治政策、政権を担当しうる反体制勢力の欠如、そして最終的には日本国民がこの諸制度を望んだことなどの理由で存続する(16)。戦時中の統制を担った官僚層が殆んどそのまま温存されたこともあって、1940年体制は連続することとなった。我々が戦後の繁栄の基本構造と考えていたもの、戦後民主主義の賜物と考えていたものが、実は忌むべき戦時体制の遺構であるとこのモデルは主張する。

本章では、日本の競馬事業をこの視点から俯瞰する。「収益事業」の中で、競馬事業は唯一戦前から存在した。従って「収益事業」の戦前・戦後の連続性を考える場合には、貴重な素材である。他の公営競技は競馬の制度に範を採って形成されたものであるため、競馬事業に残る戦時体制は、そのまま「収益事業」にも継続されている。そして、この連続性こそが終戦によるレゾンデートル喪失に際して、競馬事業が存続し得た原因に他ならない。

第二節　競馬事業に見る連続と断絶

日本の競馬事業を戦前・戦後の連続、非連続モデルから見れば、真っ先に目に付くのは非連続面である。日本で競馬が許可され、保護され、遂行されたのは主に軍事目的からだった。従って、戦後の非軍事化の中で競馬はレゾンデートルの根幹を失う。またモータリゼーションの普及、燃料事情の改善等により、馬匹に対する運輸、耕作への需要も失われていった。これは、戦前に競馬を「事業」として奨励、遂行する大義名分を与えていた「軍事、運輸、耕作等の活機械の改良」という目的の消失を意味する。日本で競馬は自然発生したものではなく、単独で価値を持つものとはされない。即ち、他目的のツールとして有用であるが故に、競馬は保護、遂行、許可された訳で、終戦の激変はそのレゾンデートルを奪った。従って再開には新たなレゾンデートルが必要で、ここに競馬事業の目的における断絶、非連続が見える。

またそのような経緯故に、競馬事業は極めて軍事的な事業だった。従って、日本の軍国主義的性格や再軍備の可能性を徹底的に解体することを目的とする占領軍にとっては、格好の解体対象だった。戦時中の競馬廃止論への対策もあって積極的に軍部に協力してきた日本競馬会は、侵略戦争の一翼を担ったものと見なされても仕方なかった。現在の地方競馬の基になった「鍛錬馬競走」に至っては、軍馬訓練の為の完全な軍事制度だった。そのため、鍛錬馬競走は戦後に廃止されたし、その中央組織である「軍用保護馬鍛錬競走中央会」に見られた中央集権体制も同制度の廃止で挫折し、現在の分権的な地方競馬の分立に至っている。ここにも大きな断絶を見出せる。

全国の公認競馬を一つに統合した日本競馬会は、独占禁止法の観点からもアンチトラスト・カルテルの対象となった。その結果、日本競馬会は解散団体と指定される直前まで追い込まれ、結局、自主解散を経て国営競馬に移管された後、特殊法人日本中央競馬会へと生まれ変わる。戦前は民間によって営まれていた競馬事業が、戦後には国営を経て、現在では公営或いは半公営化している。ここにも、制度面での大きな断絶を見ることができる。

このように、馬匹改良という実質的な目的を失った競馬事業は戦後、国民の健全なレジャーとして生まれ変わらざるをえなかった。それによって初めて新たなレゾンデートルを持ち、存続できたと言えよう。従って、競馬の中の軍事的側面は完全に失われたはずである。

しかしながら、様々な残滓があるのも事実である。それから類推できるように、「競馬の戦時体制」「鉄床で鍛え上げられた馬事文化」(17)は今でも日本の競馬事業に残存している。それは拙稿「競馬事業の連続性」(18)で指摘し、本書でも折に触れ述べてきた些細な現象面にだけでなく、もっと本源的なものであり、「中央競馬」「地方競馬」双方を含めた日本の競馬全体に根付いたものとなっている。そこで次節からは、昭和６年競馬法改正以降から戦時体制に至るまでの日本の競馬事業の歩みを辿る。1940年体制モデルで指摘される特徴である、「それ以前の時代との非連続性」を指摘するためにも、また日本の競馬事業の特質を明らかにするためにも、時系列的にその展開過程を追ってみたい。

第三節　昭和６年の競馬法改正以降の状況

１　統制の時代

前章で触れた救護法実施が問題とされた時期は、後に本邦の体制を作り変える大きな潮流の萌芽が生まれた時期でもあった。その流れとは、金解禁を目差した緊縮財政期やその影響下の昭和恐慌期に第一歩を踏み出した、産業統制の動きである。第一次世界大戦の戦争特需でバブルに拡大した日本経済は、決して実体を伴うものではなかった。日本は列強諸国の撤退したアジア市場に輸出を伸ばした結果、経済規模こそ拡大していたが、その製品の品質は劣悪であり、決して高い国際競争力を持つものではなかった。新興の重化学工業は、特に体力が無かった。昭和初期の日本鉄鋼業の発展段階は、粗鋼生産量から言うならばアメリカの19世紀末の水準に過ぎなかった[(19)]。大正９年（1920）には大不況が訪れ、関東大震災の被害はそれを慢性化させた。しかし政友会内閣の産業保護政策は、本来淘汰されるべき放漫企業や銀行を温存することとなり、日本経済の健全化には繋がらなかった。震災復興の震災手形は日本経済の回復を妨げ、社会には不況が蔓延していた。

1920年代のアメリカでは、テーラーシステムの労働管理やフォーディズムによる大量生産でのコストダウンが進み、産業合理化が進んでいた。またドイツでは規格統一や作業時間の無駄を省くタイムスタディに加え、企業合同やトラスト、カルテル化によって産業に競争力を付けていた。合同製鋼株式会社70社の合同による「フェラインニクテ・シュタールベルケ・ＡＧ社」や化学工業６社の合同による「ＩＧ」等の企業合同が盛んであり、当時のドイツでは生産調整で恐慌を妨げるという「カルテル新学説」が信じられる程だった。金解禁下の日本でも、産業合理化を進める一方で、国際競争力を付ける為にカルテルやトラストの形成が国家主導で進められていた。特に国の基幹産業であり且つ競争力の弱い鉄鋼業では、大正15年（1926）に早くも民間5社による銑鉄協同組合が結成され、同年には官民の製造分野を調整する条鋼分野協定会が結成されていた。これらのカルテル運営では官営八幡鉄鋼所が殆んどイニシアチブをとっていた様に、この流れは国家の全面的なバックアップで形成されていた。[20]

浜口内閣は金解禁を通じて国内産業の国際競争力を高めるべく、緊縮財政と同時に国内産業合理化に努めた。しかし金解禁と世界恐慌が重なって不況が加速化し、救護法の必要性を更に高めた模様は前章で触れた次第である。昭和5年（1930）には臨時産業合理局が商工省に設けられて製造業製品の規格統一を進める等の合理化支援を行い、昭和6年（1931）年には臨時産業調査会の答申を受けて重要産業統制法が制定される。これは従来の国家主導カルテルに法的根拠を与えるものだった。その第1条では、同業者の2分の1以上でカルテルを形成した場合は、主務大臣に届けねばならない旨が定めてあった。しかし、第2条ではそうして結成されたカルテルは、参加者の3分の2以上の申請があり、且つその目的が国民経済の健全な発達に適う場合には、非加入業者に対しても支持・命令ができることとなったのである。これは、大不況下で企業が共倒れするのを防ぐ目的で、国がカルテルを保護するものだった。この国家の経済過程への介入強化はまだまだ緩いもので、「日中戦争期以降に展開された戦時動員の為の直接的経済統制とはなお異なる性格のもの[21]」だった。それでも同法の第3条には、公益が妨げられるときは政府が勧告してカルテルを規制できるという規定があり、単なる不況時の対策法ではなく、産業統制の恒久化に繋がる経済政策上のエポックだった。

その後、金解禁下での必死の合理化とカルテルによる過剰競争の抑制によって、国内産業に競争力がつき始めた時期である昭和6年（1931）12月、高橋是清によって金輸出再禁止が為された。翌7年末から8年にかけて、金輸出再禁止による円相場下落で為替が100円＝37＄で低位安定に転ずると、合理化で競争力の増していた産業の輸出が盛んになった。この両年には、日銀引受赤字国債による時局匡救事業費や軍事費の財政支出増大及び低金利政策といった高橋財政の金融政策で、俄かに好景気が訪れた。昭和６年の競馬法改正を受けた競馬が乗り出して行ったのは、この様に時代が転じていく直前だった。

2　陸軍の影響の増大

昭和６年の法改正を受けての競馬開催は、６月の新潟競馬から始まった。全ての倶楽部が新制度で開催を行った秋季開催では、深刻な経済不況にも関わらず、春季に比べて40％も売上を伸ばした。これは当初の狙い通り、開催日数の増加と一人一票制の緩和策によるものである。特に複勝式は人気を集め、初めて複勝式の発売された福島競馬場では、売上の実に75％以上が複勝式だった。上限10倍の配当制限が存在する状況では、単勝式の場合は容易に上限に達し、超過金額を没収されてしまう。その為、的中率が高く、配当も容易には10倍を超えない複勝式に人気が集まった。法改正によって１人で単勝式１票、複勝式１票と２枚購入が可能になったにも関わらず、複勝式の売上のみが上昇するということは、全ての観客が両方を購入した訳ではないということであり、懸念されたようなファンの破産等の弊害は起こらなかった。その後、高橋財政で景気が回復するに従って、競馬の売上も順調に伸びていった。[(22)]軍事産業を中心とする「跛行景気」だったが、全体として経済は上昇基調にあった。

しかし、時代は戦争の色を強める。昭和初期の農村窮乏は、農村出身者の多い軍隊、特に若手将校を中心に、財閥や政党政治の腐敗への憤懣を呼び起こした。彼ら下士官の不満は、社会の矛盾へと向けられる。政党政治末期のこの時期は、政友会が統帥権干犯問題で軍部を使って倒閣を企てる等、次第に軍部の発言権が増していく時代だった。この時期は右翼、軍部によるテロリズムが頻発する。昭和５年（1930）には右翼による浜口雄幸首相狙撃事件が発生、同年には陸軍若手将校による桜会が結成される。翌6年（1931）には未遂ながら三月事件、十月事件と陸軍に不穏な動きが現れる。昭和6年（1931）の競馬法改正直後には満洲事変が勃発し、政府の不拡大方針にもかかわらず軍部の暴走は止まらなかった。昭和7年（1932）には血盟団により2月に井上準之助蔵相、3月には団琢磨三井総裁が暗殺され、5月には5・15事件によって現職の犬養毅首相が殺害されるに及ぶ。相次ぐテロにより政党政治は終わりを告げ、以降は軍部を含めての挙国一致内閣が組閣されるが、それでも軍部の暴走は止められない。翌昭和8年（1933）3月、日本は国際連盟を脱退、ドイツではアドルフ・ヒトラー政権が成立する。

その中では、競馬も当然影響を受けた。陸軍省は競馬誕生以来、常に競馬を支えてきた存在で、特に競馬法制定は陸軍省抜きには不可能だった。行政整理で競馬監督業務が農林省に移管された後も、その影響は強く残っていた。昭和4年の競馬法改正で、陸軍省の求める“実用馬の競走増加”の為の競馬場増設案が否決されていた為、昭和6年の改正で一回の開催日数が6日から8日に拡大された際には、特殊競走を組み込むよう各倶楽部に対して働きかけていた。中山競馬では早速、8日の開催枠の内の3日を使って、障害、速歩競走専門の開催を行ったが、売上は駆歩開催の80％程度に留まった。この時点でも、陸軍省による要求の中心は競走内容に関するものであり、競馬の直接効用に期待してのものだった。

競馬法制定以来、陸軍省の要望を受けた農林省畜産局から競馬倶楽部側に対して、番組編成に何度も指令が出されていた。大正15年（1926）には農林省畜産局長によって、競走馬の軍馬等としての引退後利用の観点から早期引退を促すために新馬の出走年齢を7歳までと制限した。虚弱な馬を排除する為に、競走での負担重量の軽減をしないことや軍馬に必要なスタミナのある気性の良い馬を選別する為に競走距離を増加させて概ね駆足競走は3000m以上で編成する旨、などの通牒が発せられている。昭和4年（1929）には、例外的に認められていた春季の1マイル未満の新馬競走もすべて1マイル以上にする指令が出ている。同年7月に陸軍省軍務局馬政課が作成した「将来の

東京競馬倶楽部時代の目黒競馬場（昭和初期）

出所：馬の博物館蔵

公認競馬に課すべき条件について[23]」には、陸軍省の要求がまとめられている。そこでは「強健持久の能力を高上（ママ）するとともに、繊細非薄なる体と飼養管理の困難なる素質とを排除」するという方針が描かれ、軽技重視の風潮を反転して、中世紀の重技の復活が目指された。具体的には、競走距離の延長、負担重量の増加、高低に富む地形や経路、方向等のコースによって速力の発揚を拘束すべき条件を整え、且つそれを克服する馬を求めていた。併せて、全ての競走馬に体格検査を義務付けた。以前から公認競馬に設けられていた競走条件制限と併せて、「強悍非薄の群生得勝の必絶」を試みた。昭和5年（1930）2月に馬政課が作成した「競走馬の負担重量[24]」でも、「競馬法制定の趣旨を体し瞬間的速度競走偏重の嗜好を排し、あくまで持久力向上を目的とする精神により決定するの要あり」との姿勢を示している。昭和6年（1931）の畜産局通牒「新馬の体高に関する件」で、昭和8年以降の新馬においては体高が牡1.64m、牝1.62m（アングロアラブは1.58m、牝1.56m）を越えるものは出走不可とされたのも、より実践的な軍馬に資する為だった。体高の大きすぎる馬匹は日本人の用途に適さず、また脚部等にも故障を発しやすい為である。昭和８年（1933）、帝国競馬協会はこの規定の撤廃や1200m競走復活の申請を畜産局に陳情するのが、却下されている。陸軍の要求は全て競馬の直接効用に着目し、実践的な軍馬の効率的な供給を目指していた。

また施行面では、届出制だった各倶楽部の競馬施行規定が昭和６年に認可制に改められた。これは倶楽部分立による競馬規定の不統一から生じる弊害を減らす為で、より厳密に能力検定を行う為だった。分立による弊害は、この後も問題となる。翌７年（1932）には多頭数の際の競走分割を認めない旨の通知を出しているが、これも分割を認めると競走回数や賞金が増えることとなって、当局が一定目的の方針に基づいて編成した競馬番組の体系が崩れる故だった。

しかし昭和６年の法改正で競馬財源の使途が拡大されると、直接効用に加えて間接効用、財源の役割も陸軍から求められるようになった。満洲事変を受けて、その翌昭和７年（1932）には早くも政府納付率が引き上げられる。納付率は最大だと今までの約２倍に相当する12％にまで引き上げられ、これは競馬の間接効用を期待していた。それでも、直接効用の重要性が減少することも全く無かった。これ以降、競馬の直接効用、間接効用、双方への要求が大きくなっていく。昭和８年（1933）、清浦末雄陸軍大尉が軍馬補充本部で行った講演「競馬方針の改善について」でも、「瞬時における驚くべき速度を有する馬の勝利を占むべき機会を減じ、良体形の馬に勝利を獲得せしめるために、競走距離の増加」が求められ、また５歳、６歳の大賞典競走を設け、早期に生産に供する目的から「優勝馬を強請隠退（ママ）繁殖用となす」ことや、負担重量を現行より増加するの要ありという思想が語られている。翌昭和９年（1934）６月には福島競馬倶楽部に、11月には全倶楽部に対して畜産局から非公式文書で指令が発せられ、平均競走距離の最低標準が札幌、函館、福島、宮崎で1880m、その他の倶楽部は2030m以上とされた。これもすべて、強健で持久力を有する馬匹を求める陸軍省に協力する為であり、直接効用を充たす為である。

サラブレッドは、雑種、中間種の改良に資する原種としての価値が高い。

しかしサラブレッド自体は、その悍性故に軍馬には不向きだった[25]。昭和初期までは、競馬を振興して高価なサラブレッドを民間にも輸入させ、またサラブレッドの生産を盛んにしてその産駒を増やし、それを日本各地に種牡馬として配置することで内国産馬を改良する必要があった。しかし馬政第一次計画第一期の18年間と大正12年の競馬法制定による競馬の発展によって、国内には十分すぎる頭数のサラブレッドを確保し得た。体高面での改良は十分に達成され、逆に体高制限を設けねば日本人の体型にそぐわないほどだった。次の段階では、そのサラブレッドを用いて中間種、アラブ系等を改良し、即時に軍馬転用できる品種の生産を進める必要があった。昭和４年の競馬法改正はこの観点から速歩競走、アラブ系競走の専用競馬場増設を求めたのであるが、競馬倶楽部や貴族院の反対で挫折してしまったのである。だが昭和６年の競馬法改正で開催日数が最大８日に拡大されたことで、この陸軍省の新機軸は現実する。陸軍省では、性質温順で強健なもの、管理飼養の簡単なもの、丈が高くなく持久力に富むもの、の三要素を軍馬の条件として掲げ、軍馬としてはサラブレッドよりアングロアラブやアラブを適当とした。競走番組についても、競走距離の増加、４歳及び５歳のための大賞典競走を設けること、６歳以上の馬は全て平地競走に出走する権利を付与せざること、競馬場の地形は斜坂起伏のあるものとすること、負担重量を増加すること、障害物の程度を難しくし、距離を延長すること、等の要求を行った。これによって、速歩、障害、アラブ系競走の回数が飛躍的に増加した。

競馬に対する陸軍の要求は常に、「体幅骨量に富み、持久力を備え、かつ体高極度に高からざる産馬」だったが、これと馬券を買うファンの競走の興味との両立は難しかった。遊びに徹したイギリス競馬の結晶がサラブレッドであるように、興味を求めて競走を行うならばサラブレッド偏重になるのも道理である。事実、競馬法制定後の日本競馬もその様を呈していたし、戦後の競馬でも同様に繋駕競走やアラブ系競走は興味が集められずに消滅している。従って、統制を通じてその風潮に歯止めをかけないことには、競走馬は陸軍省の求める馬匹像から離れていった。

補助金競馬時代からの陸軍省中心の指導、介入、統制の成果、「昭和６年の満洲事変に際しては競走馬から軍馬を供出できるほど、わが国の馬匹は体型を変えてしまった。三十年間に及ぶ馬匹改良計画の功罪はとにかくとしても、明治37〜38年の戦役で敵将ミシチェンコにさんざんの目に会わされた日本軍の騎兵隊が、こんどは逆に馬占山[26]の軍隊を蹴散らすまでに生長（ママ）したのは事実だった[27]」のである。残るは、満州事変を遥かに越える量の馬匹が必要と予想される大陸戦に備える為に、その品質の馬をどれだけ確保できるかの量的問題へと課題は新たなステージに移り変わっていた。

3　経済統制の進展

一方、経済では相次ぐ恐慌の連続によって資本主義、自由主義経済に対する諦観が高まっていた。資本主義諸国が世界的な恐慌にあえぐ一方で、計画経済を採るソビエトとナチス・ドイツだけが順調に経済発展を遂げているのを目の当たりにし[28]、軍部や官僚の中にも計画経済、統制経済論者は増大していった。昭和８年（1933)、半ば実験的に「王道楽土、五族協和」の建設を目指す満州国の経営において新官僚が策定に当たった「満洲経済建設要綱」が閣議決定された。そこでは、石炭、鉄鋼、アルミニウム、石油、電信電話などの重要産業が国家統制とされた。重要産業毎に国策会社を作り、一社で生産を統括し、国の方針に従って生産計画を達成する重要産業の一業一社主義を採り、計画経済を実践するものだった。日本国内でも、昭和７年(1932）あたりからカルテルやトラスト等の形成が更に活発化していた。同年には王子、富士、樺太の各製紙会社が新聞紙90%のシェアを占める大トラストを形成する。石川島自動車がダット自動車と合併して「自動車工業株式会社」を作り、これは後に東京瓦斬電自動車部・共同国産と合併、「東京自動車工業株式会社」となる。古くから国の主導でカルテルを形成していた鉄鋼業界でも、昭和５年（1930）の浜口内閣の時期辺りから産業合理化の一環として合同政策が進められ、昭和９年（1934）には官営八幡製鉄所を中心に輪西製鉄、釜石鉱山、富士製鋼、東洋製鉄、九州製鋼の六社の製鉄大合同で日本製鉄が誕生する。同年以降は、業者に対する許可制、事業計画の提出、政府の指揮権による制約といった統制の代わりに、税制や金融で優遇するという事業法が相次いで作られるようになり、昭和9年（1934）石油業法、昭和11年（1936）自動車製造業法、昭和12年（1937）人造石油製造事業法、製鉄事業法、昭和13年（1938）工作機械事業法、航空機製造事業法と続く。このように、この時期には一業一社の下、統制に基づいて生産力拡充に努めるという思想が支配的になっていたのである。これは当然、競馬にも反映されていく。

第四節　競馬事業に見る戦時体制

1　昭和11年の競馬法改正

（1）当時の馬政の状況

世界的不況の中で、アメリカのニューディール政策[(29)]やソビエト連邦の計画経済、ナチス・ドイツの統制経済といった経済でのある種の統制が脚光を浴びていたのは、先に触れた次第である。日本でも金解禁後の不況下でカルテル・トラスト化が進行し、政府も生産力拡充の視点から主に軍需産業等においてこれを後押しした[(30)]。必需物資の生産と販売が統制され、機構改革、合理化が進んだ時代でもある。日本製鉄株式会社や王子製紙、自動車工業株式会社を始め、同業・同系会社の合併を促進する法律が相次いで成立する。それらの特殊会社に独占的地位を与え、これを官僚統制するスタイルが採られた。全体（国家）の利益は個人（会社、団体）の利益よりも優先する、という思想が今や時代精神とされた時勢であり、国家国民の総力をあげて軍事目的に協力することが、公然と要請された時代だった。

このような時代には、軍事と密接な関連をもつ競馬事業も影響を受けざるを得ない。競馬統制への第一歩は、昭和7年（1932）の馬政調査官制に見られる。従来の馬政委員会に代わり、官制に基づく更に強力な影響力をもつ組織が農林大臣の諮問機関として組織された。この頃には競馬開催も定着し、出走馬匹数が増え、また観客数や売上も増えて来たこともあって、従来の体制のままでは不都合が生じてきた。しかも軍事的緊張が高まり、今まで以上に馬匹改良が求められる状態では、その改善が急務だった。昭和10年（1935）には、第一次馬政計画の第二期12年間が終了する。引き続き第二次馬政計画が実行されるに当たり、その方針が練り直された。そこでは、第一次馬政計画の施設事項の多くが、財源不足の為に成績が振るわなかったのを反省した。そこでまとめられた「農林省案」には、「第二次馬政計画においては競馬の制度をしてその根本使命を発揮せしむるとともに、馬政計画遂行の財源緩和の一助たらしむるを捷径とすべし」と、財源としての競馬に言及されている。それでも、“特に考慮すべき事項”の第一では「競馬の目的は優良種を選択して馬の改良増殖の原種を造成することを原則とし、兼ねて競馬が国家所用の有能馬を常時多数に保持し得るの作用ある点を考慮し、この趣旨に基づきて競馬の施行を刷新すること」としており、あくまでも直接効用を第一義としている。その説明においても、「しかして、サラブレッド以外の競馬をも併せ施行する所以は、一面において実用馬の保有量を確保するとともに他面においては競馬自体の経済化を図るにあり。これを競馬の副使命とす。競馬により馬産助成に必要なる各種施設の資源を得ることは競馬の使命にあらずしてむしろ競馬施行に伴う副作用と称すべきものなり」と、それはあくまでも二義的なもの（副作用）に留まっていた。農林省案では「したがって競馬の施行によりて馬の改良増殖を図らんとするにはその目的と作用とを各々純化せしむるとともに、競馬に伴う弊害は努めてこれを防止矯正することを図り、競馬の公正なる施行に対してますます世人の信頼を博せしむることを要す」と続く。このように、第二次馬政計画は、競馬の財源化要素を含みつつも、直接効用を効率よく遂行するべく定めたものだった。これには、「現在の競馬執行機関は果たしてその機能に適応するやを速やかに検討し、これが適切なる改変を行うこと」との附則が加えられている。かくして競馬は第二次馬政計画という重要な公益を効率よく達成する手段として、大いに期待された。[(31)]

しかし、これを効率よく遂行するに当たって、競馬倶楽部が11に分立していることは様々な問題を生じせしめた。前章でも触れたように、大都市部と地方の倶楽部とには経済格差があった。競馬法成立以来、売得金上位倶楽部と下位倶楽部では、完全に二層分化を引き起こしており[(32)]、格差が拡大していた。前者では資金も有り余り、出走馬も殺到してその処理に困るほどだったが、後者は運営自体が行き詰まっていた。倶楽部分立は、馬匹改良を行う上でも非効率的だった。下位倶楽部は経営を成り立たせる為に出走を有力馬主に依頼せざるを得ず、それ故に有力馬主の競走の審判に関しては裁決が甘くなる例が多かった。倶楽部に権威が無いが為に毅然とした処分が出来ず、競馬の根本理念である公正な能力検定をも妨げ、軍事的必要から厳正な能力検定が求められる状況にそぐわなかった。特に審判の重要な速歩競走を振興していく上では、より一層解決が急務だった。

馬匹改良への直接効用に関しても、倶楽部分立は不都合を生じていた。各倶楽部は運営上の必要から、興業上有利な番組を編成する傾向がある。その結果としてサラブレッド偏重に陥り、直接効用として軍部が求めるアングロアラブ種、速歩、障害競走等の競走数が十分ではなかった。弱小倶楽部ではどうしても興行に有利なサラブレッド競走が多くなった。更に現行制度では、競走番組が倶楽部毎に区々である為に、全国的な視野に立った番組体系が無かった。その為、馬匹の生産改良と有機的に結合した競馬番組を行うことは出来ず、能力検定の効果も半減していた。全国一律の体系だった競馬番組は、分立状態では困難だった。また、分立にともなうルールの不統一や不正は観客の疑念を生むこととなり、競馬への信頼を失わせかねないものである。特に、競馬に財源目的が附せられた場合、この点は見過ごせないものとなる。

この状態では、民間の自治的な倶楽部による運営という性質自体すら問題となった。競馬法制定時と異なり、競馬の売上も非常に伸び、社会的影響も大きくなっていた。満洲事変で、軍事面の緊急性も高まっていた。馬匹改良は軍事目的そのものであり、効率的な遂行は何にも優先する国家事業だった。各倶楽部も直接統制には反対だったが、統制の必要性は認めていた。世相は統制一色であり[(33)]、先に触れた一業一社の合同がもてはやされる時代だった為、統制の必要は誰もが認識していた。それでも「競馬の実体について相当の規整（ママ）を加え、競馬の統制改善を図る。統制改善については法律の規定に基く共同事務処理機関として、審判裁決の統一、開催執務制度の確立、番組有機的統一編成、血統登録業務の確立等、競馬を自治的に統制すべき競馬協会を設立し、競馬施行そのものは各倶楽部の自治に委ねる」といった「自治統制」(34)が競馬倶楽部側の考えだった。

だが馬政当局は、法律によって競馬倶楽部を解散統合するという「直接統制」の方向性を選択する。昭和８年（1933）に統一ルール作りが流れた様に、倶楽部に任せていたのでは効率が問題となり、それを待つ時間的余裕はなかった。世界的にも、ドイツでは政府任命の統制委員会が競馬施行を管理していたし、フランスは官営で競馬を開催することで競馬が信頼を得ていた。日本の競馬倶楽部は民間組織だったが、倶楽部財産は補助金時代に設備費として20年債を組んでそれを補助金として交付して整備したものなので、横浜を除いてはそれを強制統合しても問題は余り無かった。

昭和11年（1936）の第６回馬政委員会総会では、畜産局の試案「競馬統制改善案要綱」が提示される。馬匹改良関連では、「競馬法による競馬は全国を通じ一個の法人（以下「日本競馬会」と仮称す）においてこれを施行すること」「日本競馬会は審判、制裁等につき特に専門の職員を置き、これを権威あらしめ職務執行の公正を期すること」等の項目があげられていた。それは、「余りに突飛で、倶楽部側は茫然自失した(35)」。しかし個より集団を優先する時代背景では、11の自治的な競馬倶楽部は一つの統合された競馬倶楽部（「日本競馬会」）へと統合されることとなった。『日本競馬史第五巻』の記述に頼れば、とにかく民間の手によって創設された膨大な財産が、政府関係機関というべき公共的色彩の強い日本競馬会にこのように平穏無事な承継が行われた理由は、この財産が既に馬券禁止時代の整備補助金によって大部分償却されていたことが第一にあった。またこの財産が、「勝馬投票券の発売という国家的な特権の賦与によって選られたいわゆる特許料」とみなされていたこともあった。競馬法には、主務大臣によって競馬の開催を停止する項目

（第13条）が存在し、競馬は政府の恣意的基盤に立たされていた故に、政府に逆らえなかった。また総動員的、統制的色彩の時代に合致していたこともあげられよう。更に、農林省は積年の会費や入会金を綿密に計算し、それを交付金として払い戻し、倶楽部役員にも手厚い退職慰労金を与えたこと、日本競馬会の人事と農林大臣の任命権についても、馬政調査会の意見を採り入れて大幅に譲歩したこともあって、軍国主義的な横暴な形ではなく、スムーズに日本競馬会へと移行された。昭和23年（1948）の日本競馬会から国営競馬への移行に際しては、ＧＨＱの強圧下だったにも関わらず混乱を呈したこととは対照的だった。

その後、同改正案は昭和11年（1936）１月の第68回議会に提案される予定が、政友会の内閣不信任案で議会が解散になった為、５月の翌第69回特別議会に提出された。同国会は社会情勢が統制の方向に進んでいたこともあり、同改正案を原案通り可決する。但し、貴族院競馬法中改正法律案特別委員会での曽我祐邦子爵の質問は、極めて問題の根本を突いたものだった。曽我は風教上の弊害があった場合、政府に競馬を停止させる権限の規定があることを指摘した上で、「陸軍の一番大事な馬政計画の根本がその上（筆者注、停止される恐れがあるという競馬の危うい立場）に載せられているということはいかにも心細い話で、軍が果たして国防上に、馬政計画の根本主義を持たなければならぬものならば、かかる薄弱なる基盤の上に形づくらなくてもよいものじゃないか」と指摘した。これは、救護法実施財源と同様に競馬を「必要悪」とする思想を温存する一方で、極めて重要な事項（国防の要諦である馬匹改良）をその競馬に依存するという詭弁的な構造を抉り出す。即ち、根本部分に関する議論には決着をつけず、ただ財源その他のツールとしてのみ都合よく利用する構造をここに見出せよう。この問題は現在でも未だに解決を見ない為に、問題が生じる度に同様の議論が繰り返されている。

またもう一つ注目すべきなのが、衆議院本会議での岡本実太郎による、この時期の法案提出理由を質す質問への答弁である。これに対して島田俊雄農林大臣は、馬政調査会答申の「なるべくすみやかに成案として成立せしめ

表１　国庫納付率の推移

年度	昭和４年改正		昭和６年改正		昭和７年改正		昭和11年改正	
一日売得平均金額	75万超	4％	60万超	6.0%	65万超	6％	100万超	8.0%
	50～75万	3.5%	50～60万	5.0%	60～65万円	12%	90～100万	12.0%
	25～50万	3％	40～50万	4.0%	50～60万	10.5%	80～90万	11.8%
	25万未満	2.0%	30～40万	3.0%	40～50万	8.5%	70～80万	11.7%
			20～30万	2.0%	30～40万	6.5%	60～70万	11.5%
			20万未満	1.0%	20～30万	5.5%	50～60万	10.5%
					20万以下	1.0%	40～50万	8.5%
							30～40万	6.5%
							20～30万	5.5%
							20万以下	1.0%

出所：筆者作成

られたい」との付帯事項を尊重したという理由に加えて、「秋競馬に関して、納付金率の変更による増収を見込んだという収入の関係」をあげている。この昭和11年の競馬法改正は、馬政第二次計画の軍事的目的への直接効用を強化する性格のものであるが、その一方で昭和４年の法改正で始まった競馬財源の間接効用への期待が大きくなっている点もここから見て取れよう。昭和７年（1932）に満州事変に関連して国庫納付率が引き上げられたことは先に示したが、この度の改正でもこれが再び引き上げられたのである。**（表１）**

（２）日本競馬会の誕生

かくして、「日本競馬会」は以前の11の競馬倶楽部が司っていた事務を全て引き継いで競馬を開催すると同時に、帝国競馬協会をも吸収して血統登録、馬名登録、競馬成績書発行に至るまでの幅広い業務を行う組織となった。この戦時体制への統合に他ならない枠組みは、後に日本競馬会が解散した後も、国営競馬を経て今日の日本中央競馬会へ引き継がれている[36]。これは「収益事業」の二番目の特徴「『政府及び準ずるもの』が独占的立場を付与されて、合法ギャンブルを自ら経営する」の原形となっている。

日本競馬会の設立は、日本競馬の分水嶺とも言うべきエポックメーキングだった。1940年体制の特徴である「それ以前との非連続性」は、競馬事業においてもはっきりと見出せる。これ以降、日本の競馬事業は初めて馬産と競馬が有機的に結びつき、効率的な馬匹改良が可能となった。日本競馬会は、農林省の定める番組編成方針に範をとって「概定番組」を定めた。番組には、「馬政計画に基づく競馬に対する要求を始めとし、能力検定に徹する陸軍及び馬政局の要望、競走の施行者としての純粋なスポーツ性の高揚、馬主及びファンを始めとする興味の付加、生産者及び馬主の要求する競走馬採算性の堅持等のあらゆる要求、要望等が混然一体となって表現されること」が求められた。[(37)] 概定番組は一定の「競走施行計画」と「賞金配分計画」に基づいて作制されたが、以前にはこの様な全国的な計画的番組体系は存在しなかった。軽種馬の販路は、軍馬以外では基本的に競馬にしか無い。従って、競馬は能力検定、淘汰の場としての他にも、番組体系を通じて民間生産者の生産方針を誘導できる。概定番組は、それを初めて本格的に行おうとするものだった。これ以降、民間生産者は概定番組に適した馬匹を生産するように努めるシステムが形成された。それに基づいて、年々出走馬の年齢は下げられ、競走距離と負担重量は年々増加された。これは勿論、軍馬に資する為である。競馬は官によって生み出され、官の強い監督下にあるが故に、陸軍を含む官僚の統制が極めて強い事業だったからである。

競馬番組を全国的に体系的に組むことが可能となったことで、馬主、生産者、厩舎関係者全てが目標、指針とする対象として、イギリスのクラシックレース体系を模倣した日本流の3才5大競走の体系が整備される。日本競馬界への統合以前の昭和5年（1930)、東京競馬倶楽部の安田伊左衛門はイギリスの「ダービー」に範をとった「東京優駿大競走（日本ダービー)」の構想を発表した。これは、競走馬は3歳からしか競走に用いる事ができないという当時の制度にも関わらず、3歳の春にいきなり破格の賞金1万円を賭けた大レースを行うものだった。当初はこの時期の幼駒に2400mは厳しいと言う意見もあったが、安田伊左衛門はイギリスのダービーと同じ条件に拘った。一部の懸念にも関らず、全国の倶楽部に編成趣意書を送付したところ、申し込みが相次いだ。昭和7年（1932）4月24日に目黒競馬場で第一回が開催されたこのレースは、馬主、関係者、生産者を刺激し、年々登録馬も増大していった。この東京優駿競走を中心に、日本競馬会の体制下で３歳馬のレース体系が整備された。同時に古馬路線も体系化され、今までは倶楽部毎に行われていた「帝室御賞典競走」が統合、整備された。天皇賞競走の遠い発祥は、明治38年（1905）に横浜の日本レース倶楽部に対して御賞典（銀製洋杯）を賜ったことといわれる。その後、明治39年（1906）年には東京競馬会にこれが下賜され「帝室御賞典競走」と名づけられた。明治43年（1910）年には阪神、大正11年（1922）には福島、札幌、函館、大正12年（1923）には小倉、と下賜は続いた。この競走は名誉を争う競走として、馬主、関係者の目標となっていた。日本競馬会の誕生に際してそれを改め、春季は阪神競馬、秋季は東京競馬に限って下賜されることとした。こうして年に二回、全国の古馬の目標となる競走が設定された。昭和12年秋季の帝室御賞典競走は東京競馬場の2600ｍコースで争われ、翌年春季は阪神競馬場の2700ｍで、昭和13年（1938）春季には東京競馬場の3200ｍで行われたように、年々競走距離も延長されている。無論、これは軍馬に求められる資質とリンクした競走体系に組み込まれているからであり、長距離、重い斤量（昭和19年には４歳60kg、５歳62kg）を克服できる馬匹を選択する番組となっていた。帝室御賞典競走や３歳５大競走は、後に触れる「内地馬政計画」とも関連して国内馬産奨励の観点から内国産馬のみで争われるようになる。ここに、今までの外国産馬輸入振興策としての競馬から次のステージに移項したことがわかる。この「競走と馬産の有機的結合」、即ち現在も見られる所の農政と結合した競馬は、この時期に完成し現在へと連続している。1970年の活馬輸入自由化に関連しての外国産馬への高額の関税賦課や一部の大競走への外国産馬の出走資格制限も、この影響である。1940年体制に含まれる食管法にも共通する農業保護政策の流れと同様のものが、ここにも見出せよう。

また統合の成果として、審判、発走、ハンデキャップ作成、裁決等の競走業務が、農林大臣の認可を受けて特別に任命される「選任委員」に委ねられた。従来の身内同士（倶楽部の会員同志）が監督し合う制度では厳正な能力検定が妨げられ、疑惑も招きがちだったものが改善された。かくして、競馬

日本競馬会本部

出所：写真提供　JRA

本来のシステムだった従来の開催委員とは全く異質の、官僚的性格を有する権威を持った有給専従職たる開催執務委員制度の原形や審判制度が日本競馬会誕生で確立した。これは後のギャンブルとしての普及に不可欠のものだった。権威をもった公正なる審判制度によって競技の公正なる施行が担保されないことには、一般ファンの信頼を得ることは出来ず、その結果、売上げを伸ばすことも出来ない。この制度は、後に後発の「収益事業」の雛形となっていくが、その確立の契機も戦時体制としての日本競馬会に見出せるのである。

統一的な競馬施行規則や体系的な競走体系の必要性を予測していた帝国競馬協会は、これに先立ち昭和7年（1932）から職員の佐藤繁信を欧米に留学させ、イギリス、フランス、ドイツに学ばせていた。佐藤の帰国報告書「ヨーロッパにおける馬政概況」、「ヨーロッパにおける競馬事業序説」は、この度の競馬法改正の骨子となった。佐藤を中心に、念願だった全国統一の競馬施行規程が作成された。これこそが現在の競馬施行規定の基本となっている。この施行規定は、上記の「選任委員」（絶対の権限を持つ裁決委員や裁定委員会等の開催執務委員制度）の手によって、権威を持って、断固として、厳正公平に、全国統一的に、施行されることとなった。

日本競馬会体制を1940年体制論的観点から今一度眺めるならば、1940年体制の別の特徴である「内部での協同と外部への排他性[(38)]」も発見できる。昭和11年の競馬法改正は「日本競馬会」に統合された内なる公認競馬倶楽部内での「協同」を生む一方で、以前はそれほど厳しくはなかった外なる地方競馬との壁を厳しく制度化した。他国に類を見ない一国二制度的な中央・地方競馬の問題も、この日本競馬会の結成とその施行規則に源を発するのである。

昭和11年の競馬法改正を競馬事業の効用の観点から分類するなら、納付率引上げの間接効用もあるが、それよりも直接効用に力点を置いたものである。これは昭和6年の競馬法改正が主に間接効用に力点を置いているのとは異なる。軍事制度に力点をおく場合の「日本競馬事業における戦時体制」のスタートはここにある。その狙いは、直接に軍事目的に繋がる馬匹改良を効率的に行うための改革だった。それは他の1940年体制の特徴とも共通して、前時代との非連続性を持つ。日本の競馬事業が統合され、中央集権化され、(半)官営化されたのはこの戦時体制を通してであり、日本競馬会内の競馬とその外の競馬（地方競馬）との間に大きな壁を設けたのもこの体制だった。更に、その過程で形作られた競馬の新しいモデル（組織等の制度面のみならず、番組体系等のプログラム等）は、以前の競馬と大きく異なって断絶している。一方、現在の競馬と連続している面が多々見られる。

既述のように、この昭和11年の改正に際しても政府納付率が再び引上げられ、競馬倶楽部統合にも間接効用への期待も含まれていた。戦時体制進展の中で、競馬は従来の主流だった直接効用を一層強く求められると同時に、新たに賦与された間接効用も同時に強化されていくのである。

2　馬政関係三法の制定

（1）　当時の情勢

昭和8年（1933)、日本経済はケインズ型の有効需要創出政策である高橋財政のおかげで立ち直りを見せた。目標を達成した高橋は、昭和9年度予算から赤字国債、時局匡救費、軍事費の全ての抑制にかかる。完全雇用に達して設備や人が全て雇用された場合、更に財政投資を増やしても金額としての需要は膨らむものの、生産増には繋がらず、結果として物価が上昇するだけになる。実際、日本の経済状態は完全雇用に近づきつつあった。ところが軍部は、前年までの軍事費を既得権益と考えていたため、高橋への反感が強まっていった。昭和初期の恐慌期に伏線を持つ若手将校の不満は、高橋を象徴とする既成政党や海軍穏健派への不満として爆発する。昭和11年の競馬法改正案が提出された第69回国会は、第68回国会が岡田内閣への不信任案提出で解散された後の最初の召集によるものだが、それは異例の遅さで5月に開催された。その理由は、解散後に起きた2・26事件にある。

昭和5年（1930）の浜口首相襲撃以来の右翼、軍部によるテロの連続は政党内閣を中断に追い込んだが、2・26事件に至っては誰も軍部暴走に歯止めをかけられなくなった。広田内閣での軍部大臣現役武官制復活後は、これが加速する。陸軍省は総力戦体制に備え、政治にも積極的に介入した。陸軍の東条英機らの世代は、若手将校時代に第一次世界大戦でのドイツの敗因から国家総力戦の重要性を学び、平時からの動員体制を整備すべく主張していた。大正8年（1918）のシベリア出兵に際して、軍需工業動員法が制定され、これは発動されなかったが後の国家総動員の準備はその下で進んでいた。[39]

岡田内閣の後を受けた広田内閣も、軍部の意向を受け入れざるを得なかった。その結果、馬場鍈一大蔵大臣の下で組まれた予算は、新規国債を大量に発行し、軍事費を拡大するものだった。大規模な財政拡大の結果、国際収支は大幅赤字に転じ、もはや「非常事態」を越えて「準戦時体制」と呼べるものとなる。昭和12年（1937）、馬場蔵相の下で従来とは方針の全く異なる財政改革案がまとめられていた。[40]これは「地方財政調整交付金制度の確立とともに収益税を事実上地方財源とし、総合累進課税主義と法人実在説に基づく、個人所得税と法人所得税の2種から実質的に構成される機関税たる所得税と補完的財産税から直接税体系を構成し、さらに一般売上税の導入を図るという、極めて現代的な租税体系を構想[41]」していた。この税制案は実現に至らなかったが、戦後に受け継がれ一部実現されたように、正に1940年体制的性格のもの[42]だった。同年、石原莞爾も来るべくソ連戦に備えるための生産力拡充策として「重要産業五ヶ年計画」を作成している。

その後、広田内閣は財政が息詰まり総辞職[43]を余儀なくされ、馬場蔵相の後任結城豊太郎蔵相は、馬場財政の行き過ぎを手直しにかかる。しかし林銑十郎内閣はいわゆる「食い逃げ解散」の結果、総辞職に至る。次の近衛内閣では賀屋興宣が蔵相に就任し、「重要産業五ヶ年計画」を実施に移した。しかし日本経済は為替相場の悪化によって、横浜正金救済の為に日銀が現金を現送せざるを得ない程の状態だった。通常ならば財政と金融の引締めで沈静化を待つ状態だが、陸軍省の力を抑え難い状況でその選択肢は不可能だった。そこで陸軍が提案する「重要産業五ヶ年計画」を推進するため、「吉野・賀屋三原則」のもとで統制経済へと踏み出していく。この三原則は「生産力の拡充・物資需給の調整・国際収支の均衡」を内容とするもので、生産力拡充を至上命令とし、国際収支均衡を図りつつ、物資の需給調整を行うことを意味した。軍備拡張が輸入超過を不可避とする現実の下では、外貨を制約して国際収支均衡を維持し、尚かつ生産力拡充を実現するには、物資配分を軍備に傾斜配分して民需を抑えていくしかなかった。

（２）　統制のさらなる進展

昭和12年（1937）７月に盧溝橋事件が発生し、日中戦争が本格化すると事態は更に悪化する。戦争の本格化で、９月には陸軍省が25億円の臨時軍事費を要求する。当時の国家予算が28億円なので、それを支弁すれば輸入を幾ら抑えても到底国際収支の均衡を取りようがなかった。そこでやむをえず、臨時予算と同時に「臨時資金調整法」、「輸出入品等臨時措置法」、「軍需工業動員法の適用法」の所謂「戦時統制三法」が議会を通過した。臨時資金調整法によって、政府が企業の長期資金調達を審査、統制することが可能になった。輸出入品等臨時措置法では、輸出入の制限、禁止、原材料の生産・加工・流通・保存・消費を省令一つで統制できるようになり、価格統制も容易となった。そして軍需工業動員法の適用法によって、労働力をも政府の直接統制に置くこととなった。更に10月には、資源調査や軍需動員の為の資源局と「重要産業五ヶ年計画」の為に拡充されていた企画庁を併せて企画院を設置し、物資動員計画の作成を開始する。

翌昭和13年（1938）には、ついに国家総動員法が制定公布される。これは、具体的な内容・手段について何の定めもないまま、勅令、省令で具体的な統制・動員を可能にする極めて大幅な委任立法であり、権利の制限が議会の同意無しになされるものだった。同法に基づき、労働、物資、カルテル形成、価格統制、言論統制等、至るものが統制可能となった。同時に電力の国家管理も実施される。一業一社体制の下、日本発送電１社に統合され、他の電力会社は送電するだけの存在となった。昭和16年（1941）には、全ての電力会社を解散して地域別配電会社へ改組するが、この仕組みが今の電力会社の基本的枠組である。また同年には食料配給の為に食管制度も設立されたように、1940年体制が本格的に出揃ったのがこの昭和12年（1937）だった。時代は、革新官僚の政策による計画的、統制的、最大動員的色彩に彩られることとなる。

(3) 種馬統制法、軍馬資源統制法、競馬臨時統制法

この時代の流れは、当然競馬にも及ぶ。陸軍の台頭は、競馬での陸軍要求の優先性を更に高めた。競馬の軍事的性格は最高に高められ、競馬は軍馬養成機関と化す。「鉄床で鍛え上げられた馬事文化」は、こうして完成された。

昭和7年(1932)、上海事変に際して動員された独立山砲第一連隊には、徴発された多数の馬匹が配布された。しかしこの馬の多くは、肉付きは良いものの、鍛練不足で戦場ではすぐに痩せてしまうものばかりだった。上海への輸送は徴発馬取扱いの絶好の実地演習となったが、その結果、「徴発馬は通常三ヶ月の訓練を経なければ部隊行動を取り得ず、平時から地方馬を所定の役種に鍛練しておかねばならないという教訓を得た[(44)]」。その後、既述の日本競馬会の設立を以って競馬の基本的な枠組みは確定し、体系だった有機的な馬匹改良の制度は整った。しかし日中戦争の本格化によって、競馬に対しては先述で整った制度とは別の、より即効的貢献が求められた。国内からは10万頭以上の馬匹が徴発されて大陸へ送られたが、徴発馬は第一に集団的馴化性に乏しく、第二に栄養不良、各種疾患、肢蹄の故障等による不合格が多かった[(45)]。この時期以降、競馬事業の直接効用は馬匹改良の繁殖面に加えて、より軍事的、即効的効用を求められる。実行中の第二次馬政計画では早急な軍馬の徴発ができないことを感じた軍部は、馬政計画を改めるべく畜産局に要望した。戦争の長期化によって多くの軍馬を徴発した結果、これ以上の軍馬徴発は困難になり、今まで以上の対策が必要となった。昭和13年(1938)年6月に陸軍省が農林省馬政局に示した要望内容は、もはや競馬というより、日常的な軍馬の馴致、育成、繁養の民間委託だった[(46)]。7月には閣議で「日満にわたる馬政国策」が決議される。馬政でも他の統制体制同様に、その範囲は本土だけでなく朝鮮、満州にも及んでいた。昭和13年(1938)8月に農林省は馬政調査会に対して「内地馬産計画」を諮問した。その席で荷見安馬政長官は、従来の我国の馬匹改良が洋種の血を導入して洋種化する傾向があっ

たのを改め、「我国の気候風土に馴化し飼養管理の容易な有能馬を造成」することを明確化する旨を示した。こうしてまとめられた「内地馬政計画」は、陸軍省の要望とほぼ同様のものだった。かくして第二次馬政計画は破棄され、一層、軍馬養成的性格の強いものへと変更された。この馬政委員会では、同時に「軍馬資源保護法要綱案」が可決された。続く12月の総会では、「種馬統制法要綱案」が諮問される。その答申を受けて、これらの法制化が進められて行った。これらの法案は、翌昭和14年（1939）１月の総会で可決された「競馬法臨時特例法案」共々、馬政関係三法として平沼騏一郎内閣によって議会に提案され、可決された。

「種馬統制法」は、政府が今まで以上に有効且つ徹底的に軍需に即した形での血の更新を行えるものである。種牡馬、繁殖牝馬の輸出入にも国家の管理が及び、各々の配合にまで国家統制が及んだ。内地馬政計画での全種牡馬国有化を受けて、毎年所有者の希望により民有種牡馬を検定した。合格したものは種牡馬或いは種牡馬候補馬として購買され、国有貸付種牡馬に指定された。そして国有貸付種牡馬や優良繁殖牝馬に対しては飼養補助金が支出され、同時にそれらの去勢や輸出入に政府の許可が必要となる等の統制が加えられた。また繁殖牝馬にも国家の意向が徹底するよう、その配合を国家が統制した。加えて、種付け事業自体を国家、都道府県畜産組合、同連合会が独占すべく特許化して、国家の意向を徹底せしめた。種馬統制法は、こうした方策で所期の軍馬資源の生産増強を繁殖面から統制するものだった。

「軍馬資源保護法」は、伝統的に日本馬政の欠陥だった民間馬の弱体や調教技術不足に対処するもので、軍用保護馬を指定して民間に繋養させた。陸軍は、軍馬に指定した馬を僅かの補助金を支給することで民間に預け、定期的にこれを鍛練せしめた。その結果、軍は必要時に民間から鍛練済みの軍馬を即時徴発可能となり、民間に対しても馬事思想、調教技術を普及せしめられた。いわば馬の徴兵検査を行い、各地にて民間の手でその軍事訓練を行わせるもので、これらは生産馬の使途を統制するものだった。市町村単位に軍用保護馬鍛練会が結成されて、日常的に馴致訓練を行わせた。全国の都道府県毎に一つ（北海道は三つ）の鍛練馬競走（軍用保護馬による競馬）を開催せしめた。主催者は従来の「地方競馬」の枠組みを継承した為、各地の産馬組合とその連合会とされて、農林省がその監督に当たった。この制度によって、民間への馬事思想の涵養も進んだ。また常時鍛練を施している為に、軍馬の質も向上した。このように、鍛練馬競走は完全に軍事行政の一環だった。

現在との関連で最も注目すべきは、軍馬資源保護法第10条の「鍛練馬競走の施行者は鍛練馬場に於いて入場者に対して券面金額３円以下の優等馬票を券面金額を以って発行するを得」にある。鍛練馬競走はこれにより根拠法を得て合法的に優等馬票（馬券）を発売可能となり、初めて日本競馬会と同じ立場に立つことができた。現在の「地方競馬」のルーツはこの「鍛練馬競走」であり、それは1940年体制としての軍事訓練だった。

鍛練馬競走の特徴をあげれば、第一には出走馬が地方長官の指定を受けた軍用保護馬に限られていた。従って、種牡馬選別の役割を帯びていた日本競馬会の競馬とは全く異なる目的であり、出走する馬種も全く異なった。鍛練馬競走は、競馬に使う為の調教の徹底と、観衆への馬事思想の涵養が主な目的だった。第二には、日本競馬会の勝馬投票券が20円だったのに対して、こちらは３円であり、風教上の対策が施されていた。この合法化によって、従来から全国に百余場存在したが、政府監督が行き届かずに不祥事が耐えなかった地方競馬への統制も可能となった。全国の地方競馬はこれに伴い廃止され、競馬場等の施設は各地の鍛練馬競馬へと引き継がれて政府の厳正な監督下に移行された。第三には、日本競馬会に準じた強い中央集権組織である軍用保護馬鍛練中央会（昭和17年からは日本馬事会）が設けられた。ここから全国的に統制が施され、専門職員が各地に派遣された。第四として、軍馬資源保護法第11条の「鍛練馬競走の施行者は勅令の定むるところに依り其の発行に依り納付金を軍用保護馬鍛練中央会に納付すべし」の項目から、鍛練馬競走における各地の施行者が中央組織に上納金を納める制度が誕生した。これは、戦後の公営競技一般の中央組織に通じる構造の発端となっている。そして第五には、第13条に「政府は軍用保護馬鍛練競走中央会の保有する資金が勅令で定むる額を超過するときは其の超過額を政府に納付せしめる事を得」との条文が挿入されている。政府は軍用保護馬に助成金を交付して費用を負担しているので、その費用回収とも考え得るが、現実にはその回収分を上回る売上が鍛練馬競走には存在した。また、この国庫納付に関しては、使途が明記されていない。その点からも、「収益事業」収入の一般財源としての国庫納付という枠組みの源流をここにも見出せよう。

このように軍馬資源保護法や種馬統制法は、時代を背景とした統制色の極めて強いものとなっている。即ち、種馬統制法は血統面の統制を通じて競馬の直接効用を強化する狙いである。軍馬資源保護法による鍛練馬競走も、軍馬の日常訓練を最大の目標としたように、やはり直接効用を目指すものである。「競馬の直接効用を最大効率にするための統制強化＝競馬事業の戦時体制」は、ここに完成を見た。そこに優等馬票が認められた所から、競馬の財源化も同時に進展している。中央団体への納付金制度や中央政府の一般財源への国庫納付等がそれである。戦時体制は競馬に対して、直接効用と同時に間接効用も求めたのである。

この二法と同時に審議、通過した馬政関係三法の最後の一つ、「競馬法臨時特例法」は、上記の二つとは異なり、正に間接効用、競馬を財源と見ての改正だった。この法律によって政府納付率は更に引き上げられて11.5%とされた。この法案に関する馬政委員会での荷見安馬政局長官の説明中には、政府の競馬に向ける眼差しの変化が表れている。昭和13年（1938）12月の馬政委員会で荷見長官は、「国家の総力をあげ支那事変の目的貫徹に邁進する事を要するのであり、国民は等しく忍ぶべきを忍んで国家に協力しなければならないのであります。これを競馬の分野で考えますれば、馬政上における競馬の使命達成に全力を注ぐべきは勿論でありますが、なお出来得る限りの寄与を国家に対しいたさねばならないものと信ずるのであります。ここにおいて、政府納付率の現行100分の８を100分の11.5%に増加致したいと存じます」と発言する。これは従来の直接的な貢献に加えて、ほぼ同等の意義を持つ国家貢献として財源としての貢献を求めているのである。当時の馬政局では、実質的には陸軍省の意向がまかり通っていたことから考えても、これが政府・陸軍の方針である事は間違い無い。

この引上げ分は勿論、馬政関連法案による事業の費用支弁とも考えられるが、軍馬資源保護法には優等馬票が存在して十二分な財源を有する為、その必要は全く無い。そう考えると、これは日中戦争の戦費目的に他ならない。競馬事業の間接効用、副作用だったはずの財政的貢献が、ここにおいては一般財源として大きく期待されるようになった。この法律は時限立法であり、同法附則では「支那事変終了時その翌年12月31日までに廃止する」とされていたが、この引き上げは当然のように固定化されている。これは広義の意味で、戦時体制の「転移効果」である。まさに「収益事業」の特徴の四番目前段、「独占供給によって、商品を極めて高価格で発売する」ことの形成に向けた法律だった。今までその形成過程を扱ってきた「収益事業」の特徴、一、二、三番の前提のもとでは、国民は価格が高くとも合法ギャンブルの購入先を限定されてしまう。その価格高騰は戦争を契機に臨時的になされ、転移効果とともに戦後にそれが恒常化したものである。

更にここで付け加えねばならないのは、従来の国庫納付率の引き上げが倶楽部収益の削減という形を取っていたのに対し、今回のそれは性格が大きく異なる点である。即ち、政府納付率引上分3.5%のうち、倶楽部側の負担は僅か0.5%である。残りの負担分は、従来15%だった当り馬券からの控除率がこの度の改正で18%へと拡大されたのである。即ち、購買者たる国民に負担が転嫁されることになった。ここにおいて先ほどの「収益事業」の特徴の四番目の後段、「独占価格の利益分の負担者に、末端購買者（一般国民）が組み込まれる」が一部形成される。現在の諸外国のカジノなどでは、事業者にライセンス料に準ずるものが課せられるが、その負担者はあくまで事業者であり、一部は価格に転ぜられるとはいえ基本的に末端購買者は負担しない。しかし我国では、戦時体制で形成されたこの制度を先例に、末端購買者である一般国民が明確に負担者となる枠組みが定着している。

馬政関係三法で懸念された控除率引上げによる馬券売上減は、好景気に支えられて現れなかった。だが競馬を一般財源化してその負担を一般国民に転嫁する枠組みは、ここに本格化した。「収益事業」の特徴であるこの思想は、次節で触れる「馬券税法」によって完成を見る。

3　馬券税法の制定

（1）　戦時体制の本格化

昭和13年（1938）１月の「帝国政府は爾後国民政府を対手とせず帝国と真に連携するに足る新興支那政権の成立発展を期待し、是と両国国交を調整して更正新支那の建設に協力せんとす」との近衛声明は、蔣介石の態度を硬化させた。以降、陸軍に引きずられる形で日中戦争は長期化していく。昭和13年（1938）10月には、国家総動員法の第11条（配当制限）が実施され、ますます戦時色は強まった。近衛の後を受けた平沼騏一郎内閣は、対ソ戦の観点から日独伊三国防共協定に調印した。しかし平沼は「独ソ不可侵条約」が締結されたことで、「欧州の天地には複雑怪奇の現象を生じ～」との有名な言をもって辞任に至る。翌昭和14年（1939）、ナチス・ドイツはポーランド国境を突破し、第二次世界大戦が勃発した。阿部、米内の短命内閣を挟んだ後に、新体制運動に乗じて再成立した第二次近衛内閣は、昭和15年（1940）９月に日独伊防共協定を発展させ日独伊三国軍事同盟を締結する。これで国際関係は一挙に悪化した。我国が第二次世界大戦の発生で空白化した東南アジアへの南進政策で北部仏印に進駐すると、米国は制裁策として屑鉄輸出を禁止した。翌昭和16年（1941）７月には英米によって日本在外資産が凍結されるが、日本軍は南部仏印進駐を強行する。８月には米国が対日石油禁輸措置発表、10月に米英蘭印対日石油禁輸協定成立に及んで、開戦反対派の海軍も開戦支持へと転換せざるを得なくなる。かくして11月の御前会議では「第二次帝国国策遂行要領」が決定され、ハルノートを受けて太平洋戦争へと進んでいった。

この時期には、来るべく戦争への最大動員システムとしての諸改革が一層進展した。昭和12年（1937）には先の国家総動員法が制定公布されるが、同年には産業報告会も結成されている。これは同年の労働争議発生件数が前年の7倍になるに及び、従業員を企業の構成メンバーと位置づけ、企業への帰属意識を高めて生産力を拡充すべく行われたものである。職員と職工の人事管理を分離する従来型の労務管理ではなく、両者を対等に扱うこの報告会は、戦後改革での労働組合結成の下地になったとも言われる[(47)]。これには勿論、共同体への帰属意識を高める目的もあった。企画院が設けられ、そこを舞台に経済官僚を中心とする「革新官僚」の政策が実施された。彼等は当時、高いポストにいなかったが故に戦後もパージされず、この革新官僚の系譜は戦後に継承される。昭和14年（1939）3月には、従業員雇入制限令が出されて初任給の制限が行われた。9月からは賃上げも実質上禁止される。唯一の例外として従業員全員の一斉昇級が許可されたことで、現在にも続く定期昇給の仕組みが普及した。これによって年功序列賃金と勤続による昇格が全国的に普及し[(48)]、戦後にはこれが一般化する。同年4月には経済新体制の下、会社利益配当及資金融通令が制定された。これは、生産力拡充の為に経営者が株主配当等に囚われずに生産に邁進できるべく制定されたものである。所有と経営の分離構想を提示したもので、この構想も戦後に定着する。同年12月には小作料統制令が制定され、小作料の値上げを禁止すると共に、農地委員会が適正小作料を定めたり、適正料金へ引き下げたりした。昭和15年（1940）の臨時米穀配給統制令と米穀管理規則によって米の供出制が確立し、昭和16年（1941）8月の二重米価制、昭和17年（1942）2月の食糧管理法といった一連の政策へと進んでいく。この様に、戦前期の農政官僚は小作貧農の救済に使命感を持ち、自作農本主義的な農地改革実現の機会を希望していた[(49)]。そこから考えるならば、戦後の農地改革の実現はＧＨＱによって青天の霹靂としてもたらされたのではなく、その萌芽は1940年体制に発生していた。

昭和16年（1941）には、第二次近衛内閣の下で戦時体制に備えての税制改革が行われる。この改革の第一義は、収入の増加を図ると共に、弾力性ある税制の樹立にあった。分類所得税と総合所得税の分離課税が導入され、これに累進税率と世界初の所得税源泉徴収が組み込まれる。これは正に、今の税制の基本となっている。また総力戦の思想から、地方財政調整制度としての地方分与税が導入され、現在の財政調整制度の基本モデルとなっている。翌昭和16（1941）５月と７月には、住宅営団、帝都高速度交通営団といった営団が設けられ、また戦時金融金庫や国民厚生金庫などの制度も創設された。これは戦後に解体されたものの、「公団」「公庫」と名を代えて所謂「戦後公団」として存続し、日本の行政で大きな位置をしめている。同年８月には重要産業団体令が制定され、業界毎のカルテル結成と会員企業への官僚統制という構造が成立する。この枠組みは、戦後の業界団体の原形となる。(50)

（２）　競馬への統制強化と戦時体制

ここまで、競馬制度の変遷を時系列的に辿り、競馬事業の効用には二種類あることを繰り返し指摘してきた。一つは直接効用で、日本競馬会の結成や軍馬資源保護法、種馬統制法等に見られるように、競馬が直接のツールとして働く分野である。この点も、明治期にはサラブレッドの輸入を促進させるという効用だったり、軍馬資源保護法では軍用候補馬に鍛練を施す意味での効用だったりと、その内容は状況に応じて変化している。戦時体制の進展で、この直接効用の役割が一層増してきた様を今までみてきた。

一方、これまでの戦時体制に伴う競馬制度変容の中には、競馬の直接効用を目的としないものがあった。即ち、昭和４・６年度の競馬法改正や馬政関係三法の一つ競馬法臨時特例法、その他の控除率や政府納付率の引上げ、そしてここで扱う「馬券税法」である。これらは競馬の間接効用であり、副次的役割とされてきたもので、財源としての貢献を目当てとしてなされた。そしてこの発端が昭和４・６年度の競馬法改正にあることは既に四章にて述べた。昭和４年の改正は馬政のための特定財源としての財源化の始まりであり、昭和６年の改正は馬政以外に使途を広げた特定財源としてのスタートだった。そして、軍馬資源保護法の中の軍用保護馬鍛練競走中央会による剰余金の国庫納付に、一般財源としての国庫納付の始まりを見てきた。戦時体制に向けた総動員体制の中で常に財源不足にあった政府にとって、競馬の財源としての貢献は次第に無視できなくなった。その結果、太平洋戦争開戦直後、競馬に求められる役割に決定的な変化が生じる。財源としての競馬は、ここに完成する。ここで競馬が財源化したからこそ、戦後に直接効用が無価値となって競馬のレゾンデートルが喪失したにも関わらず、競馬は戦後も存続し得た。終戦直後の財政窮乏にある地方自治体は、財源ツールとしての様を戦時中に呈していた競馬事業を放置しなかったのである。

日本競馬会の誕生以降の時期は、日中戦争特需とも重なっていた。そのために、昭和13年（1938）辺りから競馬の売上は激増した。（図１）売得金のみならず入場人員も増加し、特に大都市部の競馬場は盛況だった。これは、競馬人気の高まり、普及を意味する。昭和14年（1939）の競馬法臨時特例法案で控除率が３％引き上げられた影響が懸念されたが、それも杞憂となった。従来、売上では阪神、京都競馬場が常に首位争いを繰り広げていた。それがこの時期以降、統制経済の進展で経済の中心が東京に集中し始め、首都圏競馬場の売上の伸びが目立った。特に江東区に軍需工場が多かったのも要因と思われる。『日本競馬史第５巻』は、この活況の原因は一般の馬事文化に関

図１　関東・関西主要倶楽部売上推移

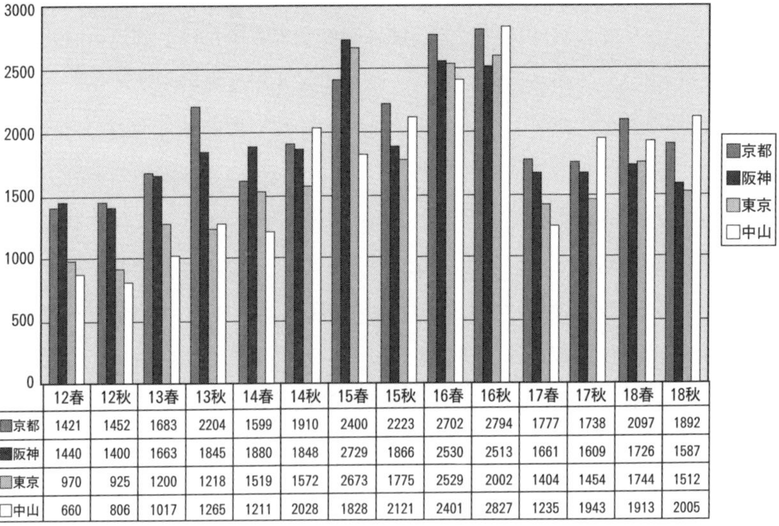

	12春	12秋	13春	13秋	14春	14秋	15春	15秋	16春	16秋	17春	17秋	18春	18秋
京都	1421	1452	1683	2204	1599	1910	2400	2223	2702	2794	1777	1738	2097	1892
阪神	1440	1400	1663	1845	1880	1848	2729	1866	2530	2513	1661	1609	1726	1587
東京	970	925	1200	1218	1519	1572	2673	1775	2529	2002	1404	1454	1744	1512
中山	660	806	1017	1265	1211	2028	1828	2121	2401	2827	1235	1943	1913	2005

出所：『日本競馬史　５』より筆者作成

する認識の浸透、特に新設の日本馬事会に対する信用の高騰、通貨の膨張、各種娯楽機関の圧縮、事変下時局の暗い重圧に反発する野外娯楽への渇望など、当時の社会情勢を背景に形成されたものとしている。[(51)]

しかし、「支那大陸の炎暑と泥濘の中で同胞が命を賭して戦っているとき、とかく非難がある競馬がこのように繁栄する事は許されない」とする議論が、指導者層の間で強く主張された。[(52)]特に企画院に集う革新官僚はプロテスタンティズム的使命感にあふれ、国家総動員法に基づいて精神面、風教面での統制も行っていた。カフェーや酒場、映画館、ダンスホール等にも規則が加えられ、享楽施設、娯楽施設の抑制が強化された。また温泉地、避暑地等の旅館新築等も禁止されている。これは資材の節約という狙いの一方で、インフレ景気に浮かれての物見遊山激増に歯止めをかける為でもあった。昭和15年（1940）5月には企画院で奢侈抑制対策委員会が開かれ、各省からは競馬に対して開催日数の減少、賞金の公債支給、勝馬投票券配当50%の公債化、自動車乗り入れの禁止等が厳しく追及された。[(53)]次いで開かれた次官会議でも競馬禁止論が展開され、「僅か四、五頭の種馬を取得するために、弊害のある競馬を開催する必要がどこにあるのか」[(54)]という強硬意見が述べられたという。各官庁における競馬への反感や競馬抑制論はかなりのものだった。

競馬側でも様々な対策が採られた。昭和15年秋競馬から、生産者の賞金は全額、その他賞金も最高5割までを支那事変国債での支払いとした。馬政局通知に基づき、勝馬投票券の配当150円を超過する場合は場内に貯蓄債権発売窓口を設けてその購買を励行した。場内風教にも気を配り、酒類販売、飲用を禁じ、場内売店も出来うる限りの代用食を用いる類の配慮を行った。

日本競馬会もこのような抑制論の中では、数少ない競馬擁護者である陸軍省に積極的に協力せざるを得なかった。松平頼寿理事長以下、役職員は隔月毎に月報の1%、常傭人は0.5%を陸軍省並びに各競馬場所在地の地方陸海軍施設に国防献金した。また政府発行戦時国債購入はもとより、日中戦争開始以降は各競馬場の競馬開催各日の中から一競走を馬事国防献金競走とし、勝馬投票券の売得金額から政府納付金を控除した残りの全額を陸軍省に献金した。これは競馬中止まで続けられた。[55] 馬事思想涵養に関する、陸軍の国民一般向け行事にも積極的に貢献した。しかし戦後、このような貢献の積み重ねが日本競馬会を戦争協力機関として解散団体になる寸前まで追いつめる。

（3）馬券税法にみる「収益事業」の前提の完成

昭和17年（1942）1月、先月に始まった太平洋戦争遂行に必要な膨大な財政需要を賄うために、東条内閣は大東亜戦争国庫債券6億円の発売を決定した。併せて直接税11億円の戦時大増税案を発表する。そこで、競馬に対しても財源としての手が伸びる。財源不足の際に遡上にあがるのは、古今東西普遍なギャンブル財源の特質である。これは、裏付けとなる「馬券税法」を設けて、租税として徴収する今までにない制度だった。その使途は特定されない純粋な一般財源で、戦費調達の為である。先の軍馬資源保護法で先駆けを見た一般財源化が拡大し、ここにおいて競馬の財源機関化の度合いは頂点を極める。

馬券税法による賦課は、今までの控除制度とは異なり、二段階に及ぶものだった。第一段階では、全馬券発行金額に対して7％の「発行税」が新たに賦課され（鍛錬馬競走の優等馬票は4％）、従来の控除率18％と併せて合計25％が控除される事となった。続いて第二段階で、競走結果で決定された的中者への配当に対して更に20％（優等馬票は10％）の「払戻し税」が賦課されることとなった。つまり、最終的には約33.5％が控除される。馬券売上が好調だったので、政府は競馬事業に一層の財源面での役割を負わせようとしたのである。

この段階に至って、競馬益金の意味合いの変化は完成された。先にも触れたように、従来は競馬が財源として注目されたとしても、その負担（国庫納付率の増加）は競馬倶楽部が主に負うものだった。控除率は当初の競馬法で定められた15％で、その枠内から倶楽部が負担した。ところが、それが先の競馬臨時統制法で18％に拡大され、この馬券税法では更に二倍近くに収奪を強めた。それまでは「収益事業」の一番目、二番目の特徴を背景に、レントを見込める独占市場を与えられる見返りとして、競馬倶楽部がみかじめ料的に国庫納付を払っていた。従って、その特許料・ギャランティー的に、倶楽部が国庫納付分を負担してきた。しかし「競馬臨時統制法」、「馬券税法」によってそれが変わり、「発行税」、「払い戻し税」という末端購買者である国民を負担者にする制度となった。ここに「収益事業」の特徴④の後段部分が完成する。この構造は、戦後に各種公営ギャンブルが競馬事業を雛型に形成されたことによって、更に広く定着する。

馬券税には、財源徴収以外にも更に別な役割が期待されていた。それは過剰購買力の吸収によるインフレーション抑制策である。この機能は、臨時資金規制法にも同時に賦与されることとなった。戦時出費の増大で市井に資金が過剰に流通することは、インフレーションを惹起しかねない。臨時資金調整法は当初、企業の長期資金調達を政府が審査、統制することに目的があった。しかしその後、貯蓄債権や報国債権という、「宝くじ」に類するものも発売する。これは臨時資金調整法第13条の「政府は日本勧業銀行をして貯蓄債権及び報国債権を発行せしむることを得」との規定に基づいていた。貯蓄債権及び報国債権の発行目的は、第一には、戦争完遂の為の軍事費、戦力拡充資金を調達することにあった。だが他面、「これによって民間の浮動購買力を吸収し、以って悪性インフレーションの発生を防止せん」とするように、悪性インフレーションに対する防波堤的使命も多分にもっていたのだった。[(56)] この報国債権、勧業債券は、「勝札」を経て戦後には「宝くじ」となる。宝くじも、当初は1940年体制である臨時資金調整法を根拠法に発売されていたのである。このように、公営競技、公営ギャンブル以外の「収益事業」である「宝くじ」事業の形成過程も、競馬事業と同様に戦時体制でなされたものであり、その意味で戦後に連続している。競馬も馬券税法の制定によって、こうした経済、財政政策の一部にも組み込まれることとなった。

競馬が正式な課税対象となることによって、この段階から初めて競馬に大蔵省が関与することとなった。特定財源としてではなく、財務省への一般財源として国庫納付がなされる現行の枠組みは、馬券税法で本格的に形成された。これこそ今も厳然とそびえる、国庫納付を自明とする「収益事業」「合法ギャンブル」の大前提が完成した瞬間である。昭和17年（1942）2月、日本競馬会本部で行われた競馬取締まりに関する会合にも、大蔵省関係者が招かれた。その席で大蔵省の清野真事務官は、「今度新しく課税される馬券税創設の趣旨と言うものは、今後国家の歳出がますます増加することは当然予想される所であり、それに伴って購買力の増加が必然的に現れるに違いない。その場合国庫収入を増すと言う事はもちろん大切だが、それよりも購買力の吸収という点を重視しなければならない」と説明している。同会合に司法省から出席していた江口検事もその場で、「ただ今大蔵省の方からお話があったように競馬が国庫の収入を図る事が根本で、このためには（筆者注、呑み屋等の）一層取締まりを厳にしなければならない」と述べている。昭和6年以前は競馬を徹底的に取り締まった司法省は、この時点で完全に競馬の擁護者と化している。それは、競馬が政府の大事な“打ち出の小槌”と化したからに他ならない。

この時に導入された馬券税に基づく二段階控除システムは、現在も中央競馬・地方競馬に引き継がれ、僅かではあるが他の収益事業とは控除率の違いを生み出している。即ち、控除を馬券の発行に関する部分と、当選者に対する払戻の部分との二つに分類し、それぞれから控除するこの戦時体制中の仕組みは、現在でも存続している。更に最も指摘すべきことは、この戦時体制における控除率の度々の大幅引き上げが、ある種の「転移効果[(57)]」をもたらしたことである。戦後に国営競馬として再開された際も、馬券税を含めた上で33.5%の控除が続けられた。支那事変終了時には控除率を引き下げるはずだった規定も、消滅してしまった。その後、他の公営ギャンブルとの控除率の差から、後にこれは25%に引き下げられるが、旧競馬法当初の控除率が15%だったことを考えるに、今の控除率においても戦時体制の影響が大きく残っていることが見て取れるであろう。

第五節　その後の競馬

馬券税導入による控除率の大幅増加の結果、盛況だった競馬場への客足は遠のき、馬券売上は激減した。（前掲図１参照）その結果、企図された程の成果を馬券税によってあげるには至らなかった。馬券税導入前の昭和16年度の政府納付金が3379万円に対し、導入後の昭和17年度の政府納付金は4569万円と確かに35％増えた。しかし過去の増加率を考慮し、入場人員半減による入場税の減少分を差し引くと、政府収入は殆ど変わらなかった。わざわざ馬券税を導入しなくとも、政府収入に影響は無かった。だが、馬券税廃止を求める競馬関係者の陳情も、馬政課将校による抗議も受け入れられなかった。

馬券税法で一挙に売上を落とした競馬であるが、戦時中のレジャーの貧困の中で、翌18年（1943）には多少の売上回復に成功した。しかし昭和18年も末期を迎えて戦局が悪化すると、多くの観客と多数の競走馬を一個所に集めて競走を行うことが難しくなっていった。更に、このような時勢に競馬を行なう道義的問題が、再び問われた。日本競馬会としては競馬中止を避ける為、より積極的に軍部に協力を行うようになって行く。しかし戦局の悪化は競馬の続行を許さず、政府は昭和18年12月17日の閣議において競馬開催を中止することを決定せざるを得なかった。生活物資が著しく不足し、馬券に要する紙類の様式変更まで強いられる状況では、それも止むを得なかった。

但し種馬選別の為の能力検定自体の必要性は認めていた為、その後も東京・京都競馬場で馬券を発売しない非公開の能力検定競走は継続された。昭和19年（1944）に非公開の東京ダービーを制した「カイソウ」号は、その後、軍馬として徴収され行方不明となっている[(58)]。その能力検定競走すらも、厩舎関係者らの徴兵[(59)]や競馬場の鉄骨供出、馬糧の不足、国内交通手段の悪化、蹄鉄の不足、紙類の不足等々の理由から困難になる。そのため良馬を北海道・静内と岩手・盛岡に疎開させ、そこで細細と検定競走が実施された。更には国防上の観点から、阪神競馬場、横浜競馬場の全てと東京競馬場の一部が軍に徴用された。横浜競馬場は港を一瞥できる好位置に立地する為に海軍に徴用されたが、戦後その施設は米軍に引き継がれている。その結果、日本の近代競馬発祥の地である横浜競馬場での競馬も途絶えることとなった。

スタンド大屋根鉄傘が解体・供出された京都競馬場スタンド（昭和22年撮影）

出所：写真提供　JRA

第六節　地方競馬の戦時体制

公認競馬と同様に、地方競馬にも戦時体制の影響が見られる。地方競馬が独自性を発揮する名目でアラブ系競走をかねてから行なってきたことは、先に触れた。昭和8年（1933）には「地方競馬規則」が根本的に改正されて軍馬への貢献がより重視され、速歩競走の距離延長、内国産馬以外の出走禁止が実施された。また昭和6年（1931）に「複勝式」を導入した公認競馬に準じて、「優等馬票」にも複勝式が導入された。これと同時に、競馬一開催の入場券収入が5万円を越えた裕福な主催者に対しては、一定の率によって算出した額を馬事施設に必要な経費のために支出させること等が定められた。

ところが、支那事変の勃発で事態は別の方向に向かった。戦争による軍馬需要と財政需要の増大から、先の「軍馬資源保護法」が施行された。それに基づいて「鍛錬馬競走」が行なわれるようになり、併せで地方競馬は廃止されたのである。「公認競馬は種馬選別のために、地方競馬は軍馬の鍛錬のために」という方針が定まり、これによって地方競馬は軍事一色に染まった。これは、軍馬に直接は関係のないサラブレッドが軍用保護馬から除外されたことにも表れている。競馬が盛んになりすぎた反動として、品種的に軽種馬に偏ってしまった結果、緊急に軍馬を徴用するには不都合を来す状態になっていた。軍馬としては、平地競馬に適した速い馬よりも輓曳競走や繋駕競走用に調教された強健丈夫な馬が必要であり、品種的にもサラブレッドよりはアングロノルマンやアングロアラブのほうが適している。地方競馬では以前から、公認競馬との差異化を図る意味や賞金が安いので高価なサラブレッドは導入し難いという馬匹資源の問題などから、軍の要請に応えるような形でアラブ競走等の特殊競走を行っていた。だが、早急に軍馬を確保、育成するには、軍馬資源保護法が必要だった。

軍事的側面のうち、種牡馬の淘汰選択としての馬匹改良面を公認競馬が担い、地方競馬は訓練等の実用的側面というように、両者は各々役割分担を行っていた。軍用保護馬に指定された馬は、「普通鍛錬」を経てから一定の基準を満たせば能力と馴致を試す為に「鍛錬競技」に出走させられた。鍛錬競技は二種類あり、「一般鍛錬競技」は「乗馬競技」「挽馬競技」「駄馬競技」の三種類からなっていて、これに対しての馬券発売はなかった。もう一つが「鍛錬馬競走」で、「軍馬に関する知識の普及に資するために行うもの[(60)]」だった。これには、今までの地方競馬とは異なって合法的な馬券としての「優等馬票」の発売が認められた。軍馬資源保護法が鍛錬馬競走での馬券発売の違法性を阻却する根拠法となり、ここにおいて「公認競馬」と「鍛錬馬競走」という二種類の合法的な馬券発売を伴う競馬組織が並立するという二元的な現行制度の枠組みが形成された。それは、日中戦争の総力戦化による、競馬事業の軍事目的への純化の結果、即ち戦時体制としてだった。

鍛錬馬競走では、風紀上の影響を鑑みて、馬場の数を北海道は3つ、その他の都道府県は1つに限った。また施行も馬場ごとに年2回、期間は毎回4日以内、一日の競技数は4日間で12競走以内と定められた。これは農林大臣の直接監督下におかれ、厳重な取締まりの下で施行された。そのため、全盛期には100を越えていた地方競馬の競馬場数も38場に減少した。従来、政府は地方競馬の腐敗に頭を悩ましていたのであるが、軍馬資源保護法によって、ようやく全国の競馬を監督できるようになったのである。

鍛錬馬競走の控除率は、競馬場によって異なるものの概ね20〜25%だった。これは馬券税法以前の公認競馬より7%程度高かったが、他の条件は一人一票制、単勝式と複勝式、最高配当10倍以内等は公認競馬と同じだった。鍛錬競馬主催者の中央機関としては、鍛錬競技の健全な発展を図り、軍用保護馬の能力及び馴致の向上に資すると共に軍馬の資質に関する知識の普及を期することを目的とする特殊法人「軍用保護馬鍛錬中央会」が設置された。各地方組織からは、定められた一定の率の売得金が納付され、その余剰は国庫に繰り入れられた。地方競馬には従来、国庫納付の類はなかったのだが、ここに鍛錬馬競走からも財源を集める方向に転換しつつあることを見出す。軍用保護馬鍛錬中央会は加盟が強制され、各組織の解散権が剝奪される等、国家による権力的な強制で目的遂行を図る強力な集権的中央組織だった。そのため戦後には、この中央会はＧＨＱによって解散を余儀なくされた。

公認競馬との関係については、従来は京都のように公認競馬の競技場で地方競馬を開催した例も存在したし、所定の登録手続さえすれば、公認競馬に出走する馬が地方競馬での出走歴を有していてもかまわなかった。これは騎手も同様だった。しかし、昭和2年（1927）に畜産局長より公認競馬の競馬場を地方競馬に貸与しないようとの指示が出される。昭和9年（1934）には、一度でも地方競馬に出走した競走馬や騎手の公認競馬への出走を認めないようにする通達が馬政局より競馬倶楽部に対して発せられている。これらの処置は、日本競馬会誕生後には禁止事項を含むより強いものとなり、公認競馬と地方競馬の分離が定まった状態で現在に至る。

昭和17年（1942）の馬券税法は、地方競馬にも適用された。これにより第一次控除として発行税4%が売上から控除され（従来の控除率＋4%）、その残金から払戻金を引いたものにも払戻税10%が引かれた。その結果、控除率は最終的に約35％の高率となった。その影響で16年度には1917万円あった売上げが、17年度には1638万円、18年度も1519万円と減少していった。[(61)] その後は、公認競馬と同様に昭和18年12月を最後に東条内閣によって鍛錬馬競走も中止され、戦後に至ることとなる。

第七節　現在の「競馬」との連続と非連続

本章では、競馬事業の戦時体制を振り返った。私は、競馬における戦時体制を考える場合、広義と狭義に捉えている。本書の構成としては、四章がより広義の競馬の戦時体制を扱い、この五章は狭義に近い戦時体制を扱っている。

広義に捉える場合は、戦前戦後の連続説に基づいて、戦後の「収益事業」につながる競馬事業の要素に着目した。そこには競馬財源化の開始や、農政と競馬の関係強化までを含めることとなり、昭和４年の競馬法改正にその一歩を見ることができる。一般的に戦時体制といえば、国家総動員法の成立した昭和12年（1938）以降を指すことが多い。昭和４・６年の競馬法改正は、直接的には戦時体制とは係わりの無い改革である。だが現在の「収益事業」との連続性を見ると重要な点を含む為に、本来の「戦時体制」の意味とは異なるものの、広義の戦時体制としてここに組み込んだ。

狭義に捕らえるならば、競馬の戦時体制とは主に競馬の直接効用面を高めるための一層即物的な軍事体制となり、その本格化は昭和11年の競馬法改正以降である。一般的理解では、この狭義の競馬の戦時体制は戦後レジームへの転換の中で消滅し、現在とは断絶したとされる。しかし狭義に捉えた場合でも、1940年体制に含まれることになるであろう日本競馬会体制や、中央競馬・地方競馬の一国二制度の競馬体制、馬券税制度と一連の控除率の転移効果等々、現在への多くの連続面を指摘することが出来る。

こうして成立した広義、狭義の競馬の戦時体制は、序章で扱ったように戦後になって新たな「収益事業」のコンテンツとして生まれ変わる。競馬を範に多くの公営競技や公営くじ（宝くじは戦争末期）が創設されるが、それは六章で扱い、本節では最後に競馬事業の過去と現在の対照を概観する。

戦後、表向きは国民の新たなレジャーとして、実質は財源として、新たに生まれ変わって存続した競馬事業は、現在は財源故に別な影響を受けながら、今も変容し続けている。競馬をスポーツ、興業として見た場合、スピード化は不可避である。世界共通のこの潮流には逆らえず、日本の競馬でもスピード化が進んだ。軍馬に適したスタミナある馬匹の選別のために長距離の3200mで開催されてきた天皇賞競走は、戦後も同条件で施行され続けた。しかし昭和58年（1984）から秋の天皇賞は2000mに短縮されている。軍部の要請で開始され、戦後も生産者保護の観点から継続されていた特殊競走も、速歩競走、繋駕競走等は昭和43年（1968）を最後に消滅している。アラブ系競走は地方競馬で盛んで、中央競馬よりはるかにレベルの高い競走を行っていたが、不人気による売上げの低さから平成７年（1995）を最後に中央競馬からは姿を消した。継続されていた地方競馬でのアラブ系種競走も平成21年（2009）を最後に消滅し、現在ではアングロアラブの競走馬も例外的な「キタミキ」号以外にはいなくなった。当初は、早期繁殖利用を目的に定められた「天皇賞勝ち抜け制度」も、戦後に継承されたものの、昭和55年（1980）を最後に廃止されている。同様に、馬匹改良の視点から設けられていた一部競走への外国産馬や騸馬、更には地方競馬所属馬の出走制限も緩和されつつある。財源がレゾンデートルである以上、売上げの動向に敏感に成らざるを得ない。これからは興業的見地から、時代の潮流に合わせて競馬も変容していくであろう。

しかし、戦後に生まれ変わり、今や戦前の趣を感じさせない競馬の諸制度の中にも残されている戦前或いは戦時体制の遺構の根源を本書では示してきた。先の天皇賞の距離や斤量、クラシックレースでの騸馬除外、外国産馬出走制限などの現象面にみられる競馬と農政との密接な関係等は、広義にみる戦時体制の残滓であり、1940年体制で確立した農業保護の潮流とも無縁ではない。かつてハイセイコーやオグリキャップで注目された中央競馬と地方競馬の一国二制度問題の発端も、戦時体制に見る日本競馬会であることも本章には記した。そして、戦時体制が現行競馬制度に及ぼしている影響の最大のものは、ある種の「転移効果」の結果である控除率、高率の「テラ銭」であろう。この高い控除率、国庫納付は我々に内部規範化され、平成になってtotoが新設された時にも厳然と立ちはだかった。しかも、我々はそれを半ば当然として受け入れている。しかし近代競馬が土着的に、文化的に発展したのではない本邦では、これらの点の起源はほんの数十年前に過ぎないものであり、超克不可能な絶対的なものではないはずである。

だが、利点も忘れては成らない。戦時体制の遺構が全て悪いという姿勢ではなく、日本の競馬事業の一連の流れを振り返ることで現行制度に捕らわれることなく、新たな時代のニーズに適した競馬事業、制度を模索していく必要がある。現在の中央競馬を統括している「日本中央競馬会」にみられる「日本競馬会」の流れ、即ち戦時体制での集権化の体制を汲む強力な中央機関の有効性については、アメリカが競馬再興のために逆にNTRA（National Thoroughbred Racing Association）という強力な中央組織を作ったことを見ても、興業面で非常に有効である。公営ギャンブルの中で、中央競馬のみが一人勝ちを収められた理由として、強力な集権体制を持っていた利点は欠かせないであろう。

「社交」「軍事」のツールから変遷し、現在は「財源」のツールとして施行されている日本の競馬事業の流れを理解することで、新たに別なツールとしての可能性も模索して行くことも可能となる。特に「財源」としてのツールの役割を失いつつある現在の地方競馬事業を見るに、その要請は急務である。その際に注目すべきは、やはり競馬変容の鍵であった「社会福祉」との合流であろう。馬券創設の際、とても超克不可能と思われた状況をブレイクスルーしたのは、賭けと無縁と思われていた社会福祉であることは覚えておくべきである。

（1）政治、行政面での連続説、非連続説については、村松岐夫『戦後官僚制の研究』（東洋経済新報社、1981）や村松「地方自治理論のもう一つの可能性―諸学説の傾向分析を通して」『自治研究』第55巻第7号（良書普及会、1979）にまとめられている。そこでは、連続説をとる学者としてここであげた人物の他に、赤木須留喜、加藤一明、大島太郎、佐藤竺等をあげ、その所説を紹介している。

（2）田中二郎『行政法の基本原理』（有斐閣、1950）P37～。

（3）村松岐夫「中央地方関係に関する新理論の模索（上）（下）」『自治研究』第60巻1、2号（良書普及會、1984）及び村松、前掲書。

（4）辻清明『日本官僚制の研究』（弘文堂、1952）P161～。

（5）高木鉦作「知事公選と中央統制」渓内謙その他編『現代行政と官僚制（下）』（東京大学出版会、1974）収集。

（6）経済財政面等からの連続性の指摘としては、他にも岡崎哲二・奥野正寛『現代日本経済システムの源流』（日本経済出版社、1993）等を参照。

（7）中村隆英『昭和経済史』（岩波書店、1986）P149～。

（8）村松岐夫『日本の行政 活動型官僚制の変貌』（中公新書、1994）P4～。

（9）藤田武夫『現代日本地方財務史（上）』（日本評論社、1976）P38。

（10）大石嘉一朗「昭和恐慌と地方財政」『近代日本の地方自治』（東京大学出版会、1990）収集。

（11）持田信樹『都市財政の研究』（東京大学出版会、1993）P237～。

（12）この命名に関し、国家総動員法の制定年に着目して「三八年体制」という方が正確ではないかとの指摘を受けたが、何故「四〇年」なのかに関しては特別な理由は何もない、と野口は述べている。野口悠紀雄『一九四〇年体制 さらば「戦時経済」』（東洋経済新報社、1995）P5～。

（13）野口悠紀雄「『四十年体制』からの脱却を」（日本経済新聞1993年8月15日付）。

（14）野口悠紀雄「『一九四〇年体制』の超克」『週刊ダイヤモンド』1994年1月1、8日合併号。

（15）野口悠紀雄「日本型システム改革の目標は一九四〇年体制の打破」『月間Asahi』1993年11月号。

（16）野口悠紀雄「未来からの『戦後』評価を—克服すべき四〇年体制」『中央公論』1995年3月号。

（17）武市銀次郎『富国強馬 ウマから見た近代日本』（講談社、1999）P8。

（18）萩野寛雄「競馬事業における連続性」『早稲田政治公法研究』第66巻（早稲田大学政治学研究科、2001）。

（19）竹内宏『昭和経済史』（筑摩書店、1988）P34。

（20）同書P35、P38。

（21）原朗「経済総動員」大石嘉一郎『日本帝国主義史（3）第二次大戦期』（東京大学出版会、1994）収集。

（22）昭和7年秋期は6年秋期と比しても5％増、8年秋には23％増、9年秋期は33％増、10年春期は46％増と着実に売り上げを伸ばしていた。

（23）日本競馬史編纂委員会編纂『日本競馬史 第4巻』（日本中央競馬会、1969）P803。

(24) 同書P807～。

(25) 悍性：(かんしょう) 猛々しいさま。

(26) 馬賊出身の帳学良配下の指揮官。黒竜江省軍の将軍として精鋭の騎兵部隊を率いていた。

(27) 日本競馬史編纂委員会、前掲『日本競馬史 第4巻』P837～。

(28) ナチス・ドイツは、ライヒスバンクからの資金調達に基づくシャハトの新計画やゲーリングの戦争遂行と自給自足体制の樹立を目指す4か年計画など、国家による経済統制を多用して恐慌から脱出していた。またソ連の第一次五ヶ年計画は世界恐慌に悩む資本主義諸国を後目に、大きな成果を上げげたと伝えられた。その影響を受けて計画経済への関心が高められ、社会主義経済計算論争と呼ばれる計画経済の実行可能性についての理論的な論争も展開されていた。原朗「日本の戦時経済—国際比較の視点から—」『日本の戦時経済—計画と市場—』(東京大学出版会、1995)。

(29) アメリカのニューディール政策とソビエト、ナチスの計画、統制経済は同質ではないが、「国家の経済過程への介入増大の別の形の表現であり、統制や計画とまったく無縁のものではなかった」。原、前掲論文。

(30) 当時のカルテル・トラストについては、梶西光速『昭和経済史』(東洋経済新報社、1951) P115～に詳しい。

(31) 例えばこの頃発刊された金原賢之助編集の『国防経済論』の中でも、近藤康男による「戦争と農業」の章において「馬の増産と土地問題」という節が設けられている。そこでは、「馬の問題は、農業的生産力維持の問題であると共に、直接の軍事的必要に面している問題である」が故にこれが重要であるとしている。金原賢之助『国防経済論』(日本評論社、1938) P398。

(32) 売り上げ上位が京都、阪神、東京、日本、中山で、中位が小倉、下位が福島、新潟、札幌、函館、宮崎だった。

(33) 例えば「各人の持つ意欲の実現状態を全体社会の利益から観る時は、出来るならば各人が自己を犠牲としても自己の欲求を全体の為に奉仕し得る方向に合致せしめる事が望ましいのである。所謂滅私奉公の精神が是である」のような思想が主流だった。伊部政一『統制経済学』(千倉書房、1942) P118。

(34) 日本競馬史編纂委員会、前掲『日本競馬史 第4巻』P1069。

(35) 日本競馬史編纂委員会、前掲『日本競馬史 第5巻』P14。

(36) 戦後、血統登録のみ日本軽種馬協会に移項されている。

(37) 日本競馬史編纂委員会、前掲『日本競馬史 第5巻』P335。

(38) 例えば野口、前掲書P137～。

(39) 原、前掲論文。

(40) 従来、大蔵省において高橋是清の基で軍部予算を抑えていた津島寿一、石渡荘太郎、青木一男等は、軍部の強い影響力の下で省外に出されたり、辞職させられたりしていた。

(41) 神野直彦「馬場税制改革案」『証券経済』第127号（日本証券経済研究所、1979）収集。

(42) その性格は、増税よりも負担の均衡化にあった。来るべき戦争を一致団結して戦うべく、1940年体制の基本的理念である共同体への一体化観の醸造を進めること、共和の実現が重要な役割だった。この様な思想は革新官僚に一般的で、当時の統制体制を通じて流れ、戦後に継承されている。

(43) 直接的要因は、浜田国松の国会での腹切問答による軍と政党の板挟みと言われているが、巣鴨プリズンでの広田の談話では、「賀屋君、あれは経済で潰れちゃった、行き詰まって動かなくなった、しようがないんだ、まったく経済でつぶれたんだから」ということを数回言っていたという。賀屋興宣「戦時財政の歩んだ道」安藤良雄『昭和史への提言 3』（原書房、1993）収集。

(44) 武市、前掲書P180。

(45) 同書P179。

(46) そこでは、「低身、広躯、四肢強健で負担力輓曳力に富み、中等体尺者の乗御使役に便利で飼養管理容易な馬を生産し、且つ乗、輓、駄の各役種を通じて軍の編成に即応、する如く生産、調整すること」「輓型馬を第一義にして、乗型馬の生産は軍の需要程度に制限すること。軍馬としては乗型馬輓型馬ともにアングロノルマン、同系種、中半血種（輓型馬は重半血種も）とすること」、「このため種牡馬はすべて国有とし、戦列部隊所用馬の生産に併用する優良繁殖牝馬に対して保護奨励を加え、軍用適格馬の生産資源を確保する措置を取ること」、「有事の際直ちに、動員すべき軍用適格馬を予め選定整備しておき、その保護奨励措置と常時鍛錬措置を遺憾なきようにすること」、「競馬の出走馬は種馬または軍馬たるべき資格を有する馬に限定し、競馬をして最も有効に軍馬資源の涵養に寄与するように、その施行方法に改善を加えられたいこと。繊細菲薄にして強悍なる馬の生産を誘発せしめないこと」、「内地のみならず外地、満州等においても速やかに軍馬資源を培養するよう有効適切な手段を構ぜられたいこと」が求められた。

(47) 中馬宏之「“日本的”雇用慣行の経済的合理性論再検討：1920年代の日米比較の視点から」『経済研究』第38巻 4 号（一橋大学経済研究所、1987）。

(48) 中村隆英『日本経済―その成長と構造―』（東京大学出版会、1978）P146。

(49) 玉城哲「戦後改革」飯田経夫他編『現代日本経済史』（筑摩書房、1976）。この中には勿論、食糧増産による総力戦体制への要請も含まれていた。

(50) 米倉誠一郎「業界団体の機能」岡崎哲二・奥野正寛『現代日本経済システムの源流』（日本経済新聞社、1993）。

(51) 日本競馬史編纂委員会、前掲『日本競馬史 第 5 巻』P856。

(52) 日本競馬史編纂委員会、前掲『日本競馬史 第 6 巻』P181。

(53) 同書P183～。

(54) 当時の革新官僚は一般的に生真面目で、賭博である競馬に対する態度は冷酷だった。例えば戦後農地改革を達成した東畑四郎なども、戦後、元部下が競馬監督課に転勤した際、「競馬なんか農林行政の中に入ってない。あんな物を農林省がやっているから農林行政が進まないんだ」と苦々しげに言ったという。福山芳次「敗戦と馬と競馬」『競馬法の変遷30年史』（中央競馬振興会、1992)。

(55) 中央競馬ピーアールセンター編『近代競馬の軌跡：昭和史の歩みとともに』（日本中央競馬会、1988）P95～。

(56) 伊藤由三郎『「臨時資金調整法」解説』（成象堂、1944）P139～。

(57) 戦争を契機とする財政膨張に関する本来の意味での転移効果については、Alan T. Peacock and Jack Wiseman, *The growth of publi expenditure in the United Kingdom*, Princeton University Press, 1961, P24～30. を参照。

(58) 名古屋師団にて師団長の乗馬になった説が有力であるが、その後の名古屋大空襲で行方不明となっている。

(59) 例えば、島田明宏『消えた天才騎手 最年少ダービージョッキー・前田長吉の奇跡』（白夜書房、2011）参照。

(60) 日本競馬史編纂委員会編『日本競馬史 第６巻』（日本中央競馬会、1972) P101。

(61) 前掲『競馬法変遷30年史』より。

第六章　収益事業としての合法ギャンブルの誕生

はじめに

以上のような過程を経て、競馬事業はその性格を変容させた。日本に近代競馬が持ち込まれて以来、社交、軍事目的のツールとして、国家事業として振興されてきた競馬は、戦時体制を通じてまた新しい目的を負わされた。それが現在、我々の目にする「財源」としての競馬である。競馬が特払や配当制限、払戻事項、私設馬券取締といった制度整備に際して、司法省を筆頭に政府各省の協力を得られたのは、財源とされたからである。

しかし戦局悪化の中では、「財源」としての競馬も中止を余儀なくされ、敗戦に至った。「収益事業」の制度面での源流である市営事業の収益主義的経営も、戦時体制への移行にともなう中央政府への更なる財源集中化過程でその転換を強いられた。戦局悪化による空襲の激化で社会資本が破壊されるに及んでは、市営事業自体が不可能になった。

かくして「『租税外に財源を求める枠組み』としての市営事業の収益主義的経営」と「軍事目的の馬匹改良ツールとしての競馬」は、共に敗戦で終焉を迎えた。前者は、それを可能ならしめていた「労働者階級の脆弱性」という前提の崩壊、地方自治体の「独占資本の安定装置化」[(1)]、その他の市営事業を取り巻く状況の変化によって、戦後に経営主義の転換を余儀なくされた。その結果、戦後の地方自治体は従来のように、市営事業によって税源外に財源を求めることが困難となった。競馬のほうも、敗戦による非軍事化とモータリゼーションの結果、軍事的需要のみならず、産業的需要も消滅してしまった。その結果、馬匹改良の必要性自体が失われることとなった。

だが、終戦直後、都市の置かれた財政窮乏は戦前より悪化していた。中央政府の財源も枯渇していたが、地方財政の窮乏は危機的状況だった。それは、戦前の市営事業の収益主義的経営を生んだ時の状況に匹敵した。財政窮乏からの緊急避難的脱出策[(2)]としてこの2つの流れが合流し、現行制度の「収益事業」が確立する。

本書の課題、即ち「『収益事業』の成立を可能足らしめた『前提』を競馬事業の変遷過程に求める」ことは、既に前章までで終了している。本章では戦後に「市営事業の収益主義的経営」と「競馬事業」が合流し、現行制度に繋がる様を簡単に触れる。そして最後に今一度、「収益事業」の特質とそれが誕生するための「前提」の形成過程をまとめて振り返り、本書を終える予定である。

第一節　終戦直後の都市財政状況

第二次世界大戦敗戦による日本財政の窮乏は甚だしかった。国内主要都市は焼け野原となり、生産手段は破壊し尽くされた。社会資本は殆ど無に帰し、一から再建する必要に駆られた[(3)]。復員する760万人とも言われる兵員、軍需産業から失職する400万人の労働者、150万人の海外からの引揚者、彼らの失業問題は深刻だった。一方、国内労働に従事していた中国・朝鮮人の帰還で労働力不足に陥った石炭産業の産出量は減少し、エネルギー不足も懸念された。更に昭和20年（1945）は天候不順と積年の肥料不足で例年の30～40%減の大凶作に見舞われ、多くの引揚者達がひしめく国内では餓死者大量発生の恐れもあるほどだった[(4)]。経済では大規模インフレが発生した[(5)]。空襲等で生産力が急激に落ち込んで供給力が激減する一方、ようやく訪れた平和と統制の解除によって国民の需要は激増した。戦時中に戦費として支払われた所得は貯蓄や公債となり、その購買力は戦後に持ち越された。加えて、軍需工場への戦時補償や軍人復員手当といった臨時軍事費が、日銀引受の赤字国債で支払われた。食糧難と物不足によって、これらの通貨がいっせいに市場に流入した。供給不足の状態で貨幣量が激増したため、凄まじいインフレとなった。

中央政府の財政も苦しかったが、地方財政はそれ以上だった。帝国主義政策を強力に遂行すべく、税源等多くの権限を中央に集中させてきた体制の下、地方自治体は十分な財源を与えられていなかった。その一方で、過重な国政委任事務が課され、その経費の膨張が地方財政を困窮させた様は一章四節で触れた。支那事変発生以来、戦時体制への移項過程で地方財政の緊縮が命じられ、地方自治体独自の事務は縮小された。代わりに戦争関連行政の実施や軍関係施設等の建設整備が中央政府の命令で行われた。これへの中央政府の負担は僅か37%に過ぎず、残りの63%は地方負担だった。(6) 戦局の進展に連れ、中央政府による地方への行政事務の転嫁は更に拡大した。その結果、終戦時の地方政府は、戦時体制で先送りされて手つかずの多くの行政需要を残したままだった。

地方財政は敗戦によって更に悪化した。昭和16年（1946）の税制改革では、従来の地方税を一度国庫に集中させ、その後に全国に再配分する地方分与税制度が確立していた。しかし、中央政府の財源が不足する状態では、地方に十分な額が分配される訳が無かった。更に占領軍による戦後民主化政策により、地方経費は膨張する。アメリカは、戦前の日本軍国主義の要因を中央集権と民主主義勢力の脆弱性に認めていた。そこで全体主義勢力の再台頭抑制目的から、中央の権力を弱めると同時に、民主主義を育む土壌として地方自治を育成した。その目的から各種事務が地方へ移譲され、その新しい経費は都道府県予算の平均20%を占めた。(7) この膨張要因には先の過度のインフレもあるが、他にも行政機構の複雑化、6・3制の実施費、農地改革・食糧増産費用、社会及び労働施設費、自治体警察費らがあった。行政機構の複雑化は、地方事務増加による公務員数増につながり、これにインフレが加わって人件費が膨張する。戦後に設置義務とされた部署が増加したのもこの一因となった。この設置に応じない場合、補助金等で不利な扱いを受けることもあるので、設置には応じざるを得なかった。独自判断で人員を減らして経費削減を試みても、補助金等を通じた国の介入で、結果として経費増加になる例も多かった。更にこの時期には、行政の民主化の結果、教育委員会、選挙管理委員会、公安委員会等の様々な行政委員会や協議会も設置された。その結果、昭和24年度（1949）における給与費総額は、地方歳出総額の30%を占め、地方財政の重圧となった。[8]

教育基本法、学校教育法、教育委員会法の教育三法に基づく教育制度改革で導入された6・3制の影響も大きい。この改革で教育の地方分権化が進むが、同時に教職員数増加による人件費増大と新制中学建築費確保という問題を惹起した。[9]前者は都道府県財政を膨張させ、後者は市町村財政に影響を及ぼした。

農地関係では、農地改革の実行、及び食糧不足解消の為の食料増産とその供出が国をあげての目標となった。寄生地主制解体と小作農解放による自作農育成は、軍国主義的反動を防ぐと共に、日本の共産化を防ぐためにも不可欠だった。そこで進駐軍の命令で農地改革が行われ、都道府県の産業経済費から費用が支弁された。また、食糧自給政策や引揚・復員者の為の開拓事業等、第一次産業絡みの支出が、府県産業経済費の80～90%を占めることになった。[10]

戦地や疎開先からの復員・引揚者を始め、戦災被害者対策としての社会及び労働施設費も増大した。これは主に戦後の生活保護や社会福祉の充実、失業対策、庶民住宅等の建設費であり、特に戦災都市ではこの比重が高かった。

自治体警察費も、市町村の重い負担となった。昭和24年度の市全体の統計でも、その比重は17%に達し役所費を凌いで第一位である。[11]また戦争関連支出が無くなって負担軽減された土木費でも、先送りされていた修復工事や戦災復興事業だけでもかなりの予算を要した。[12]唯一、戦前に地方財政を圧迫していた公債費のみがインフレのおかげで解消され、「戦後は資金事情が逼迫して発行が抑制された[13]」こともあって、その割合は縮小している。

この様な財政状態を反映して、増税が連続で行われていた。住民税一人当たりの平均附加標準額は戦前標準の20倍に跳ね上がり、入場税や飲食税等の間接税の一部が15%以上の高率に及んだ。また、瓦斯や電気、酒の消費にまで超過税率が及び、自治体の7割以上が住民税、事業税、地租、家屋税の超過課税を行っていた。更に130種類を越える零細な法定外独立税も徴収された。国庫補助金は地方歳入総額の32%を占めていたが、中央政府も財政が破綻している為に算定式が現実の費用からかけ離れ、多額の超過負担を引き起こしていた。

この状況下で地方政府には財源が必要だったが、戦前期に緊急避難的に租税外に収入を求める手段だった市営事業は、もはや収益手段たりえなかった。

第二節　戦後の市営事業

昭和初期に市営事業の経営思想では収益主義が主流となっていたことは、二章六節で触れた。しかし第二次世界大戦終了後、市営事業の経営思想も大きく変容した。吉岡謙二はこれを、戦前に「天皇制の安定装置」機能を果たしてきた地方自治体が、戦後は「独占資本の安定装置」へとその役割を変化させたと指摘する[(14)]。戦前、農村部の地主等名望家と結びついた地方自治は、名望家の利益と天皇制に群がる勢力との利益が一致した結果、「天皇制の安定装置」の役割も果たした。しかし戦後、地主制解体と地方自治民主化が進む中で、独占資本は地方自治を民主化への防波堤に、即ち反中央、反独占資本の動きを地方レベルで止めるために用いるべく試みた。こうして、戦後の地方自治は「独占資本の安定装置」的な意義を一部では重要視されることとなった。

戦後の市営事業、公営企業は、昭和21年（1946）12月の地方制度調査会答申「公企業の拡充に就いて」の中で、交通事業、配電事業その他、住民一般の利益に関係する事業は、地方自治体に積極的に経営させること、公企業の起債を優先的に取扱うこと、公企業には収益主義の加味を認めること、とされていた。大都市財政でも「公企業の経営権を拡張すると共に、ある程度収益主義的経営を認めること[(15)]」とされ、この時点では収益主義的経営は認められていた。

それでは何故、戦後の公企業経営政策が「収益主義」から、現行の「独立採算主義」に変わったのか。独立採算主義とは、戦前の実費主義が変化した形態である。施設の建設費から、公債償還、利子、減価償却、その他、事業に必要な全ての費用を考慮に入れ、収支が釣り合う程度の料金体系で経営される。その運営には厳しい独立会計が採られ、当初は余剰金を一般会計に繰り入れない代わりに、一般会計からの補填も厳しく制限されていた。

この独立採算主義が採用されたのは、上記の地方自治体の独占資本の安定装置としての役割から、と大坂健は主張する。[16] 激しい戦後インフレで市営事業の多くは赤字経営に陥った。料金を値上げしても、インフレによって直ちに人件費、物件費などの経費が膨張し、その速度に値上げペースは追いつかなかった。空襲等の戦災による設備の荒廃や破壊は甚だしく、その再建にも膨大な費用を要した。また戦時経済体制での維持・補修工事不足に起因する地方公営企業の破壊、荒廃もその経営を圧迫した。その結果、公営企業への一般会計からの繰入れは、地方財政の大きな負担となっていた。安定装置たる地方自治体の危機は、そのまま独占資本の危機に繋がりかねない。そこで、地方自治体財政健全化の目的から、お荷物の地方公営企業への一般会計からの繰入れを制限すべく誕生したのが、戦後の独立採算主義である。戦後インフレは労働を不安定化させる要因となっており、生産を阻害していた。それを克服する為に健全財政を中央・地方財政双方で貫く必要が論ぜられ、市営事業もその対象となった。戦前の収益主義的経営を支えていた条件である「労働者階級の脆弱性」の崩壊も、もう一つの要因である。戦後民主化の流れで勤労者の団結と組織化が進み、労働運動も激化してきた。地方公営企業の収益主義的経営は勤労諸階層に逆進的負担を課すものとして労働者階級の批判・抵抗を招き、防波堤としての「独占支配体制の安定装置」を弱化させ、国家独占資本主義を危機的状況に追い込む可能性が有る。[17] 戦前の収益主義的経営は、絶対主義勢力を危機に貶めなかったが故に黙認された。戦後は、社会・経済条件の変化で体制危機を招来しかねないものとなり、この状況では不可能だった。

その結果、昭和25年（1950）には米国の公益事業制度に準拠して「公益事業令」が定められた。事業運営の調整とサービス供給円滑化をはかり、消費者利益の確保と事業の健全な発達によって公共の福祉を増進することが目的とされた。これが後のガス事業法、電気事業法へと引き継がれ、戦前には無い「使用者の利益の保護」の法制化となる。このような理由から戦後、収益主義的経営は採用されなかった。だが、前記の自治体警察設立費用や6・3制移行費用、様々な戦後復興費用、引揚者・疎開者への社会政策費用等々、自治体の財政需要は膨大だった。中央政府も深刻なる財政難のために財政調整制度も思うに任せず、地方財政は深刻な歳入不足にあえいでいた。膨大な財政需要を抱えて財源は必要だったが、以前のような市営事業の収益主義的経営で租税外に財源を求めることもできなかった。新たな収益事業として現在の「狭義」の収益事業、即ち「合法ギャンブル」が誕生した背景はこうだった。

第三節　戦後の競馬事業

1　終戦直後の競馬の状況

近代競馬受容以来のレゾンデートルが敗戦で消滅すると、競馬開催目的は失われた。ツールとしてのみ存在が許される我国の競馬にとって、それは致命的だった。しかし、10万人とも言われる競馬関係者の雇用や馬産農家を守る必要もあり、その存続は求められていた。更に、競馬の中断は過去の歴史から見て人材や馬匹資源の散逸に繋がり、後に再開する際のコストが膨大になる。そこで、なるべく速やかな競馬再開が求められていた。

幸いなことに、アメリカ人は競馬や馬を愛する国民性で、進駐軍も慰安の為に日本で競馬を開催させるなど、競馬に対しては好意的だった。戦時中に日本軍に接収されて軍事拠点となっていた各地の競馬場は、戦後は米軍によって接収された(18)。札幌や京都では進駐軍の命令で競馬が開催され、馬券も発売されていた(19)。各地でも、後述のように鍛錬馬競走が無くなった為に闇競馬が頻発していた(20)。昭和21年（1946）7月には、神奈川県藤沢の元航空隊跡地を利用して神奈川県の馬匹組合連合会による競馬が開催され、馬券は1枚10円、最高払戻金は2000円だったという(21)。これは県の興業取締規則に基づいて開催されたもの(22)で非常に人気を集めたが、不祥事も頻発していた。戦前から地方競馬は各地の産馬組合やその連合会が主催者となっていたが、特に戦後

昭和21年７月函館での進駐軍競馬馬券

出所：馬の博物館蔵

の混乱期には実際に馬を所有していた各地の愛馬会、乗馬クラブ、陸上小運送組合等の様様な団体までもがこれらの闇競馬を開催していた。余りにも無秩序な濫立振りに、対策の必要性が認識されていた。しかもこれらの闇競馬は馬券税を支払わないものも多く、暴利を貪っていた。それでも、これを禁止するのは事実上不可能だった。

そこで闇競馬を監督・善導すべく、昭和21年（1946）11月に議員立法によって「地方競馬法」が成立する。軍馬資源保護法の失効で根拠法を失っていた鍛錬馬競走は、こうして新しい根拠法を得て復活した(23)。従来の競馬場は郊外に立地したが、復活した地方競馬の競馬場は顧客の交通の便を考慮して都市部に進出をはじめ、現在のように競馬場が中心部に立地するようになった(24)。地方競馬法では日本馬事会が改変された中央馬事会が中心となり、これに県単位の馬匹組合及びその連合会が地方競馬を開催するとされていた。

公認競馬の日本競馬会でも、昭和20年（1945）10月には農林省理事会で「競馬施行方針」が討議され、これに基づき事務局が「競馬施行要綱案」をまとめた。そこでは競馬施行の目的について、「馬事思想を普及し、馬事振興に資すると共に国民の明朗娯楽に供し、国民保健に寄与し、健全なる社交機関たらしめ、合わせて通貨吸収の一助たらしむ」という平和時代に合わせてモデルチェンジされた新たな競馬像が描かれた。また、勝馬投票に関しては、「払い戻し制限および枚数制限を撤廃し、券面金額は適当に定む」とされ、旧来の制限的性格が大きく変わった。この案は控除率も「従前に戻り十五パーセントを妥当と考えられるもなお研究を要す」としていた。

この競馬法改正案は昭和20年（1945）10月に両院を通過し、翌21年春季より東京と京都で開催を再開する。この改正で、一人一票制や投票方式の制限が廃された。払い戻し上限も100倍にまで緩和され、現在の形態に近づいていく。これは、連勝式馬券の導入を可能として増収を図り、併せて戦後のインフレの過度の浮動購買力を吸収しようとしたものである。こうして、かろうじて開催は再開されたが、折からのインフレで経営は厳しく、初回開催は赤字を計上するほどだった。昭和15年（1940）を基準にすると、通貨量で20倍、物価が14倍になっているのに入場者は半減し、売得金は３倍にしかなっていなかった。これには、馬券税の高い控除率が嫌われ、多くのファンがノミ屋や馬券税を取らない闇競馬に流れていたと考えるのが妥当であろう。(25)

2　日本競馬会の閉鎖団体指定

終戦による馬政局解体により、戦後の馬政は強力な官僚統制から完全に解き放たれた。敗戦で軍馬資源保護法が廃止され、鍛錬馬競走も消滅していた。国家総動員法の馬事団体令に基づく鍛錬馬競走の中央団体だった日本馬事会も解散して、中央馬事会へと生まれ変わっていた。競馬法改正で、競馬の目的も軍事色を無くした筈だった。当時の「競馬執行体制は、自ら競馬目的を軍事から平和に切り替えるという変態だけで生き延びる事に成功した(26)」と思い込んでいた。

占領当初、馬政局廃止を受けて再び競馬を掌ることとなった農林省畜産局を担当したセクションは、ＧＨＱの天然資源局（NRS）だった。農業関係を掌るこのセクションでは農地改革が第一で、競馬に対しては無理解、冷淡であり、「敗戦日本が競走馬のような贅沢品を作り、食糧をアメリカの援助に仰ぐなどは以ての外。食料増産をすべし」という姿勢だった。

昭和22年（1947）6月以降、農地改革が一段落するとＧＨＱはようやく競馬施行体制に関心を示した。当初の占領目標である武装解除や復員が終了し、財閥解体の実施機関が設置されたように占領業務が進捗してくると、経済科学局（ESS）が競馬に関与するようになった。これは競馬の財源利用に着目してであり、戦後はこのように競馬の目的は直接効用から間接効用へと完全に転換した。当初ＧＨＱで勢力を握っていたのは、フーバー体制下での沈滞と腐敗と威信低下に対抗したニューディール派だった。彼らは特権を排除し、恵まれない黒人をはじめ、プアホワイトにも目を向ける理想主義者で情熱家だった。彼らは本国で実現できなかった理想を日本で実現する。ＧＨＱの競馬担当官だったESSのヘンリー・ウォールも、そんなシビリアンだった。

昭和22年（1947）9月、ＧＨＱから農林省と日本競馬会の両者に対して、日本競馬会を閉鎖機関に指定する方向性が突然示された。ESSのアンチトラスト・カルテル課が日本競馬会を問題視したのは、全国の競馬会を実質上、強制的に併合した独占機関だった為である。しかも戦時中には、競馬抑制論への対策等もあって陸軍に積極的に協力していた点も問題とされた。ＧＨＱとしては、日本の軍国主義化を支えた、財閥を筆頭とする特権団体の解体を図っており、日本競馬会もそれに該当するとされ。各地に民営の競馬場が分立するアメリカの競馬事情から考えて、半官営で独占的に競馬を行う方式自体が彼らには不自然だった[(27)]。彼らは、競馬にはオーナーとブリーダーがいてそれぞれがメンバーとなり、競馬の責任を共に負うのが競馬本来の姿で、競馬は国家権力の機関ではないと考えていた。大陸諸国に類する形で競馬を手段として受容した我国と、競馬自体に存在価値を認めるアングロ・サクソン型の競馬観との違いがまさに現れた。

ＧＨＱは、独占的存在の日本競馬会や日本馬事会を温存することは、日本に将来、デモクラシーを育てる上で害になると考えた[(28)]。また、日本競馬会のように、政府や省庁が表に立たずに「監督」という形で強い影響力を行使する形態をアメリカは好まなかった。日本競馬会は、政府がそれを隠れ蓑に直接に指揮命令、統制する為の組織と見なされた[(29)]。巨大な特権を有する、目に見えない第二政府のような存在をＧＨＱは認めなかった。その様な存在は民主主義に有害である、民衆の力や国会の統制の及ばない権力の行使を認めないというのがＧＨＱの方針で、日本競馬会の否定はこの延長線上にあった。

アメリカでも、競馬は賭けを伴って至極普通に行なわれており、またこの後に競輪が認められているように、ＧＨＱは競馬やギャンブル自体に反対していたのではない。問題は経済的、組織的な競馬施行体制の問題に限定されていた。同様に競輪でも、強力な中央集権組織だった自転車振興会に関する原案は修正されている。かくして、民営で参入規制を緩和して、申請者には誰にでも開催させるか、公団類似の法人を組織して許可するか、或いは競馬を国営[(30)]で行って権力関係を明らかにするか、の選択を強いられる。しかし、明治末の競馬場濫立の歴史を持つ我国では、誰にでも開催させる方式は不可能であると思われた。また公団類似の組織は、ＧＨＱの最も嫌う所だった。

3　競馬の官営化（国営化と公営化）

その結果として日本側からは第三案が選択され、国営競馬に移管すべくＧＨＱとの交渉が行なわれた。しかし、ウォールの言葉によれば、「総司令部全体としては、競馬の国営化は評判が悪い。厳重な監督の下に自由な民営とするほうが評判が良い[(31)]」という状況であり、交渉は難航を極めた。

農林省がＧＨＱに対して提出した「競馬を国営とする理由[(32)]」では、競馬の統制施行が絶対に必要な理由が述べられている。昭和11年以前の競馬倶楽部分立時代には内情が紛乱して競馬の施行も適正を失い、一般の信用も失墜して競馬法の目的を達し難い事情に立ち至った過去があった。競馬を直接国営で施行する事例は世界でも殆どないので交渉は難航したが、競馬雇用者や生産者保護の観点からも、極めて暫定的な緊急避難策として国営競馬が許可された。そのため、競馬法中に「この法律は、施行の日から一年を経過した日までに改廃の措置を取らなければならない」との附則をつけてようやく成立

国営中京競馬場開設記念スタンプ

出所：写真提供　JRA

した。しかしその後、世界でも稀有な国営競馬はなし崩し的に続き、昭和29年（1954）年に日本中央競馬会が設立するまで国営で執行されていた。

地方競馬については、ＧＨＱは主催者である産馬組合を問題視した。産馬組合は競走用馬匹生産者の強制設立、強制加入の組合であり、しかもその組織決定に従わなければ特権剥奪や制裁を加えられる組織だった。更には、全国を統制して非会員を除外する統制規定を有し、特権剥奪を武器に横暴を極めている点なども考慮された。馬匹組合、連合会は特殊農協であり、行政権力が組織運営に直接介入できるものだった。そのような組織は、まさに戦前の日本を支えた組織である為、解体し、民主化する必要をＧＨＱは感じていた。かくして昭和23年（1948）、産馬組合は総合型の農業協同組合に組み入れられ、農業協同組合法の施行を以って解散させられた。以前から地方競馬の開催権を握っていた生産者団体が開催権を奪われただけに止まらず、団体そのものの存続が否認され、その後継団体の結成も出来なかったのには理由があった。農地改革を至上命題とする農林省では、農業協同組合法がそのために最大動員された。農業協同組合法には、農業者団体は農地改革の遂行およびその成果の確保に全面的に協力しなければならぬとの命題が隠されていた。零細自作農の保全を目的とする農業協同組合は、政府の意思を農業者に下達することに急であり、農業者の創意工夫には冷淡だった。それ故に総合農協が偏重された結果、組合の事業は米麦作農業に重きを置き、他種類の農業は重視されなかった。彼らは競馬の開催権にも興味を持たず、それを得ようともしなかった。従来の馬匹組合やその連合会も既存の立場に固執し、新たな構造を作り出すことには積極的ではなかった。更に、生産者と共に本来であれば競馬を担うはずの馬主層も、終戦直後は本土の戦災で殆どの企業が壊滅し、経済の主流は旧植民地出身者やアメリカ人に握られ、日本人馬主がリーダーシップを発揮して開催権を得ることも不可能だった。

そのため、地方競馬法に基づいて開催されていた地方競馬の主催者が不在になる事態になった。その際に、財源を求めていた都道府県が名乗りを上げ、これによって今の地方競馬の形態へと移行したのである[(33)]。その前提としては、既に触れてきた「勝馬投票」以来の地方長官による競馬に対する大きな影響力という歴史的背景は不可欠だった。またＧＨＱは日本の戦時体制を破壊する狙いからしても、国や中央官庁に対しては厳格で批判的だったが、それを抑制する狙いから地方自治体に対しては好意的で、自ら標榜する民主主義に基づくものとして理解を示していた。当時の地方競馬を運営して益金を独占していたのは上記のように戦時体制に基づく馬匹組合と連合会で、一方で日本を民主化する為に有用な地方自治体は戦後復興財源も乏しく、貴重な復興資材を確保出来ない状態だった。従って地方競馬を公営化して公正に運営し、信用向上を図るとともに競馬益金を確保・増収し、緊急公共事業の推進を図るべきとの意見が勢いを増していった。そしてこれはＧＨＱから「日本を民主化するための方策の一つである」と、支持を得たのである[(34)]。

このように、政府収入を確保するためにも、競馬財源は必要だった。政府が競馬を直接開催するならば信用確実であるから、馬券の売上げは自然に増大するに違いないとも考えられた。他にも、畜産の改良、なかんずく馬の改良原種の取得を確実にすること、健全なスポーツとしての競馬の普及促進を期すること、競馬の秩序を維持する為に必要であること、風紀上の点から弊害の防止を期すること、民間企業となれば出願者が殺到して競馬場が濫設される結果が予想され、その場合に多量の資材を要し、広大な耕地が潰される危険性もあるとされ、競馬の官営化（国営、公営）が公認競馬、地方競馬ともになされた。

ここにおいて、「収益事業」の二番目の特徴「その一方で、特別法制定の法理によって合法ギャンブルを創出する。『政府及び準ずるもの』が独占的立場を付与されて、合法ギャンブルを自ら経営する」の後段部分が成立する。民間競馬倶楽部によって営まれていた公認競馬は国営競馬となり、民間生産者の組合によって営まれていた地方競馬は、地方自治体が直接施行する地方競馬となった。官設官営による現在の「収益事業」の施行体制は、ここに成立した。中央・地方政府は合法ギャンブルの経営者、施行者として、かつての各種団体に代わった。その運営を管理する監督者としてだけでなく、その施行者としての立場をも併せ持つこととなった。本来であれば、中央馬事会が社団法人として、競輪において「自転車競技会」が果たしている専門的事務を担う役割を担うはずだった。しかし中央馬事会は非民主的な馬匹組合、連合会をメンバーとする上位機関だったが故に解体され、その任を果たせなかった。それ故、「収益事業」から「公営くじ」を除いた部分、即ち「公営ギャンブル」（特に競馬事業）は、具体的な専門事務に至るまでの執行が政府の事務とされている(35)。これは政府の役割を基本的に監督業務に限定し、官設の場合であっても官設民営でカジノ等の運営を行なっている諸外国との大きな違いとなっている。近年ではPFIが注目されているが、公営カジノとその枠組みを構想する際には、この歴史過程を知っておくことが必要であろう。

しかし、戦後になって競馬が存続できた最大の原因は、畜産農家や競馬関係従事者の保護ではない。勿論、馬匹改良の為でもなければ、一部で言われた「敗戦で打ちのめされた国民にレジャーを供給する為」でもない。存続できた理由は、戦時体制下で進行した競馬の財源化の結果であり、そこに有用性を見出されたからに他ならない。戦後、日本の農林省が如何に理由付けをしようとも、競馬再開の目的が財源目当てなのは明らかである。これはＧＨＱの競馬認識でもそうだった。競馬は財源として有用であるが故に、直接効用が価値を失った後も存続が許された。中央、地方ともに財源が枯渇し、厳しい財政窮乏の中で、競馬は改めて生まれ変る。これを可能にしたのが、戦時体制によって完成を見た新しい競馬の姿であることは、既に何度も繰り返してきた次第である。

第四節　合法ギャンブルの誕生

1　競輪の創設

本書は、「収益事業」としての「合法ギャンブル」の成立過程を扱うもので、「収益事業」自体の詳細を描くものではない。その前提についてはここまでに整理してきたので、ここではその前提が整って収益事業としての「合法ギャンブル」が成立する様を簡単に触れておく。本章で記したように、戦後の競馬は旧公認競馬が国営、旧鍛錬馬競走が公営というように官営化された。こうして、現行の合法ギャンブルの雛形が形成された。

戦後、各地では闇競馬が跋扈し、それ以外でも様々なギャンブルが興隆していた。ようやく訪れた平和と激しいインフレの中、国民の心は荒んでいた。その中、戦時体制において築かれた新しい競馬を手本に、自転車競走（競輪）が構想された。それは国民の射幸心を善導する為にも、インフレーションを抑制する為にも、政府の収入を増やす為にも、好ましいと思われた事業だった。

自転車競走事業（競輪）は昭和23（1948）年、競馬にモデルをとって創設された最初の公営競技である。日本の自転車競走は、自転車販売促進の為に輸入商に雇用された選手によって始まった。宣伝・販売にはレースを見せて性能を示すのが一番で、競馬と同様に当時、近代の象徴的土地だった上野不忍池コースで全国から選手が集まって競走を行い、庶民の娯楽となっていた。

終戦直後、海老沢清文と倉茂貞助による国際スポーツ会社によって、「報奨制度併用による自転車競走」開催の趣旨と実施計画が内山岩太郎神奈川県知事に提出される。これは戦後復興にあたって、観光地江ノ島を開発して観光立国にしようとする「国際公都」計画（テーマパークに類する）の費用支弁目的だった。現在のIR構想は、この頃からみられたのである。この会社は庶民住宅建設の為に住宅建設くじを模索したこともあり、自転車競走に競馬の「勝馬投票」のような投票用紙付入場券を導入しようとした。各地に馬券税を払わない闇競馬が跋扈し、それを見て「馬の代わりに自転車を走らせてみてはどうか」との発想が競輪に繋がった。この時点での知事への願書をみると、「自転車競技を開催し、もって銀輪工業の発達、同貿易の振興、スポーツとしての自転車の普及に資すると共に、貴御当局（筆者注、神奈川県のこと）の財政収入の一助とも致し…（後略）[(36)]」とあり、既に今の競輪の目的を殆ど念頭に置いていたことがわかる。しかし、これは刑法に抵触する。そこで競馬に範をとり、特別法制定に向けた政界工作の為の「自転車競技法期成連盟」が結成される。時の片山哲首相も「それは面白い。この様な国民生活が明るくなるような法律が議員提出で成立できれば結構なことだ[(37)]」と乗り気で、社会党を中心に自由、民主、国協の四党共同提案による議員立法で法案は提出され、当時の国営競馬制度を基にＧＨＱと協議がなされた。そこでは先に記したように特権団体が日本の軍国主義を支えたとの認識から、中央政府を施行者にすべきでない、自転車振興会のような特権的な団体が誕生するのは好ましくない、の２点が問題とされた。当時、「競犬法」「ハイアライ法」といった競合ギャンブル法案が提出されていたこともあって妥協がなされ、施行者から中央政府を除いて代わりに特定の市を加える、自転車振興会への委託を任意とする、控除率は25％、自転車振興会を県毎に設置してその連合会を設立する、旨の修正を行ってＧＨＱ認可を得た。その後、国会上程後に「全国戦災都市連盟」からの陳情等もあって対象都市を「県と六大市」から「県と主務大臣が指定する市」に拡大した。国会審議では競馬法の時の貴族院同様に、参議院で緑風会が「賭博は何でも反対」の姿勢だった為に審議は難航したが、なんとか無事に成立する。

2　ギャンブル公営化の進展

上記の通り昭和23年（1948）、社会党議員中心の議員立法で、競馬に範をとった「競輪」が創設された。当初は成功の程が未確定だった為に競輪への申請自治体は多くなかった。しかし小倉市の成功を見た後、各地の自治体から申請が殺到する。そして競輪の弊害が現前として現れ始めた後でも、昭和25年（1950）に「オートレース」、昭和26年（1951）の「競艇」と公営ギャンブル法案が相次いで国会を通過し、各種公営競技に申請する自治体は全国に及んだ。[(38)]

公営カジノが構想されているように、ギャンブルに対してある程度リベラルになった現在と異なり、当時の国民感情の中で「収益事業」、公営ギャンブルが成功裏に成立しえた条件として公営化、官営化は不可欠だった。また本章一節、二節で扱った財政状況では、政府もギャンブル財源だろうと選り好み出来なかった。競馬に財源を求めて再開させたのも、この状況からの緊急避難のためである。それは、市営事業の収益主義的経営が採用されて内務省に黙許された時代背景や救護法実施財源の為に競馬法が改正された時代背景と極めて類似している。中央政府も終戦直後から、長年禁止していた富くじを臨時資金調整法に基づいて発行していた。[(39)]こうしてギャンブルの官営化が進んでいく。

ギャンブル財源を不浄の金とする適格性論議を抑え、成功裏に官営化に移項しえたのには、二章四節や三章一節で扱った明治期の馬券禁止で確立した日本人を内面から律する「賭博嫌悪感」「賭博忌避感」が一助となった。生活に不可欠な市電や瓦斯、水道、電気に間接税的な負担を強いたのでは、一般大衆の反感を集める。それは、二節で扱ったような戦後状況では不可能である。しかし、ギャンブルの場合なら負担者の絶対数が少ない為に、反発が大勢力には成り難い。ギャンブルをやらない層には「賭博嫌悪感」があるので、直接の負担は負わずギャンブルの顧客に負担を課してもそれは正義に適うもので反対も少なかった。彼らは、自分への負担が軽減されるのみならず、代わって負担を強いられるのが「忌むべき博徒達」であるために、それに同情する必要も無いのである。ギャンブルをしない層がギャンブルに反対し出すのは、ギャンブルの弊害が競輪等によって社会化した後である。更に、この「賭博嫌悪感」が社会一般化することで、負担を担わされるギャンブルファンの中でも、その価値観を自然に共有する者が多数派となった。その結果、「悪」であるギャンブルを合法的にやらせてもらうのだから、多少の負担を引き受けるのは止むを得ない、という感情を負担者に内面化させることにも成功した。それどころか、「負担を負うことによって初めて、本質的に付随する悪を許可してもらえる」という思想まで発生するに至る[(40)]。更に、馬券税法体制で引き上げられた33.5%の高率の控除が既成事実化した結果、公営ギャンブルが成立した時には従来よりも低い控除率（世界標準的には高率なのだが）の負担は、むしろ歓迎する存在にすら映った。競馬の場合だけは馬券税法の転移効果で控除率が33.5%に据え置かれたが[(41)]、他種競技はそれより低い25%だった。ギャンブルへの負担転嫁は、ギャンブルをしない者にもする者にも、双方に反対を受けない理想的なものであった。

かくして「収益事業」は、緊急避難的な時限立法の失効後も代替財源が見つからず、なし崩し的に期間が延長されて常態化した。長期にわたって継続されたことによって、本来は緊急避難的性格だったはずの「収益事業」は恒久化されて現在に至る。

3　「収益事業」の更なる変容

我々が現在見ている「収益事業」は、この終戦直後のものから更に大幅に変容した部分がある。現行制度は昭和20年代末から30年代にかけて形成されたが、その契機としては国庫納付金の廃止と長沼答申が重要な役割を果たす。

「収益事業」の諸事業中央団体からの国庫納付金廃止は、昭和28年（1953）年末に大蔵省によって発表され、翌29年（1954）から競輪、競艇、オートレースの国庫納付金が廃止された。同時に、政府発行宝くじも廃止された。この時期、戦後インフレ抑制の為にドッジラインに基づく緊縮財政を強いられていた中央政府は、財政支出を１兆円に抑制すべく試み、その一環として歳入削減も行った。その中の一環として、ギャンブル事業の国庫納付金制度も廃止される。当時の各種事業からの国庫納付金総額は毎年20億円を越えるものだったが、これは政府全体から見れば0.2%程度に過ぎなかった。その二年後には経済白書で「もはや『戦後』ではない」と言われるように、終戦直後の財政窮乏とは状況が変わっていた。しかも当時は、制度や技術的な未熟、欠陥から公営ギャンブル（特に競輪）の弊害が社会問題となりつつあり、批判が強まっていた。そのような「好ましくない」財源は、政府としても百害あって一利無しの状態だった。(42)

しかし、国庫納付金廃止は、各根拠法一条に謳う特定産業の保護育成を通じての公益への参与の術を断ち、各公営ギャンブルのレゾンデートルを失わせることとなる。「ギャンブル＝悪」なので、それを上回る公益へのツールにならねば、「収益事業」の正当化がなされない。それは、間接的な財源としてだけでは不十分だった。従来の国庫納付金の仕組みは、各競技収益金の一部を国に納めること（売上によって異なるが約３～４％）の見返りに、一般会計から公営競技関連産業に補助金が環流する仕組みで(43)、これを通じて公営ギャンブルは法の理念を果たしているという根拠になっていた。

国庫納付金廃止に対しては、今まで助成を受けていた業界、団体も強く反対した結果、昭和29年６月に「自転車競技法等の臨時特例に関する法律」が一年間の時限法として制定された。これにより各種公営ギャンブル施行者は、それぞれ一回の開催による車券等の売上金に応じた額を国庫納付に代わって競技毎の中央団体に納付することになった。そして第２条で、これら中央団体は、中小機械工業の設備の近代化、機械の生産技術の向上、機械輸出の増進その他機械工業の振興を図るため、主務大臣の定める計画及び指示に従って納入金を財源として、機械工業の振興に必要な融資のための銀行その他の金融機関に対する資金の貸付、機械工業の振興を目的とする事業に対する補助金の交付、その他機械工業の振興を図るため必要な業務などを行うとされた。これによって、業界、被助成団体は引き続き補助を受けられると共に、公営ギャンブル側も公益への貢献を保ち得た。各事業の中央団体が助成分配を行う現行制度の枠組は、ここにつくられた。また事業存続の代償として、官による監督権が強化された。助成面でも主務大臣の計画と指示に従う旨が定められ、振興業務に関しては商工組合中央金庫に委託することとされた。また競技場の設置等に関する権利が主務大臣に移管され、主務大臣には施行権を取り消すという非常に強い権限も与えられることとなった。

これ以降も公営ギャンブルに対する風当たりは強く、特例法に際しても参議院からは「自転車競技法等は戦後の異常な時期に対応する制度であり、社会経済の安定化に伴い、廃止されるべきものであるから、政府は、社会経済の安定度を勘案しつつなるべく速やかに善処すべしである」との付帯決議が付せられている。これは宝くじについても同様で、政府くじ廃止の方針についての閣議決定（昭和29年２月10日）でも、「地方くじについては、将来適当な機会においてなるべく早く廃止することを目処としつつも、地方財政の現状その他の事情にかんがみ、当分の間、発売を継続する」とされている。その後、この臨時特例法は昭和31年まで連続して延長され、昭和32年（1957）にはこの法律を内部化すべく各法が改正されて日本自転車振興会、日本小型自動車振興会が結成される。

しかしその後も公営ギャンブルの弊害は止まず、マスコミ等では公営ギャンブル廃止論が高まった[44]。更には、戦後の時限立法で施行権を有していた自治体の期限切れの時期が到来し、その更新を巡って公営ギャンブルの存続の是非が大問題となった。政府としても、問題のある事業を廃止したかったが、地方財政や関連産業への影響から決定しかねていた。

この問題に決着をつけるべく、昭和35年（1960）12月、池田勇人内閣において総理大臣諮問機関として公営競技調査会（長沼弘毅会長）が設置された。調査会は翌36年（1961）３月から10回の会合と３回の現地調査を実施し、答申を行ったが、その内容は以下だった[45]。

公営競技はその運営の実情において、社会的に好ましくない現象を惹起することが少なくないため、多くの批判を受けているが、反面関連産業の助成、社会福祉事業、スポーツの振興、地方団体の財政維持等に役立ち、また大衆娯楽として果している役割も無視することはできない。また、これらの競技が公開の場で行なわれていることは、より多くの弊害を防止する上において、なにがしかの効果をあげていることは否みがたい。従って公営競技に関する今後の措置に関しては、代りの財源、関係者の失業対策、その他の方策等を供与せずに公営競技を全廃することは、その影響するところ甚大であるのみならず、非公開の賭博への道を開くことになる懸念も大きいので、本調査会としては、現行公営競技の存続を認め、少なくとも現状以上にこれを奨励しないことを基本的態度とし、その弊害を出来うる限り除去する方策を考慮した。これがため、概ね下記の線にその必要な改正を加えることか望ましい。(後略)

かくして、公営競技自体の存続は許されたが、同時に弊害除去の為に様々な制限や対策が取られることとなった。内閣としても、附則の「7．公営競技場数、開催回数、開催時間及びレース数等については、現規定よりも増加しない。なお、開催日は原則として土曜、日曜及び国の定める休日とする」等に従って、これ以上競技種目や競技場を拡大しない旨を閣議決定する。この答申を具現化すべく法規や組織の改正が行われ、現行システムが完成する。

答申附則では、「1．施行者については、都道府県単位または競技場単位に作られた一部事務組合を結成することが望ましい。なお、この際施行者としての責任体制を確立すべきである。また、競技場を所有していない施行者については、その資格は限時的なものとし、主務大臣が関係各省と協議して交替させる制度を採用する」とされた。これによって一部事務組合が結成された結果、公営ギャンブルを施行する市町村数が増加することとなった。また開催回数の少ない自治体の増加により、相互の業務委託も進むこととなった。これらの新規に加わった財源目的の自治体の多くは、後に「収益事業」

の業績悪化にともなって事業から撤退している。

この中で最大の変更点は、「6．公営競技による収益の使途については、公営競技発足当時との状況の変化に鑑み、次の点を考慮する。(イ)売上金の一部を、関連産業等の振興に充当することとするが、その他に福祉事業、医療事業、スポーツ、文教関係等にもなるべく多く充当することとし、この趣旨を法律に明記すること」の部分だった。これによって、従来の特定産業の保護育成と地方財政への貢献だけでなく、更に助成範囲を拡大できるようになった。三章で「救護法」にみる社会福祉と競馬の合流を取り扱ったが、この時期に再び「収益事業」と「社会福祉」は結びつきを強化する。

この背景はもちろん、世のギャンブル廃止論に対抗するためである。「収益事業」は受益者を拡大し、広く公共の福祉に貢献することで免罪符を得る必要があった。競輪とオートレースの場合では、先の臨時特例法を内部化した際に助成業務も行う中央組織として日本自転車振興会と日本小型自動車振興会が設けられていたが、それらと同様の性格の中央組織が競馬事業には地方競馬全国協会、競艇には日本船舶振興会（現在は通称「日本財団」）として創設された。競艇の日本船舶振興会は、助成事業のみをおこなう財団法人である。これらの中央団体に対しても、広く強い官による統制が加えられるようになり、かくして制度面でも現行事業の枠組みが形成されたのである。

また中央団体の収益の使途も拡大され、例えば小型自動車競走法第18条の「日本小型自動車振興会は、小型自動車競走の公正かつ円滑な実施を図るとともに、小型自動車その他の機械に関する事業及び体育事業その他の公益の増進を目的とする事業の振興に資することを目的とする」にあるような新たな対象が加えられた。更には、従来一般会計だった施行者収益金にも努力規定ではあるが、「小型自動車競走施行者は、その小型自動車競走の利益をもって、小型自動車その他の機械の改良及び機械工業の合理化並びに社会福祉の増進、医療の普及、教育文化の発展、体育の振興その他住民の福祉の増進を図るための施策を行うのに必要な経費の財源に充てるよう努めるものとする」（第17条の７）が付け加えられた。

これらを踏まえて、今我々が目にしている収益事業としての合法ギャンブルが形成されているのである。

第五節　収益事業としての合法ギャンブルの形成過程（まとめ）

本節では最後に本書全体を俯瞰して、「収益事業（合法ギャンブル）」の諸特徴が形成されていった過程を今一度振り返る。序章で定義したように、本書では収益事業を「広義の収益事業」「狭義の収益事業」に分け、主に後者を括弧付の「収益事業」として用いている。その内容を**“法律に根拠を持つ『租税』としてではなく、ギャンブルをコンテンツとして用いる事業経営を行うことで間接税的に税源外に財源を求める枠組み”**として定義した。その定義に基づいて日本競馬事業史を俯瞰し、「制度」（広義の収益事業）と「コンテンツ」（狭義の収益事業の対象競技）の変遷をたどってきた。専売に類する事業経営によって、緊急避難的に租税外に財源を求めるという「収益事業」の「制度」が形成されたのが、大正末期から昭和初期における地方財政の窮乏と社会問題の深刻化を契機とすることを一章で明らかにした。この枠組みは、戦後にコンテンツをギャンブルに乗せ代え、財政専売に類する形での「収益事業」として生まれ変わった。他国のギャンブルをコンテンツとする事業と比較するなら、本邦の制度は、以下の4つの特徴がセットになった点で特殊である。

> ①　人間の本能ともいえる「ギャンブル」を刑法により全面的に禁止し、私人間の一般賭博に及んでも権力で厳しく取り締まる。社会でも、「ギャンブル＝悪」の規範意識が内部から国民を拘束する。
> ②　一方で、特別法制定の法理によって合法ギャンブルを創出する。「政府及び準ずるもの」が独占的立場を付与されて、合法ギャンブルを自ら経営する。
> ③　合法ギャンブル独占供給の地位を与えられたものから政府納付金を徴収し、その権益を侵すものを国家権力が代わりに取り締まる。

④　独占供給によって、商品を極めて高価格で発売する。独占価格の利益分の負担者に末端購買者（一般国民）が組み込まれる。

①の前段部分、私人間の賭博一般に渡るまでの厳しい賭博禁止は明治41年の現行刑法施行で始まり、後段部分は明治末期の自由民権運動弾圧策としての博徒弾圧に端を発することは、二章で触れた次第である。その後、この意図的に醸造された「賭博忌避感」「賭博嫌悪感」は、富国強兵政策を内面から強化する効果から温存された。これは欧化政策への反発と共に上流階級をも拘束するようになり、法官弄花事件に表れるように日本人全体を内面から呪縛する規範意識となった。明治末期の馬券狂乱期や戊辰証書とそれに連なる諸政策を通じて、国民意識には「賭博忌避感」が完全に定着し、競馬も「賭博」の一種とされて「いかがわしさ」を付与される存在となった。この特徴は、戦後になってからの「収益事業」創設、即ちギャンブルの公営化の際に、レントシーキング的に貢献する。

しかし、国家を取り巻く状況は、競馬の効用を求めざるを得なくさせた。その結果、三章で形成過程を扱ったような違法性を阻却する根拠法としての「競馬法」が形成された。②の特徴の前段はこうして形成された。この法理、枠組みによって合法ギャンブルの創出が可能となり、現在もこれに則って合法ギャンブルは行なわれている。（しかし、その後「ぱちんこ」という綻びを許したことでこの独占は大きく崩れる）

当初は、競馬の効用の中でも直接効用を重視して競馬が再開された。しかしその好調な売上げによって、別な視線が競馬に向けられる。昭和４年の競馬法改正は馬政財源としての効用を競馬に対して求めるもので、昭和６年の競馬法改正は社会政策の財源としての効用を求めるものだった。四章で扱ったように、社会福祉との合流を契機にこれは可能となった。この過程を通じて政府は競馬を必要機関視してその庇護者となり、その敵対者を権力で取り締まり始める。国庫納付と引き換えに政府から特権的立場を付与され、保護されるという③の前段後段の特徴はこの時期に形成されたものである。

戦時体制の進展に伴い、国家による競馬への要求がますます大きくなる様は、五章で取り扱った。競馬の直接効用への要求が拡大するのと同様に、戦費が膨張すると財源としての間接効用も期待された。かくして政府納付率が段階的に引き上げられていくが、その負担分は次第に末端購買者である一般国民にも転嫁された。かくして④の特徴の前段後段が形成されるが、それは開戦後の「馬券税法」で完成する。馬券税法は末端購買者をその負担者とし、その控除率は明治初期の競馬と比して実に3倍以上の水準になった。これはある種の「転移効果」として、現在に至る。

終戦により、競馬を支えていたレゾンデートルは失われたが、競馬は戦時中の財源化を背景に、新たなる道を歩み始める。それは従来の市営事業に代わる収益事業としてだった。戦時体制の解体を目指すＧＨＱによって、日本の競馬事業は国営及び地方自治体へと移管され、ここに②後段が形成された。こうして世界でも珍しい、これらの特徴全てを含む我国の収益事業としての合法ギャンブルは確立したのだった。その「前提」として、競馬の変遷と社会福祉があったことを今一度繰り返して本章を終えたいと思う。

（1）吉岡健次『現代地方財政論』（東洋経済新報社、1963）Ｐ3～4。

（2）「収益事業」の各種根拠法は終戦直後の時限立法であり、競馬法で地方競馬を営むことができる市町村は原則として、既に競馬場のあった市町村と「著しく災害を受けた市町村」、と限定されていた。

（3）昭和19年のＧＮＰを100％とした場合、昭和20年のそれは54％にまで落ち込んでいた。竹内宏『昭和経済史』（筑摩書房、1988）P93。

（4）国民一人一日あたりの食料供給熱量は、昭和13年には2135calだったものが昭和21年には1449calとなっている。竹内、前掲書Ｐ93。

（5）同書P105～。

（6）藤田武夫『現代日本地方財政史（上）』（日本評論社、1976）P20。

（7）同書P94。

（8）同書P94。

（9）昭和23年には校舎整備費として31億円が計上されたが、うち14億円が国庫補助で、残りの17億円は宝くじによって賄われた。高寄昇三『地方自治の財政学』（勁草書房、1975）P129。

（10）藤田、前掲書P98。

(11) 同書P93～。
(12) 例えば岡野文之助は日清・日露戦争後の状況を分析して、戦前（1937年）から「戦後地方費の膨張するはまた戦後財政の特徴として理解される。蓋し、戦時中に抑圧されたる事業施設の復活を要するものあり、或いは平和回復後における諸種の事務堆積、戦後経営に伴ふ各般政務の膨張のために、戦前より一層多大の経費を要するに至る為で」あるとする。岡野文之助「戦争と地方財政」『都市問題』第25巻４号（東京市政調査会、1937）。
(13) 持田信樹『都市財政の成立』（東京大学出版会、1993）P245。
(14) 吉岡、前掲書P３～４。
(15) 内事局編『改正地方制度資料第三部』（内事局、1948）P13～15。
(16) 大坂健「地方公営企業における独立採算制の成立」『都市問題（上）（中）（下）』第75巻６～８号（東京市政調査会、1984）。
(17) 大坂健『地方公営企業の独立採算制』（昭和堂、1992）P25～。
(18) 進駐軍による競馬場の接収は京都、東京、小倉、宮崎、函館、札幌、中山競馬場で行なわれ、返還されたのは昭和21年５～６月以降である。しかし横浜競馬場は、港湾を見渡す立地上から一部が返還されずに現在に至っている。
(19) 京都競馬場では進駐軍の撤退に際して米軍の命令で慰安競馬が開催された。札幌競馬場でも慰問を名目に、昭和21年７月４日のアメリカ独立記念日に競馬が開催されている。同様に函館競馬場でも競馬が開催された。これらは、本格的に馬券を販売しての開催だったが、これも多数の八百長や払戻の事故や騒乱といった不祥事の絶えないものだった。札幌の開催は後に北海道レースクラブに引き継がれ、公認競馬の再開まで続行された。当時の進駐軍競馬の状況については、日本中央競馬会ピーアールセンター編集『近代競馬の軌跡―昭和史の歩みと共に―』（日本中央競馬会、1998）P318～や三木晴男『競馬社会の戦後史』（近代文芸社、1994）P22～等に詳しい。
(20) 最初の闇競馬は昭和21年２月に静岡で行なわれたという。日本中央競馬会ピーアールセンター編集、前掲書P437。
(21) 三木、前掲書P20～。同書によれば、その他にも小田原や戸塚、阿漕ヶ浦、長岡、草津、西大寺、春木などでも闇競馬は行なわれている。また地方競馬全国協会編纂『地方競馬史第二巻』（地方競馬全国協会、1974）に収録されている座談会の記事からは、他にも関東だけでも春日部、取手、柏などでも行なわれていたようである。
(22)「座談会 戦後地方競馬の歩み」地方競馬全国協会編纂、前掲書収集。
(23) 後には、地方競馬法に基づく主催者である馬匹組合やその連合会の非民主的性格が問題となる。このように当初からＧＨＱが馬匹組合解体の意図をもちながら、一方でその強化に繋がる地方競馬法の成立を是認したのは歴史の謎であるが、その理由として福山芳次は、総司令部内に混乱があった、議員立法を促進した、いずれ最終的に決着をつけるのだから大目に見た、という三点を推測している。

福山芳次「敗戦と馬と競馬」『競馬法の変遷30年史』（日本中央競馬会、1992）収集。

(24) 戦前には、競馬は刑法の除外例という考え方で、あまりひとのいないところでやれという、暗黙の政府の指導があったという。前掲座談会、『地方競馬史 第二巻』より。

(25) これに際し、諸外国と比しても適当な控除率に戻せば、ノミ屋利用の抑制になるであろうと考えた日本競馬会副理事長が大蔵省主税局長や大蔵事務次官に馬券税撤廃を陳情している。また各競馬場長も、競馬観戦に訪れた閣僚に同様の陳情を行なっている。それらを受けて昭和23年（1948）5月29日からは、試験的に控除率を22%に下げての特別開催が行なわれたが、売上げは30%しか伸びず、政府収入は減少した。その結果、馬券税の撤廃は却下されてしまった。三木、前掲書P39〜。

(26) 日本中央競馬会はピーアールセンター編集、前掲書P434。

(27) ＧＨＱは「競走は民営、馬券はモノポリー」を原則としていた。この当時の競馬を巡るＧＨＱと日本側の政治過程は福山芳次、前掲論文に詳しい。

(28) 但し福山芳次は、「独占禁止法が、私の知る限りにおいて、司令部の当局者の口から出たことはない。独占するのが悪いといわれた記憶が少なくとも私には無い。ヘンリー・ウォールが口ぐせのように言ったのは、日本競馬会、馬匹組合、馬匹組合連合会は、民主的団体ではない。これらの団体の存在は、戦後の日本にとって好ましくない。これらの団体は、アメリカ占領軍にとっては、他の多くの団体のように日本の全体主義化の基礎となった団体であり、これらの団体の解体なくして、戦後処理はありえない」、としている。閉鎖機関となったのは戦時中に軍に協力した団体であって、独占したが故に閉鎖されたのではない。閉鎖機関の指定は事務的なものではなく高度に政治的なものだった、と福山はしている。福山、前掲論文。

(29) しかしこの枠組みは後に、競馬版逆コースとも言える改革で日本中央競馬会（JRA）に移行され、現在ではＧＨＱの最も嫌ったスタイルでの政府の統制が及んでいる。

(30) これについては、福山が国有林経営の仕組みを競馬に当てはめることで方向性を考え出したという。福山、前掲掲論文。

(31) 日本中央競馬会ピーアールセンター編集、前掲書P371。

(32) 同書P48〜。

(33) 前記のように当時の地方自治体の財源枯渇は現在の比ではなく、都道府県の競馬経営に対する熱意は激しかった。公営競馬に異議を狭む空気は全く無く、馬匹組合や馬匹組合連合会を早く始末して、競馬を開催したいとの熱意に燃えていた。特権的地位を奪われることになる馬匹組合とその連合会は激しく抵抗したが、ＧＨＱと都道府県の利害が一致したことによって従わざるを得なかった。福山、前掲論文。

(34) 福山、前掲論文。
(35) 競馬法施行令の政府原案には、地方競馬の監督に関する項目は存在しなかった。しかしＧＳの要求によって第二条「競馬の開催、勝馬投票券の発売および払戻金の交付は、都道府県または指定市が、自らこれを行なわなければならない（以下略）」と第三条（競馬の開催、勝馬投票券の発売、払戻金の交付の地域を限定する項目）が加えられることとなった。日本中央競馬会ピーアールセンター、前掲書P373〜。
(36) 大阪府自転車振興会・大阪競輪史刊行委員会『大阪競輪史』（大阪府自転車振興会、1958）Ｐ６〜。
(37) 競輪総覧刊行会編『競輪総覧』（競輪総覧刊行会、1970）Ｐ54。
(38) 公営ギャンブルが全くないのは、戦後、米軍統治下におかれていた沖縄県だけである。現在は公営ギャンブルの無い秋田県、宮城県、山形県、山梨県、長野県、鳥取県、鹿児島県にも、戦前も含めれば競輪場や地方競馬場が存在していた。
(39) 第一回発行は敗戦直前の1915年７月である。「勝札」という名称だったが、間に敗戦を挟んだ為に、俗には皮肉をこめて「負札」と呼ばれた。
(40) 例えば直木賞作家の山口瞳は「『飲む、打つ、買う』は男の三道楽だとされている。これは男の本能だ。本能であるかぎり、打つも禁止するわけにはいかない。しかし、本来がdirtyなものであるのだから、その利益によって地方自治体が潤い、福祉の一助になるのでなければ存在理由がない」としているが、その様な競馬観・賭博観。山口瞳『草競馬流浪記』（新潮社、1987）P496。
(41) その後、控除率の差から顧客を奪われた競馬の側も、控除率を他種競技並に引き下げた。
(42) 当時の競馬については、「国営競馬」（中央競馬の前身）は中央政府、地方競馬は地方自治体、というように棲み分けが為されていた結果、地方競馬には国庫納付金制度が無かった。また「好ましくない」という側面が国庫納付金廃止の一因であることは、国営競馬が移管されて成立した中央競馬には国庫納付金が残っていることからも明白である（中央競馬は他種公営ギャンブルと比してイメージが良かった）。昭和29年２月１日の衆議院予算委員会における、小笠原三九郎大蔵大臣の答弁でも、「競馬というのは世界的にどこでもやっておるのだけれども、競輪というものは正直なところあまりほめた話でもないし、私どもは今度の予算を組むにあたりましても、特に射幸心強き競輪、こういうものについてはやりたくない、こういう考えと、もう一つは、私どもが宝くじその他を今後やめまして、もうそういうものの税収を見込まぬ、こういうことにしたのであります。さっき申しましように、地方の方で適当な財源にもなりましょうから、地方に財源を与える、こういうことにかなうものだと思います」「今おっしゃったように、競馬は歴史も古いし、またどこの国でもやっている。世界通用のことであって、それをひとり日本のみが異を立てるほどのこともない。また競輪ほどの弊害もないように私は承知しております」と発言されている。衆議院事務局『衆議院委員会議

録第２号第九回国会衆議院予算委員会議録』（衆議院事務局）P29～。

（43）公営競技問題研究会『公営競技の現状と問題点その１』（公営競技問題研究会、1977）P18～20。

（44）当時の論調や公営競技の問題点については公営競技研究会『公営競技の現状と問題点その２』（公営競技問題研究会、1977）P87～94によくまとめられている。そこでは根拠法自体の問題、特定産業保護の正当性、運営方式と関係団体、競技場の数や開催日数、控除率、収益の配分と使途、均てん化、広告宣伝等の問題点を指摘している。

（45）公営競技問題研究会、前掲『公営競技の現状と問題点その２』P105～108。

終　章　次世代の合法ギャンブル、ＩＲにむけて

本書は、現行の収益事業としての合法ギャンブルが戦後になって新規に形成されるために必要だった「前提」を探るものだった。その目的は、「収益事業」や公営ギャンブルの問題を考える時の「呪縛」から脱却するためである。「toto」の政策過程[1]でも明らかにされたように、この時に完成した枠組みは21世紀を迎えた今でも、根強く我々を拘泥している。その源流の形成過程を本書は明らかにしたが、そこでわかったのは「収益事業」の主要部分はあくまでも戦時体制で形成された緊急避難的、臨時的なものであり、それが恒久化しているに過ぎないことである。その根底に横たわる国民意識としての賭博忌避観のような、絶対的に見えるものですら、明治以降に意図的に形成されたものであり、必ずしも日本人の文化、民族性に根差したものとは言えないのである。同様に国庫納付に代表されるギャンブルの財源利用にしても、これは昭和に入って戦時体制の下で形成されたものであり、決して普遍的なものではなかった。

財政専売に準ずる現行の「収益事業」は今、大きな危機に陥っている。刑法によるギャンブル全面禁止で独占供給のレントを得てきた本邦の「収益事業」は、「ぱちんこ」というグレイゾーンの抜け道を認めたが故に、その立場は崩れ去った。合法ギャンブルの独占供給に慢心してしまって企業努力を怠りがちだった「収益事業」と、厳しい市場競争でアミューズメント性や価格を競い合ってきた「ぱちんこ」とでは、商品競争力に大差がついている。価値多様化、少量消費の現在では、その「ぱちんこ」ですらも厳しい状況である。財源としての視点だけから「収益事業」を見るならば、中央競馬と宝くじ以外の現行「収益事業」はもはやレゾンデートルを喪失している。財源であることが唯一の存在であるならば、最近までの地方競馬事業のように税から多額の損失補填を余儀なくされる状態になった場合の事業継続に正当性

を見つけるのは困難である。

そこで本書の最後にあたり、「収益事業」の今後にむけた三つの方向性をあげておきたい。これは、今後の「収益事業」のあり方を考える上でも、ＩＲ（Integrated Resort）や公営カジノを構想する上でも着目すべき点である。一つ目は、明治以来国家権力によって植えつけられてきた「賭博忌避感」への根本的挑戦である。日本の民俗史を紐解けば、我国の民衆もギャンブルを愛好し、無論弊害もあったがそれと平和裏に共存してきた歴史が多くみられる。昨今は経済でも、ＦＸ等のデリバティヴのように投機性が高まっており、投機、ギャンブルと経済行為との境界が難しくなっている。更には社会自体が不確実性、リスク性の高い「危険社会(2)」になり、確定拠出年金のように今までノーリスクと思っていたところにもリスクが生じている。山野浩一は、民主主義や資本主義といった思想の根本に、未知のものに対する判断を自ら行なってその結果を自らで引き受ける、というギャンブルの原則を指摘している(3)。現代社会ではそうしたリスクを自分で計算し、自ら引き受け、それに備える姿勢がすべての市民に必要である。そこでは、人をギャンブルから切り離して無菌状態に置くよりも、ギャンブルとの健全な共生術を学ぶほうが有益であろう。犯罪学からは、賭博は取締まろうとも全面取締まりは不可能であり、それを目指すとコストが高くなってレントを形成することが指摘される。先進国の中では、かつての禁酒法がマフィアの資金源となったように、こうした弊害の少ない被害者なき犯罪を「非犯罪化」する動きが見られ、ギャンブルもその一分野となっている(4)。ＩＲや公営カジノを構想する際、「危険社会」の現代社会を生きる知恵として、ギャンブルやリスクとの付合い方の教育なども絡めた国民的議論が必要だろう。我国でギャンブルが無条件に、広範囲な国民各層の支持を即座に受けられるとは思えないが、「ぱちんこ」や「宝くじ」そして「中央競馬」や「ナイター競馬」などを見ると、以前よりはかなり緩和されていると思われる。

二つ目の方向性は、「財源としての更なる可能性」である。今後、特に地方自治体の独自財源獲得の手段として、収益事業の重要性は更に高まっていく。収益に特化するならば、安定して高収益を収める宝くじが最適であり、収益率の悪い公営競技はそのための再編が避けられない。収益率向上には、業務民営化やPFIを進めて人件費等の高コスト構造を改めるだけでなく、選手等の賞金等にもメスを入れた競技の大胆なダウンサイジングが必要である。競技の性格上、収益率が低い地方競馬の場合は、宝くじ等とのコングロマリット化を進める意味でも都道府県への施行権委譲やJRAとの抜本的協力関係構築なども考えられる。公営カジノ認可の際には、アメリカの競馬場のような複合化(5)もありえる。これは担税力の低い地域への財政移転補完策として、また地域振興策としても有望である(6)。日本社会の「公」への信頼の高さはギャンブルの公正性への信頼となるだけに、収益面でもやり方次第では「収益事業」は役割を果たしえよう。更にギャンブル財源は、21世紀の新たな税としての可能性を持っている。それは自発性に応じた自発的課税（Voluntary Taxation）としてのCharitable Gamblingの可能性である(7)。財政専売にインセンティヴを与え、寄付制度に近づけるこの制度は、個人の能力や自発性に応じた負担の選択が可能で、運用の仕方如何では大きな可能性を持ちえる。

そして三番目が、「非収益的貢献の可能性」である。行政事務は、それ自体では必ずしも収支が取れる必要は無い。二章で扱った「公経済」に準ずる分野のように、公共性の強い事務は赤字分を税金で補塡されても問題とはならない。現在、収益事業として行なわれている諸事業も、十二分な公共性を有するならば赤字であっても事業の存続は可能となる。公共事業がそれ単体では赤字或いは費用対効果が低くとも、有効需要創出などでより多くの公益につながる場合は正当化されるのと同じである。例えば、「収益事業」は市中資金の流動性を高めると共に、高い消費効果を誘発する。「悪銭身につかず」は、換言すれば消費性向の高さなのである。更に、赤字を問題にする場合には、事業にともなう雇用も含めた関連産業分野への波及効果分を考慮に入れないと正しい判断は出来ない。オリンピックで選手や職員がメダルを獲得したり、スポーツ人口の裾野を広げたりなどの外部経済も見られる。「収益事業」のスペクタクル性(8)を利用したＩＲへのコンテンツ活用(9)も有効だろう。

ただそれでも、現在ではその目的単独では十分な正当性を保持し得るとは言えない。

ギャンブルを官営で施行する非収益的利点は、射幸心の適切な発散による弊害の緩和にもある。官営を通じて、単なる利益追求とは異なった広い意味での「規制」が可能となる。ギャンブル収益には、必ず外部不経済が伴う。[(10)]官営でも、市場原理に任せた収益追求の自由放任なら弊害を生むが、営利追求を第一義とする民間企業による賭博ではその弊害は更に大きくなる。「収益事業」に価格競争力で勝る「ぱちんこ」だが、その社会禍も見過ごしがたい。近年では、インターネットギャンブルやグレー領域の問題も発生しており、[(11)]射幸心との調和ある共存を達成する必要がある。これは収益の追及と二律背反ではあるが、今までの「収益事業」はこの点をあまり重んじなかっただけに、ギャンブルをバランスのとれた健全なレジャーに導いていくことも官営による新たな役割、意義の一つとなろう。その際はピグー税的に「収益事業」を用い、その収益を率先して今まであまり目を向けられなかった弊害の軽減や予防、リスク教育などに用いることも、「収益事業」の意義として考えられよう。序章で触れたようにこの点はまだ改善余地が大きい。合法ギャンブルの官営化維持のためには、ここが肝となろう。

最後に指摘したいのが、本書でも触れた競馬と社会福祉との歴史である。我国では「収益事業」の原型となった競馬事業が発展する契機として、当初から社会福祉との合流があった。アメリカでは、教会やＰＴＡ、社会福祉団体等のＮＰＯが稼働資金を得るために、ギャンブル施行者となるのが頻繁に見られる。そこでは、州毎に定められた一定の制限（販売地域や配当上限等）の下で、ギャンブルの主催が認められている。著名な「PTA Monte Carlo nights」や、各地に散見できる「Las Vegas nights」のような、小規模ギャンブルを伴う慈善目的パーティーの胴元、施行者にこれらＮＰＯ団体がなるのである。これを全米で見ると、2000年度における「Charitable Gambling」の粗利益は「Bingo」が994.2ミリオン＄、その他の「Charitable Games」が1483.8ミリオン＄にも上っている。[(12)]残念ながら現在の我国の法体系や社会通念ではこの制度の直接導入は不可能であろうが、我国でも「宝くじ」「富くじ」まで含めるならば「賭け」と「福祉」は密接不可分の関係にあった長い歴史が現に存在している。競馬法の地方競馬の部分では、収益を充当する項目として、畜産振興の次に「社会福祉の増進、医療の普及」をあげている。今後、社会福祉の重要性が増して行く時代にあって、社会福祉関係者が独自努力で資金を得られるためにも、両者の再度のコラボレーションに期待したい。「救護法」が競馬をブレイクスルーする契機をつくったように、社会福祉との合流で、「収益事業」の新しい未来が開けるのではないかと期待している。序章で扱ったように、現行社会福祉事業法でも「収益を目的とする事業を行う事ができる」のだから。

その再構築の際には、正当性を強化する為にも、諮問的住民投票等を含めた幅広い市民参加を行い、広範囲の同意を獲得することが必要である。広大な敷地に多数の生き物が生活する競馬場は、適切な形態で開発・管理すれば、都市の自然環境にも貢献し得るであろう。阪神淡路大震災の際に、阪神競馬場で無事だった厩舎地区が避難場所として利用されたことは記憶に新しいし、東日本大震災で被害を受けた福島競馬場も、災害時の飲料水を確保する大型貯水槽を有して地域に貢献している。収益性では足かせとなる競馬場の大きさが、別の観点では地域貢献を可能にする。更には競技場本場以外でも、地域振興やコミュニティーの核として各種場外発売施設を利用することも十分に可能である。競馬法の地方競馬に関する部分では、「災害の復旧のための施策を行なうのに必要な経費の財源に充てるよう努めるものとする」との規定がある。もともと地方競馬は戦災の著しい市町村を指定した経緯もあり、わざわざ災害を明記している。収益以外でも、これを活かした地域貢献の道もあるのではないだろうか。硬直化した概念を捨て、これらの事業を再検討することで、非収益的なレゾンデートルも生じてくるであろう。

最後に、公的選択のツール(13)としての「収益事業」活用の可能性をあげておきたい。ＮＰＯやボランティアの活動が活発化している現代社会においては、これらの団体が先に記したようなチャリタブル・ギャンブルという形でその財源を自主獲得できる形が理想である。しかし、現行法規範ではそれをすぐには望めない。ならば、「収益事業」への投票を通じて、間接的に社会貢献の方向性を市民自身が自ら表明できるシステムを組み入れられないだろうか。[14]これはＩＲや公営カジノでも同じことが言える。「収益事業」、ＩＲ、公営ギャンブルの新しい可能性、レゾンデートルとして、この市民の新しい社会参加ツールとしての可能性を組み込むことを提言して本書を終えたいと思う。

（1）詳しくは前掲拙稿「スポーツ振興投票法の形成過程」参照。

（2）ウルリヒ・ベック、東廉他訳『危険社会―新しい近代への道』（法政大学出版局、1998）。

（3）山野浩一『サラブレッドの誕生』（朝日選書、1990）。

（4）序章で紹介したMorrisとHawkins、Packer、平野らを参照。

（5）例えば、萩野寛雄「競馬とカジノ複合化の効果について」谷岡一郎他『カジノ導入をめぐる諸問題〈1〉―アメリカにおけるカジノ合法化の社会的影響（事例研究）を中心として』（アミューズメント産業研究所）P 141-147。「ぱちんこ」店の群生のように、ギャンブル事業はクラスター効果が高いので、複合化は収益強化に有効である。

（6）アメリカでは、先住民族への補助金の代わりにカジノ施行権を与えて所得補償、地域振興をしている。中條辰哉「アメリカ・ネイティブ・インデアン自治区におけるゲーミングの実態」『大阪商業大学アミューズメント産業研究所紀要』(15)、2013。またアメリカのミシシッピ州チュニカ郡は全米有数の最貧郡であったが、カジノの導入によって僅か10年で郡民一人あたりの平均所得が倍増している。佐和良作「カジノ導入に経済効果」谷岡一郎・菊池光造編著『カジノ導入を巡る諸問題〈1〉―アメリカにおけるカジノ合法化の社会的影響（事例研究）を中心として―』（大阪商業大学アミューズメント産業研究所、2003）収集。

（7）金武創は、財政専売としての従来型ギャンブルの限界とCharitable Gamblingの新たなる可能性を欧州の宝くじやサッカーくじを題材に説く。金武創「日本のサッカーくじの課題と展望：財政専売か Charitable Gambling か」『財政学研究 第27号』（財政学研究会、2000）。

（8）アラブ首長国連邦のドバイワールドカップやオーストラリアのメルボルンカップなど、世界各国で競馬がスペクタクルとして観光や祝祭の有力コンテンツとなっている例は多数ある。

（9）学術的立場からギャンブルを研究していた「ギャンブリング＊ゲーミング学会」も、研究領域を拡大し、「ＩＲ＊ゲーミング学会」に改称している。

(10) ギャンブルに起因する犯罪以外にも、近年はギャンブル依存症の弊害も叫ばれている。例えば、田辺等『ギャンブル依存症』（日本放送協会出版、2002)、岩崎正人『今の私は仮の姿平成パチンコ症候群』（集英社、1998)、伊藤耕源『「パチンコ依存症」からの脱却—パチンコへの誤解と恐ろしい病にあなたは蝕まれている！』（すばる舎、1999)、谷岡一郎『ギャンブルフィーバー』（ＰＨＰ、1996)。

(11) ぱちんこ類以外にも、インターネット普及で海外サイト含む多種のギャンブルが可能になった。ギャンブル以外でも、ソーシャルアプリゲームなどでの課金やコンプリートガチャのようなグレー領域も発生している。

(12) 社会安全研究財団『アメリカにおけるゲーミング』（(財）社会安全研究財団、2003)。

(13) 金武、前掲論文。

(14)「ふるさと納税」や近年海外でも盛況なクラウドファンディング的可能性も考えられよう。

あとがき

科学や学問の探求は、人知の及ばぬ、予測不能な、圧倒的な神の領域に対する、無力な人間の愚かで絶望的な挑戦である。その脆い砂の城は、いとも簡単に崩れ落ちる。人はそれでも尚、先達の屍を乗り越え、それを受け継いで、この絶望的な道の一歩先を目指してきた。

ギャンブルも全く同じである。微弱な人知を尽くして神の領域に挑み続ける、絶望的な終わりの無いマラソンである。膨大な労力をその研究に費やし、時にはそれが実って全てを解明したかの全能感を得る。しかし、それは刹那に儚く砕ける。恰もバベルの塔をつくろうとした愚かな人類をあざ笑うかのように。ひとはギャンブルに対峙するとき、自ずと謙虚にならざるを得ない。

まだまだ至らぬ所の多い私の研究であるが、先達の功績を受け継ぎ、後世に対して少しでも付加できるよう、ギャンブルに臨むときのような謙虚さをもって、今後も精進して参りたい。

最後に、本書をまとめるにあたって公私に尽力してくれた妻の靖子に感謝をのべたい。

2019年3月　ヘルシンキにて

萩野　寛雄

執筆者紹介
萩野　寛雄（はぎの　ひろお）

1970年 東京都生まれ。
東北福祉大学総合福祉学部福祉行政学科教授。
早稲田大学、同大学院卒業。故 寄本勝美先生に師事し、早稲田大学 博士（政治学）。大阪商業大学助手、専任講師、同大学アミューズメント産業研究所研究員、東北福祉大学助教授を経て、2011年より現職。知的クラスター創世事業（Ⅱ期）先進予防型健康社会 仙台クラスター広域化プログラム東北福祉大学主任、ヘルシンキ・スクールオブエコノミクス（現アアルト大学）客員研究員（2007-2008）、ラウレア応用科学大学客員研究員（2017-2018）、同大学国際諮問委員会委員（2017-）、日本中央競馬会、地方競馬全国協会馬主。現在の主な研究領域は、地方自治、合法ギャンブル、社会福祉、ギャンブル依存症など。仙台市在住。

収益事業としての合法ギャンブルの誕生
—競馬、福祉、そしてIR—

2019年12月25日　初版発行　　　定価はカバーに表示してあります

著　者　萩　野　寛　雄
発行者　竹　内　基　雄
発行所　株式会社　敬　文　堂
東京都新宿区早稲田鶴巻町538平成ビル1階
東京(03)3203-6161㈹　FAX(03)3204-0161
振替　00130-0-23737
http://www.keibundo.com

ISBN978-4-7670-0238-5 C3036

印刷・カバー装丁／信毎書籍印刷株式会社　製本／有限会社高地製本所
落丁・乱丁本は，お取替えいたします。